蒙特梭利代表作

早期教育的無限潛能、成人的關鍵角色、社會凝聚力……從無意識到有意識的兒童心靈發展

THE ABSORBENT MIND

有力吸收的心靈

（Maria Montessori）
瑪麗亞·蒙特梭利 著 / 錢榮 譯

從無意識到有意識、
語言發展、環境準備……

從出生開始塑造成長，蒙特梭利改變教育的革命性之作
不僅總結了她一生的教育經驗，更全面論述其教育哲學和方法

榮律

目錄

前言		005
第一章	兒童與世界的重建	007
第二章	生命的教育	013
第三章	成長的階段	023
第四章	一個新的方向	033
第五章	創造的奇蹟	043
第六章	一項計畫，一種方法	053
第七章	成人大學	063
第八章	心靈胚胎的生命	073
第九章	征服獨立	083
第十章	生命早期的用心對待	093
第十一章	關於語言	105
第十二章	言語的呼喚	113
第十三章	障礙和後果	123

目錄

第十四章	運動和整體的發展	131
第十五章	智力和手	141
第十六章	發展和模仿	149
第十七章	從無意識創造到有意識工作	157
第十八章	新教師	165
第十九章	基於文化和想像力的創造	175
第二十章	幼兒的個性和不足	185
第二十一章	兒童的社會貢獻：標準化	193
第二十二章	性格：征服而非防禦	203
第二十三章	自制力的昇華	213
第二十四章	社會化發展	219
第二十五章	社會凝聚力	231
第二十六章	錯誤及其控制	243
第二十七章	服從的三個等級	251
第二十八章	蒙特梭利教師	263
第二十九章	兒童：愛的泉源	273

前言

　　瑪麗亞・蒙特梭利博士（Dr. Maria Montessori）曾在印度一直待到第二次世界大戰結束，本書是根據瑪麗亞・蒙特梭利博士在印度亞美達巴德第一期培訓時的講稿撰寫而成的。

　　蒙特梭利博士在本書中強調幼兒的獨特心靈力量，幼兒藉助這股力量可以在短短幾年內，在沒有教師及任何成人的教育幫助下，能夠建構、穩定地形成那些曾經放棄的以及重建所有人類性格的特徵。

　　剛出生的嬰兒處於非常柔弱的身體狀態，也看不出心靈天生所受到的影響，可以稱為是一張白紙的狀態，但也就是這樣的嬰兒，他們自出生便擁有了巨大的潛能，僅僅在六年以後，就超越了所有其他生物，這樣巨大的變化是人類生命最偉大的奧祕。

　　本書中，蒙特梭利博士細緻、深入地闡述了她是如何對嬰幼兒最早的、也是最關鍵的人生階段進行密切觀察的，同時也強調了成人在這一階段的重要責任。事實上，她為現在普遍認為比較必要的「教育自出生即開始」給予了一個有實際意義的定義。但這種教育僅僅滿足於以下情況：可以成為「生命的助力」，可以超越教育自身的局限性，優於直接傳遞知識、觀點的形式。

　　蒙特梭利教育法最廣為知曉的一個原則就是「環境的準備」，這一原則成為「自出生即開始」的教育的最重要原則，這是在孩子上學之前進行早教培養的關鍵。

前言

　　有吸收力的心靈力量具有科學基礎的闡釋,是可以幫助全世界觀察兒童的群體、解釋兒童的天性、闡明兒童心靈的宏偉力量。與人類所展示的力量形成鮮明的對比,它可以消除早期階段的影響,成長為自己人生最強大的動力。

第一章　兒童與世界的重建

本書是我們捍衛兒童力量運動的一部分。如今，我們的世界四分五裂，到處都在宣傳未來重建的計畫，而重建的手段之一就是教育。然而，我認為在這場消除戰爭，建設和平、和諧的社會中，熱情的人類並未做好充分的準備。人類並不能靠所受的教育控制這些事件，反而成為這些事件的受害者。儘管教育被認為是人類提升的手段之一，但它僅僅是一種心靈教育，一些更優越的普世教育尚未被設計出來。

據說哲學家做出了貢獻，這或許是真的，但在如今高度文明的社會還有多少哲學家，以前有多少哲學家，將來又會有多少哲學家？高尚的思想、高尚的情操一直存在，也一直在傳遞著，但戰爭從未停止。如果教育一直只是作為傳遞知識的手段，那麼問題永遠都不會被解決。事實上，整個世界都看不到希望。我們真正需要的並不是知識的傳遞，只有考慮人類的個性，才能帶領我們走向救贖。我們同時也要考慮到心靈實體、社會個性、強大的人群、世界的力量。如果拯救和幫助可以實現，那也是透過兒童實現的，因為兒童是人類的建構者。

兒童生來就具有一種未知的力量，也正是這股未知的力量能夠帶領我們走向璀璨的未來。教育不應只是傳授知識，而應當另闢蹊徑。考慮到人格，教育的核心應當是激發潛能。何時開始這樣的教育？

人類自出生便擁有了偉大的人格，這是被充分證實的事實，但同時也是如此令人震驚。但是，實際上，如何給剛出生的，甚至一兩歲的嬰兒上課？這真是無法想像！他自己甚至都不能移動，不能理解我們的講話內容，那麼他該如何學習？難道我們所說的對幼兒的教育只是衛生意

第一章　兒童與世界的重建

義上的？當然不是！嬰兒的精神生活如今受到了極大的關注。

　　許多科學家和心理學家觀察了剛出生 3 小時到 5 天的嬰兒。另外，一些人經過對嬰兒細緻地研究，認為嬰兒出生後的最初兩年是一生中最重要的階段。這一階段的教育，必須是幫助嬰兒發展他們天生所具有的心靈力量，而這並不能透過講授實現，因為嬰兒並不能理解教師所說的內容。

未被開發的資源

　　廣泛的研究顯示，兒童出生即擁有了特殊的心靈力量。這提示我們實施教育需要開發新的形式，而這樣的形式需考慮之前一直被忽視的人類自身。幾千年以來，兒童充滿活力的、具有建設性的能量一直不為大家所知。就像人類踏上地球後，只是開發地球的表面，卻不知道或不關心蘊藏在地球深處的巨大能量一樣，即便現在文明發展了，但就像幾千年以前人類剛誕生時一樣，人類依然不知道蘊藏在兒童心靈世界深處的能量，甚至還在持續壓制、忽視這股能量。直到今天，才有一些人開始注意到這股能量。人類開始意識到這些從未被開發的，比金子還更具價值的人類心靈之重要性。

　　人類生命的最初兩年以全新的角度詮釋了心靈建構的基本法則，而這些法則迄今為止都是不為大家所知的。透過兒童的表達，我們知道了這些心靈建構法則的存在，而這些法則與成人的心靈建構法則完全不同。故此，產生了新的路徑。並非是教師將心理技能應用於兒童，而是兒童將心理呈現給教師。這看起來很難，但如果我們更詳細地探討，這將變得非常清晰：兒童具有一種吸收知識的心智，並能進行自我指導。這一點透過簡單的觀察就能發現。兩歲的嬰兒講著他們父母的語言。語

言的學習是一項重大的智力成就。那麼，是誰教給了兩歲孩子這門語言？是教師？所有人都知道不是。而且兒童還會準確地說出每樣東西的名稱，掌握了動詞、形容詞等。任何研究這一現象的人都知道，跟隨語言的發展是相當了不起的。

所有經歷了語言發展過程的人，都認可兒童到了一定的階段會使用名字和詞語，就好像他們有專門的發展時間表。事實上，兒童確實嚴格遵循著天性制定的大綱在發展，即便是最嚴格的學校，相比較而言都不能如此精確。調查顯示，兒童遵循這樣的時間表，掌握了語言的所有不同的、不規則的語法結構。

關鍵期

兒童體內有一位非常嚴謹的「教師」。不管在哪個國家地區，他都能讓每個孩子實現上述同樣的成長。成人掌握的唯一最完美的一門語言，就是在沒人能教他的嬰兒期學會的。不僅如此，在以後的人生階段，不管他得到怎樣的幫助和輔導來學習一門新的語言，都無法表達得像嬰兒期掌握的這門語言那麼準確。在兒童體內有一股心理能量在幫助他。

不僅僅語言如此，兩歲的嬰兒也能夠認出他環境中所有的人和事物。研究越多，我們就會更明顯地發現，嬰兒取得的成長是巨大的：所有我們擁有的，都是嬰兒期建構的，最重要的能力都是在生命的最初兩年掌握的。不僅僅是辨識、理解、應對周圍環境的問題，在沒人能教的嬰兒期，兒童也掌握了整體智力、倫理情感、愛國主義情操和社會等級的觀念。就好像大自然能夠阻止成年人的智力對兒童產生影響一樣，在成年人的智力能夠與其心靈互動，並對其心靈產生影響之前，嬰兒已經

第一章　兒童與世界的重建

實現了其完整的心靈建構。

兒童在3歲時已經具備了人格的基礎，並開始需要學校教育的特殊幫助。兒童的成長變化如此巨大，甚至我們都可以說那些上學的3歲兒童就跟一個老人一樣。心理學家們指出，如果將成人的能力與兒童進行比較，成人需要六十年的努力才能達到3歲兒童的程度。他們就用我之前所提到的奇怪的表述：「3歲兒童已經是一位老人」。即便到這一階段，兒童從環境中汲取知識的獨特能力仍未停止。兒童3歲進入了最初級的學校，但仍然沒有人可以教他們，因為他們此時仍未具備接受教育的能力，但他們驚人地呈現出了人類心靈的巨大能力。

我們的學校並不是真正的學校，這是一個「兒童之家」，比如，這裡的環境是為兒童特意準備的，在這裡，兒童可以在沒有任何人教的情況下，自己可以從環境中吸收掌握相應的文化。在我們最初級學校入學的兒童都來自社會的最底層，他們的父母目不識丁，但在沒有任何人教的情況下，這些兒童到4歲就知道了怎麼閱讀和寫字。參觀者們驚訝於這個年齡層的兒童所掌握的讀寫能力，他們問孩子們：「誰教了你們怎麼寫字？」孩子們驚訝地仰起頭回答：「教？沒有人教我們啊！」這在當時看起來很神奇。

那麼小的孩子就會寫字，這看起來很神奇，而他們又是在沒有任何教導的情況下學會的，這聽起來很不可思議。於是媒體界開始談論「文化的自動獲取」。心理學家們則認為這批兒童是否具有特殊能力，我們接受並認同了這一疑惑。但在之後多年的觀察中，我們發現所有的兒童都具有從文化氛圍中汲取知識的能力。如果真是這樣的話，我們推斷，可以設定不同的文化主題專案，在避免孩子疲勞的情況下，讓他們自己汲取吸收知識。按照同樣的設定，在自主、放鬆、非疲勞的狀態下，兒

童除了學會讀和寫，還學會掌握植物學、動物學、數學、地理等學科的知識。

由此，我們發現，教育並非是教師教了什麼，而是人類個體自身所自然擁有的過程。學習並非依賴於聽到的內容，而是在與環境的互動中掌握的。教師的任務不再是說，而是在特定環境中，激發相應文化活動的動機。

如今，我已經有了四十年的經驗，隨著這些遍布在世界各地、各個國家的孩子長大成人，父母們提出讓我們繼續對大一些的兒童開展這樣的教育。我們發現，個體活動是發展的唯一途徑，這不僅適用於學齡前兒童，同樣適用於小學及其他類似學校的兒童。

新人類的崛起

我們面前呈現出了一個新的角色，這並非是學校或教育，而是人類自身。人類在自由發展、心靈不受任何壓力禁錮的情況下呈現出了自身所具有的卓越特徵。因此，任何形式的教育改革都要考慮人類個性的發展。教育的中心是人自身。我們要謹記：人不只是在大學成長的，自他出生，甚至出生前的胎兒期起，他就一直在成長。出生後第一年是成長變化最大的時期，因此這一階段需要最細緻的照料。如果這做好了，那兒童就不會成為負擔，他會展示出自己天性的最神奇之處。我們所面對的兒童並不像我們之前所認為的無能為力，而是一個需要我們用智慧去填滿的空的容器。

在我們眼裡，他們看到自己成了智慧的建構者，創造著作為人類最偉大的奇蹟：內在「教師」遵循嚴格的時間表，快樂、幸福、不知疲倦地

第一章　兒童與世界的重建

引導，他們的尊嚴也得以提升。我們的人類教師只能作為這位內在「教師」的助手，協助這件偉大工作的完成。

　　如果我們這樣做了，我們將成為人類心靈開啟、新人類崛起的見證者。他們不再是事件的受害者，而將清晰地指導和塑造人類社會的未來。

第二章　生命的教育

學校與社會生活

在孩子剛出生甚至未出生之前，我們就應該想清楚生命教育的內容，這非常有必要。關於這個問題，我們需要探討更多的細節，因為最近一位領袖首次指出將教育拓展到整個生命過程的必要性，同時提出教育要以「守護生命」為中心。

這是我首次提到政治或精神領袖，因為科學並沒有指出生命教育的必要性，但從十九世紀初開始，科學也做出了積極的貢獻，肯定了拓展到整個生命過程的教育可成功實現。教育輔助或保護生命的概念，並沒有實施到任何教育的領域，不管是北美、南美還是歐洲，都是如此。

教育發展至今，已經擁有了豐富的方法、社會目標和成果，但卻從未考慮生命自身到底是什麼。不同的國家有許多官方的教育方法，但卻沒有任何一個官方教育制度將生命自身或保護生命個體、輔助個體成長納入教育的考慮範疇。如果教育發揮了保護生命的作用，你將會意識到伴隨整個生命教育的必要性。如今的教育同時忽視了生物學角度和社會學角度的生命。如果不考慮這一問題，我們很快將意識到這些接受教育的孩子是與社會隔絕的。學生必須接受學校規定的教育大綱內容，同時遵守學校指定的制度。我們同樣發現，這些學校並未考慮生命自身。比如，一所高等學校的學生吃不飽，沒人會想到這是學校的問題。

近些年，有些近乎失聰的孩子會因為考試分數低被標記出來，因為他們聽不到教師講什麼，但這一自身缺陷卻不被納入考慮之中。視力有

第二章　生命的教育

缺陷的孩子也會得到低分，因為他們寫的字不如其他孩子好看。直至這本書稿完成，身體缺陷都未被納入考慮之中，以上是衛生學的角度。然而，即便是現在，仍然沒有人意識到這些有缺陷的教育方法可能導致孩子的思想面臨危險。

孩子被迫生活在這樣的文明之中，學校需要擔憂什麼？學校只考慮教學是否遵循了教育大綱。社會缺陷有可能會傷害到剛上大學的年輕人的心靈，確實也傷害到了，學校是如何發出警告的？「你們學生不應該關心政治，先專心於學業，等完成了學業，再走向社會。」是的。確實是這樣沒錯。但如今我們的教育並沒有引導他們形成審視當今時代、分析所處時代問題的能力。

學術機制並不探討這個時代的社會生活：它的研究並不考慮教育應該涉及的範疇。有誰聽說過，哪個教育部門是專門解決這個國家的社會問題的？從未有過這樣的事情發生，因為在教育的世界都是將個體的學業生涯與世界問題隔離開的。他們在生活之外為生活做準備。

舉個例子，一位大學生因為結核病去世了，這很讓人心痛。但是，作為學校又能做些什麼呢？最多只是參加一下葬禮。有很多學生走向社會是非常緊張的，他們不僅感覺自己很無用，還會帶給家人和朋友很多麻煩。或許會是這樣，但是，作為權威，並不會考慮兒童心理的特殊性，他們只關心學業和考試，有多少人拿到了文憑和學位。這就是當今時代學校的管理方式。那些學習社會學或研究社會問題的人說過，從學校或大學出來的學生並沒有做好生活的準備，不僅如此，他們的許多可能性都被削弱了。社會學家們的統計數據表明，有許多罪犯、瘋子，還有許多被認為很奇怪的人，是需要學校做出一些補救措施的。

這是事實。學校是一個被隔離開的世界，甚至當發生社會問題時，

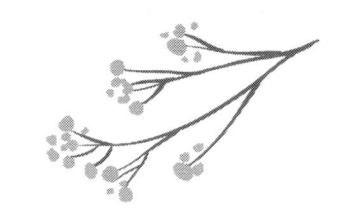

學校也被認為應該忽視這些問題。只是社會學家們認為學校應該做出些改變，但是學校自身並沒有改變的可能。因為學校作為已經存在很久的社會機構，他們制定的規則很難改變，除非有外力強迫他們做出改變。這些都是教育帶來的缺陷，也是所有上學的人都會經歷的。

學齡前階段

剛出生到 7 歲的幼兒是什麼特徵？學校不需要去考慮。這一階段被稱為學齡前階段，意味著不在學校關心的範疇。對於那些剛出生的孩子來說，學校又能做些什麼呢？無論在哪裡為學齡前兒童設立的服務機構，都不屬於教育部門的管轄。這些機構由當地政府或私營機構管理，他們自己制定規則和條例。那麼，保護幼兒這一社會問題由誰負責？沒有人！社會認為保護幼兒的責任是家庭而不是國家。

如今，生命的最初幾年被認為非常重要，然而，提出的建議又是哪些呢？那就是家庭的改變，媽媽必須要接受教育。現在，家庭並不是學校的一部分，而是社會的一部分。因此我們會看到，人類個性，或者說人類個性的照料被割裂成碎片，這一片、那一片，互相也忽視對方。一方面，作為社會組成部分的家庭，卻是與社會隔離的，並不能受到社會的關懷；另一方面，作為與社會隔離開來的學校、大學，並沒有形成社會關懷的概念。即便那些研究提出「隔離培養會帶來傷害」的科學，比如社會學、社會心理學，他們自身也是與學校隔離的。因此現在並未形成生命發展的可依賴的系統。

當一位州長提出教育必須為生命提供幫助時，我們意識到了教育的重要性。但是，正如我前面所提到的，抽象科學並不需要吸納什麼新內

第二章　生命的教育

容，倒是需要從社會層面做出一些改革。如今也是萬事俱備：許多批評已經揭示了當下存在的問題，有些也指出了在生命的不同階段應該實施的補救措施。

一切準備就緒。科學所做的貢獻可以比作是為建造大樓所準備的磚塊，真正需要的是將磚塊壘在一起建成整體的建造師，他們才是推動文明的關鍵。這就是為什麼在印度，他們的領袖在解決問題中具有如此重要的作用。這是文明邁向更高一層臺階的關鍵，也是我們盡力推動應用科學的關鍵一環。

教育和社會的任務

將生命作為教育內容發揮核心作用的教育是怎樣的呢？這是集合了很多前衛教育觀念的概念。教育將不再以教學大綱為基礎，而是基於人類生命的知識。現在，如果這樣做，當然，也必須這樣做，新生兒的教育將得到前所未有的重視。確實，新生兒什麼都不會做，也不能以常規的方式教育他們，但他們可以被觀察，在觀察研究中我們可以發現新生兒的需求。為了發現生命的規律，觀察研究必須予以實施，因為想要幫助生命，首先要知道生命發展的基本規律。

不僅如此，如果我們對生命發展的了解很少，那麼我們始終都只是處於心理學的理論領域，教育活動也將只是停留在知識的領域。關於生命發展的知識必須得到廣泛普及，讓所有人都能知道兒童心理發展的規律。屆時，教育可以達到一個新的高度，也會掌握新的主動權，教育可以如此跟社會溝通：「這些就是生命發展的規律，不能忽視它們，你們必須以這樣的方式行事。」

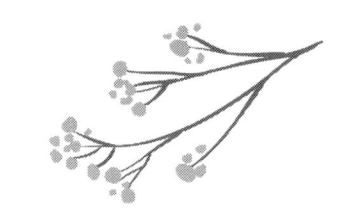

事實上，社會想要提供義務教育，這意味著教育必須也確實提供了，不然也稱不上是義務教育。如果教育從兒童出生就開始了，那麼社會必須知道兒童發展的基本規律。教育不能獨立於社會，而應當掌握社會的主動權。社會這個大機器必須調動自身的每一部分一起活動，以保護生命。所有的部分都應該通力合作：當然，父母應當做好他們的部分，只是家庭參與其中並不夠，社會不僅需要提供知識，同時該提供足夠的教育兒童的方法。

　　如果教育方法是以個體為中心的，如果社會意識到這些教育方法對兒童及兒童的發展是必要的，但家庭又不能提供這樣的教育，那麼社會就需要為兒童提供，國家不能放棄任何一個兒童。因此，教育不應是脫離社會的，而應當獲得支配社會的權力。很明顯，社會必須控制個人，但如果教育被認為是對生命有利的，那麼這種控制就不會是一種約束或壓迫，而是一種能提供物質和精神幫助的控制。這寥寥幾句，也會讓我們意識到，社會的下一步改革就是給教育分配大量的資金。

　　兒童在成長中的需求逐步被科學研究出，研究的結果也提供給了社會。教育被認為不只是對兒童，而是對所有個體都是有幫助的。這意味著，社會良知必須承擔起教育的責任，教育也應該在每一步都將知識傳播到整個社會，而不是像現在這樣——教育和社會是脫節的。

　　教育對生命的保護不僅影響到兒童，對父母甚至整個國家和國際經濟都有影響。這影響到社會的每一個部分，這是最偉大的社會運動。就像今天的教育！我們還能更墨守成規、停滯不前、無動於衷嗎？如今，如果一個國家要實施經濟運動，那麼教育首當其衝。如果詢問一個政府官員關於教育的問題，他將會回答：「我不知道什麼是教育。教育是一個專業。我將孩子的教育託付給了我妻子，她把孩子送到了學校。」將來，

第二章　生命的教育

任何一個政府官員在面臨關於教育的問題時，都不可能再以這樣的方式來回答。

人類的兒童塑造者

現在讓我們從另一個角度來看看。讓我們來看看那些從兒童出生就開始研究的不同心理學家的觀點，從這些研究中又衍生出哪些概念了呢？一般來說，從現在開始，兒童將受到更科學、更好的照料，而不是任其自然地成長，兒童也會成長得更好。大家普遍會認為：「個體因此將會成長得更加強壯，心智更加平衡，個性更加鮮明。」換句話說，這一概念強調兒童的成長不僅在於關注其身體衛生，還要關注其心理衛生。但這不是全部。我們姑且假設科學在兒童成長的初期階段已經有了許多發現，這也不僅僅是一個假設。

事實上，兒童所擁有的能量比人們普遍意識到的更強大，因為在這個階段的兒童完成了建構，逐漸成長為人，然而，從心理角度，剛出生的兒童就像一張白紙。不僅是心理方面，剛出生的兒童就像是處於癱瘓狀態，他們雖然能看到身邊發生的一切，但他們什麼也做不了，什麼也說不了。經過一段時間，兒童會說、會走，藉由他自身偉大的力量和智力，兒童不斷地攻克人生的各成長階段，成長為一個人。如果我們注意到這一點，我們也會更加接近現實。兒童並不是一個空杯子，而我們也不知道到底是誰給了他這些。

兒童才是人類的塑造者。沒有一個成人不是經歷兒童的階段成長為成人的。要成長為成人的話需要有偉大的能量，而這樣偉大的能量只有兒童才擁有。我們一直在闡述的兒童偉大能量終於引起了其他科學家的

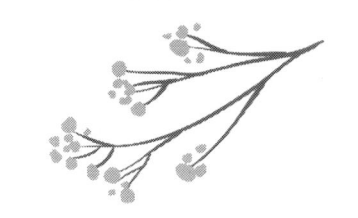

注意，但這能量卻一直被母親所掩蓋，因為人們一直認為，是母親生育了孩子，教會了他說話、走路等。但我卻不認為這是母親的功勞，而是孩子自己掌握了這些技能。母親所做的只是生育了孩子，孩子自己成長為人。假設一個母親去世了，孩子照樣成長。即便母親不在身邊，或者母親沒有足夠的奶餵養孩子，孩子喝其他的奶，也能照樣成長。

孩子自己實現成長，而不是依靠母親。假設我們將一個印度的兒童帶到了美國，由美國人撫養長大，那麼兒童學會的將是英語，而不是印度語。當然，這裡所說的英語，是指美式英語。所以，並不是母親教會的這些知識，而是孩子自己學會的。如果這些美國的養育者真正把這個印度的兒童當作他們自己的孩子，那麼這個印度的兒童學會的將是美國的習慣和風俗，而不是印度的。所以，這些都不是遺傳的，父母可不能邀功，而是兒童自己利用了周圍的環境，自己塑造了未來。

為了很好地長大成人，孩子需要特殊的照顧，而社會必須給予專注。意識到了孩子的天賦，並不會影響父母的權威，因為只有當父母意識到他們並不是孩子的塑造者，對於孩子的塑造無法發揮太大的幫助時，他們才能更好地做好自己的職責，以更佳的角度對孩子予以幫助。只有這種幫助很好地提供給孩子，他們才能得到很好的建構。因此，父母的權威並非建立在獨立的高傲之上，而是建立在對孩子的幫助之上，父母也只有透過這種方式才能建立權威。

讓我們從另一個角度再來看看這個問題。所有人都聽說過卡爾·馬克思（Karl Marx），作為社會改革的先驅，他引導工人們意識到社會所享有的一切都源於他們的工作，環境中的一切都是由男人或女人製造的。我們的日常生活都與工人們的工作密切相關，如果他們停止工作，我們的社會和政治生活都將停止。這是馬克思主義理論的一部分。工人們是

第二章　生命的教育

真正讓我們生活得以正常進行的人,他們創造了環境,提供食物、衣服,以及生活所需要的一切。當人們意識到這一點時,工人們不再因為依賴於僱主養活自己而感到可憐,他們能看到自己真正的重要性所在。以前人們只認為國王、王子和資本家重要,但這之後,大家開始注意到工人的價值。而且資本家的真正貢獻在於為工人們提供開展工作所需的條件,工人們工作的環境越好,所創造的產品也越好、越精確。

將以上理論借鑑到我們的領域,將兒童看作生產人類的工人,父母為工人提供建築材料。我們所面臨的社會問題變得更加重要,因為兒童的工作是生產人類自身,而不是物品。兒童所創造的不是一個民族、一座城市、一個社會群體,而是整個人類。這是人類必須正視的現實:社會必須關心兒童——這位創造人類自身的工人。這兩個社會問題確實呈現出驚人的相似之處。比如,在卡爾·馬克思提出這個觀點之前,工人們不被關心,他們就像兒童一樣,必須完成所有被安排去做的事情,沒有人關心他們的尊嚴。在兒童的工作中,他們作為一個生命,最基本的身體和心理的需求都不被關心,更不用說作為人類的尊嚴了——壓根不存在。社會學家做了些什麼呢?他們發起了起義,為工人們爭取更好的工作環境。

同樣,對於兒童而言,作為生命的塑造者,需要為他們提供更好的生活方式。工人們尋求更多的收入,那麼創造人類的工人就應該得到更多的資金。工人們希望不再受到約束和壓迫,我們必須將兒童從我們的壓迫中釋放出來。人類塑造者比環境塑造者所處的環境更加重要。為人類的塑造者創造更好的環境,將會優化整個人類。從這位偉大的工人出生開始,直至他長大成人,我們都需要給他提供為良好的建設所需的一切。我們必須謹記,兒童塑造人類,並用他的智慧創造文明。兒童是人類智慧的締造者,也正是人類的智慧引導我們創造所謂的文明。

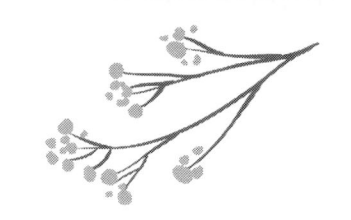

如果生命本身得以重視和研究，我們將得知人類的祕密。我們自己將擁有掌控和幫助人類的力量。卡爾・馬克思的社會視角帶來一場革命。這是一場我們一直都在宣揚的關於教育的革命。這是一個終極革命，這場革命將為我們所熟知的所有方面帶來改變。這是一場非暴力革命，因為如果兒童受到了一點暴力對待，都將導致他的心理建構受到創傷。人類正常的建構是如此脆弱，需要充分的保護，不能受到絲毫的暴力對待。事實上，我們所有的努力都是去幫助兒童去除他們成長道路上的障礙，消除圍繞著他們的危險和不理解。

這就是教育應當為生命所提供的幫助，自出生就開始的教育帶來了一場革命，一場拒絕任何暴力、把所有人都聚焦到中心的革命。父親、母親、政治家都以尊重和幫助孩子的心靈建構為中心，而這一建構過程，是在內在「教師」神祕心靈力量的指引之下完成的。

這將為人類帶來新的曙光。這個過程並不需要太多的重建，只需要為人類的心靈建構提供幫助，而這種建構能力是兒童天生就擁有的巨大潛能。

第二章 生命的教育

第三章　成長的階段

　　根據當今眾多研究，自出生到大學時代心理特徵的心理學家之觀點，兒童成長經歷了不同的關鍵期。以前人們認為個體在幼兒時期幾乎是無能的，隨著成長逐漸擁有越來越多的能力，成長是能力從弱到強的發展過程，但卻一直保持著相同的形式。這是關於人類心理的陳舊了解。如今，心理學發現，在生命的不同階段，不同的心理特徵經歷了不同的發展關鍵期，在不同的階段差別非常明顯。說來也奇怪，這些不同的階段也對應著身體發展的不同階段。從心理學上講，這些變化如此之大，以至於某些心理學家為了把它們講清楚而誇大地表達為「成長是一連串的新生」。

　　在生命的某個階段，一種個性心理停止成長，另一種開始出現。這種連續的新生在成長中不斷發生。最初的階段出現在從出生到6歲之間，這個階段的兒童呈現出顯著的差異，但在這整個階段的心理發展類型是相同的。從出生到6歲又可以分為兩個子階段。第一個階段是從自出生到3歲，是成人無法接近的階段，比如，成人無法直接對他們實施影響，事實上，也沒有面向這些兒童的學校；第二個階段是從3歲到6歲，這個階段的心理類型是相同的，但兒童已經在某種程度是可以接近的。這一階段兒童的個性發生很大改變。為了更容易理解這一變化，需要將剛出生的嬰兒與6歲的幼兒進行差異性比較，吸引我們的並不是這些變化如何發生的，而是6歲的兒童已經具備了最常見的情緒表達，有足夠的智力可以去上學了。

　　下一個階段是6歲到12歲，這是一個成長而不是變革的階段。從心

第三章　成長的階段

理學上講，這是一個平靜而安詳的成長階段，也是一個富有健康、力量和安全感的階段。如果從身體方面來看，種種跡象似乎能表明兩個心理成長週期間的界限，身體上的變化還是很明顯的。舉個例子：兒童乳牙脫落，開始長新牙。

接下來的第三階段是從 12 歲到 18 歲，這個階段的發展變化與第一階段有所類似。根據身體的成熟變化的差異性，最後這一階段可以明顯分為兩個子階段，其中一個子階段是從 12 歲到 15 歲，另一個子階段是從 15 歲到 18 歲。到了 18 歲之後，一個人就完全成長好了，不再有比較明顯的變化，變化的只是年齡。

奇怪的是，學校教育似乎從直覺上就意識到了不同階段兒童心理類型的差異。0 到 6 歲這一階段很容易做出區分，因為這一階段被排除在義務教育階段之外，而從 6 歲開始就發生了很大的變化。人們似乎認為，兒童到了 6 歲已經擁有了足夠的智力可以上學，因為如果兒童是完全無知的狀態，他是不會被學校接納的，這其實在無意中承認兒童已經掌握了很多。比如，如果兒童自己尚不知道如何平衡、不知道如何走路、完全聽不懂別人在講什麼，那麼，即便他已經 6 歲了，也不能去上學。我們可以認為這是一種實踐性的判斷。

但是這些教育者們從來不會考慮兒童是否可以上學，是否能夠找到理解傳遞而來的信息的方法，因為兒童在出生時是一無所知的，他們必須學習掌握這一技能。誰教會了他們這些技能呢？當然，教他們的人不是教師，因為兒童學習掌握這一技能的時候，他們還未上學。教育者們從來不會想到要特意教這些沒有智力、不會平衡運動、沒有意志、沒有記憶力的新生兒去理解我們在說什麼。

第二階段同樣有無意識的普遍認知，因為在很多國家，12 歲的兒童都基本離開小學，上了中學。為什麼人們普遍認為 6 歲到 12 歲這個階段

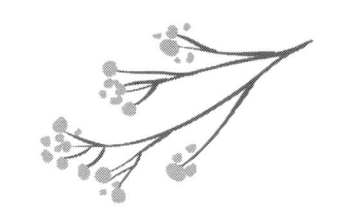

的兒童最適合接受基礎教育、文化薰陶？世界上幾乎所有的國家都是如此，因此，這並不是一個偶然事件。這種現象意味著所有兒童都有共同的心理基礎，而實踐也已經證明了這一點。研究發現，這一階段的兒童有足夠的心智和能力參與學校的各項活動，他們能夠理解教師所講的內容，也有足夠的耐心傾聽和學習。在這整個階段，他們一直都很健康，也能一直專注於自己的功課。正是因為這些特徵，這一階段被認為是最適合兒童接受文化教育的階段。

到了12歲之後，兒童將進入高一階段的學校。就如義務教育所發現的，在這個階段，一種新的、具有兩個維度的個性心理特徵開始誕生。正如我們所看到的，中學被分成了兩種。

我們國家有兩種中學，一種國民中學，另一種高級中學。國民中學有三年，高級中學有三年。這一階段並不如前一階段那麼平和、冷靜。心理學家們發現，這一階段的孩子們心理變化非常巨大，這一變化的程度堪比於0到6歲的第一階段。通常，這一階段的個性並不穩定，會有一些叛逆，身體也不如第二階段強壯和穩定。但學校並不關注這些，不管孩子們是否喜歡，教育制度依然正常實施，孩子們必須遵守。這一階段的孩子們必須端正地坐著聽教師講課，必須絕對地守規矩，將所有時間花在記住所學之上。

之後便是大學。大學與之前階段的學校相比，除了學習強度的差異，其他並沒有什麼明顯的不同。在課堂上，同樣是教授們講課，學生們聽。在我小的時候，男人們都留鬍子，並不刮鬍子。在學校教室裡見到所有的男士都留著鬍子，這也是一個很奇特的現象。有些人是尖尖的鬍子，有些人是方方的鬍子；有些人是長長的鬍子，而有些人是短短的鬍子；而最多的是不同種類的小鬍子。這些看起來成熟的男士，更多的還是孩子。他們必須坐下來認真傾聽教授所講的內容，必須服從教授的

第三章　成長的階段

命令,他們只能如此 —— 他們的香菸、街頭汽車的停車費用還指望他們慷慨的父親提供,而若被當,父親便會指責他們。他們已經是成人!這些男士,他們憑藉智慧而工作,並將獲得未來收入最高的職業 —— 醫生、工程師、律師,他們將依靠自己的智力、經驗引導世界。

如今,學位意味著什麼?一個人的生活是否能以取得學位而獲得保障?人們去看醫生時,只會去找那些獲得學位的醫生嗎?如果有人想要建一棟非常漂亮的房子,他會去找那些新手工程師嗎?或者,如果我手頭有一個案子,我會去聘用一位剛獲得執照的律師嗎?顯然不會。為什麼呢?原因很簡單,因為這麼多年靠聽進行的學習,並不能塑造好一個人,只有練習和實踐才能實現。因此,我們會發現,新手醫生必須在醫院裡實習,律師必須在律師事務所實習,同樣,工程師們也需要類似的實習。這項實習工作將持續很多年,他們才能真正獨當一面。他們必須找到機會並受到保護,才能開始實習。

基於此,許多國家都有一些非常奇怪的案例。有一個發生在紐約的經典案例。有一支由數百名沒找到任何工作的知識分子組成的示威隊伍,他們舉著這樣的橫幅:「我們沒有工作;我們飢腸轆轆;我們可以做什麼?」直至今天,這樣的情境仍會出現。而這些情境並沒有事先計劃。教育是不受控制的,但我們知道,在人生成長的不同階段,有著不同類型的心理特徵,而每種不同階段的人,也在接受著不同等級的教育。

創造性的階段

在我年輕的時候,2歲到6歲的兒童從來不被考慮。如今有了不同類型的學前教育機構,有接收更小的兒童的蒙特梭利學校,有接收3歲到6歲的兒童的托兒所和幼稚園。但如今,仍然和以前一樣,人們依然認

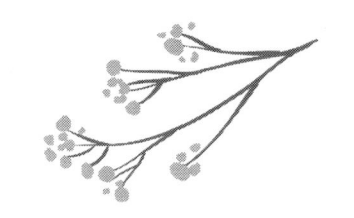

為大學教育是最重要的，認為是大學充分培養、開發了一個人的智慧。然而，現在已經有一些心理學家在研究人的生命歷程，而研究結果逐步走向另一個極端。包括我在內的很多研究者都認為，人生中最重要的階段不是在大學，而是最初的階段──0到6歲。因為人類最重要的智力就是在這個階段形成的，而且，不僅僅是智力，整個心理功能都是在最初的這個階段形成的。這留給眾多關注精神生活的人深刻的印象。

如今對這些幼兒、新生兒和已經形成人類個性的1歲幼兒，人們有很多思考；研究發現這些幼兒所擁有的情感與印象，與很久以前思考死亡的人的情緒是類似的。死亡來臨時到底發生了什麼？這曾經是吸引沉思和感傷的原因。如今也有類似的思考是針對那些剛降臨世間的幼兒。這是一個被創造了具有最崇高的智慧的人，為什麼他要經歷如此長的、痛苦的嬰兒期？沒有任何一種動物需要經歷如此漫長、痛苦的嬰兒期。這吸引了很多思想家的注意。他們深思：「這一階段到底發生了什麼？」

這肯定是一個創造的階段，因為剛出生時他們什麼都不知道，但一年後，這個兒童已經知道了所有。兒童並非出生時便擁有了一點智慧、一點記憶、一點意志力，並在之後隨著成長而逐漸增多。他們出生時這些都沒有！個體是從零開始成長的！這並不像聲音那樣，從一開始的一點點逐漸發展，就像小貓出生時就會喵喵叫，即便不是很完美，類似的還有小鳥或小牛。而人幾乎是啞的，情緒的表達只有一種方式──哭。對於人類來說，這並不是發展的問題，這是從零開始創造的問題。如果原本並不存在，你就不會給予成長以希望。兒童所走的這一步，是偉大的一步，是從無到有的一步。我們並不能做到如此，我們的心智也不能做到如此。

這是不同於我們的一種心理類型，它需要各種不同的力量匯聚才能

第三章　成長的階段

實現。幼兒所實現的並不是一個很小的創造，是完完全全的創造。幼兒不僅創造了語言，還包括讓表達成為可能的所有元素，創造了每一項身體運動和智慧的每一個方面，創造了人類思想的各方面。這是一項非常巨大的成就！

　　這並不是透過有意識的心理活動實現的，我們處於意識狀態，我們有意志力。如果想要學習某樣東西，我們會付諸行動。而幼兒並沒有意識，也沒有意志力。如果將我們的心理類型稱作意識活動，那麼幼兒的是無意識心理。無意識心理並不是一種低階的心理。無意識心理可以充滿智慧。人們可以發現這種智慧存在於每一種生物，甚至每一種昆蟲之中。這並不是一種能意識到的智慧，即便很多時候看起來好像它被賦予了理性。幼兒憑藉這種無意識的心理，實現了偉大的成就。1歲的幼兒已經能看到他環境中的所有事物，並能辨識出來。

　　幼兒是如何在這樣的環境中實現的呢？這依賴於在幼兒身上所發現的一種特性：幼兒對他所身處的環境有強烈的好奇心和愉悅感，這種強烈的感受使他們能夠專注於他的生活。幼兒擁有這些印象並不是透過心理實現，而是源於生活。語言的掌握是這一結論最有力的證據。幼兒是如何掌握一門語言的？幼兒一出生即擁有聽覺，這使他能夠聽到人類的聲音，而後能學會講話。這是事實，我們承認。

　　然而，在他所處的環境中，有數百萬種不同的聲音和噪音，他為什麼只聽到了人類的聲音？確實，幼兒都能聽到，但是他只掌握了人類的語言，這就意味著人類的語言給幼兒留下了深刻的印象。這種印象如此深刻，引起了如此強烈的愉悅感，以至於幼兒盡全力調動體內看不見的運動神經，就是為了發出類似的聲音。這可以與我們身上的某些現象做類比。某個人參加了一場音樂會，不久他看到了大眾臉上專注的表情，

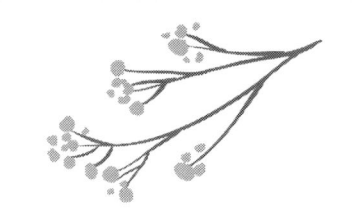

於是頭和手開始運動。這如果不是音樂所導致的運動，那又是什麼所導致的？類似的情況應該也在幼兒無意識的心理中發生。相比於人的聲音所產生的印象，音樂給我們所帶來的印象就像並不存在一樣。在無意識的心理狀態中，我們暗暗地為了發出類似的聲音，會產生非常強烈的情緒，我們幾乎可以看到那些令人興奮的舌頭運動，與和弦一起顫抖的臉頰，一切都在振動並變得緊張。

幼兒又是如何準確地掌握了語言的呢？幼兒能夠如此準確、穩固地掌握這門語言 —— 母語，使之成為他個性心理的一部分，這能夠非常清晰地與他所掌握的其他語言區分出來，就像從人類天生的牙齒中找到那顆假牙一樣容易。最初，對幼兒來說，這些聲音是沒有意義的，他們怎麼突然理解了其中的含義？他們甚至都還沒掌握詞語的含義，就已經知道了「句子、句子的構成」。如果我們理解不了句子的結構，就根本理解不了語言。比如，我們說「眼鏡在桌子上」，詞語的正確順序告訴了我們句子的含義。但如果有人說「眼鏡上面桌子」，我們就很難理解。這就是我們所理解的詞語的順序。幼兒已經掌握了語言的構成。

有吸收力的心靈

這是如何實現的？「他記得這些了。」但要想記住的話，必須要有記憶，但幼兒尚沒有記憶，他還要去建構。他還要掌握理解的能力才能理解句子的結構，才能真正達到理解。但他還沒有理解的能力，他還需要去建構。

我們的心靈就如它所呈現的，並不能完成這樣的心理活動，要想完成，必須擁有一種與我們不一樣的心理，而這正是兒童所擁有的。我們

第三章　成長的階段

會說自己是透過智力獲得，而兒童透過他的心靈生活去吸收。兒童僅僅在生活中就學會了自己民族的語言。就好像兒童體內有一個心靈工廠在完成這項工作。我們就是容器，各種印象注入其中，我們記住它們並保持在自己心靈之中，但就像水融不進玻璃一樣，這些印象也與我們保持距離。然而兒童卻不一樣，這些印象不僅深入他們的心靈，還建構著他們的心靈，變成了化身。兒童利用周圍的環境塑造他們的「精神肉體」。我們稱這種心靈為「有吸收力的心靈」。我們很難想像出這種有吸收力的心靈是如何在兒童身上運作的，但這的確是一種形式特殊的心靈。我們只希望可以一直持續地存在。

　　想像一下，剛出生的嬰兒在家裡躺了幾個月之後就會走路了，會到處走一走、玩一玩，會自得其樂，很開心；就這樣日復一日，他學會了運動，也掌握了語言及其所有的構成；能夠由生活指導自己的活動和做其他很多事。兒童所處環境中的一切都成為他心靈的一部分：習慣、風俗。想像一下這得是多麼神奇的事！就因為擁有這樣一種心靈，僅僅透過自娛自樂、只是存在著，就能成為醫生、律師、工程師！試想一下，兒童不需要上學，只要透過他所生活的完美或不完美的環境，就學會了語言。如果一個人僅僅依靠跟一個德國人一起走路，就學會了德語，這得是一件多麼神奇的事！然而，長大後的我們是得多努力地工作、多努力地學習，才能掌握那些不得不學的不同學科啊！

　　逐漸地，兒童意識到了所有這一切，這些構成了他的意識。我們也知道了兒童的學習通道。他們在無意識之中學會所有，伴隨著怡人、有愛的通道，又逐漸從無意識變為意識。對我們來說，成為意識狀態，擁有人類心理意識是一個巨大的進步！但我們也付出了代價。因為我們一旦處在意識狀態，所有的學習都需要付出辛苦和努力。

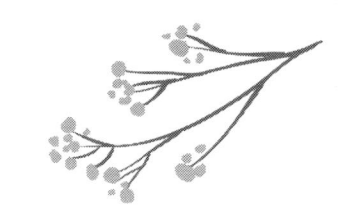

運動也是偉大的成就之一。剛出生的嬰兒很少活動，之後他的身體逐漸靈活起來，開始活動。兒童掌握運動，就像掌握語言一樣，並不是偶然學會的。在一個特殊的階段，他已經在感官上做好了準備，依靠有吸收力的心靈，當他開始活動時，他早就已經在環境中學會了。在他活動之前，一種無意識的心理發展已經形成，而當他開始活動，無意識就轉化成了意識。

如果你觀察一位3歲的兒童，你會發現他總是在玩一些東西，這意味著他透過雙手，將之前在心靈中的無意識轉化為意識。打著玩的幌子，他將之前在環境中形成的印象和經驗轉化成了意識。透過工作，他擁有了意識，並成為人。他運用一種非常神奇的力量，依靠雙手、依靠經驗，起初是遊戲，之後是工作，逐步塑造著，最終塑造成人。雙手是人類智慧的工具。透過這樣的經歷，一個人成為了人，但也成為了一個受限制的人，因為相比於無意識和潛意識，意識是相當有限的。

他回到生活之中，開始了神奇的工作，並逐漸形成了適應時代和環境的獨特人格。他建構自己的心靈，逐漸形成了記憶；並逐漸形成了思考能力、邏輯能力；逐漸地，他已經6歲了。突然，教育者們發現，他已經能聽懂我們說什麼了，並且有足夠的耐心聽我們在說什麼，而在這之前是不可能實現的，他就像生活在不同於我們的另一個星球一樣。

在本書中，我們將聚焦於兒童最初的階段。針對生命最初階段兒童的心理學研究發現，這段時光是如此神奇，充滿奇蹟，我們無計可施，唯有震撼。我們的工作並不是去教育，而是去幫助兒童發展其在成長中的有吸收力的心靈。如果透過我們的幫助，透過有智慧地對待孩子，透過理解他們在生活中的需求並給予滿足，從而延長有吸收力的心靈發揮作用的時間，這將是一件多麼神奇的事情！如果我們能幫助一個人很輕

第三章　成長的階段

鬆地掌握知識，如果一個人，在不知自己如何掌握知識的情況下，已經掌握了很多知識，就像魔法一樣，這將是多麼富有意義的服務！這為什麼不能成為可能呢？充滿魔法和奇蹟，這些本也是天生的啊！

兒童伴隨著有吸收力的心靈降生，這一發現給教育帶來了改革。如今，人們也更容易理解在成長發展的各個階段中，為什麼最初的階段是最重要的。在這一階段，人類個性的創造性開始形成，一旦我們理解了這一點，我們也就清楚地知道了必須在兒童的創造性工作中給予幫助，因為任何年齡層的兒童都不如這一階段的兒童更需要智慧的幫助。很明顯，如果一個兒童遇到了障礙，他的創造性將表現得稍遜一些，於是我們將不再給予幫助，因為他是如此弱小。這樣並不對！我們知道兒童擁有強大的創造力，但它的存在非常微妙，一旦兒童在成長中遇到挫折，創造力也會受到挫敗。我們需要幫助的是創造力，並不是兒童本身，也不是他的弱項。

當我們得知創造力屬於無意識心理，透過工作和環境中的經驗才能將其轉化為意識時；當我們意識到兒童的心理與我們的不一樣，我們並不能觸碰到，也不能教給他們東西時；當我們意識到我們並不能干預兒童從無意識向意識轉化的過程，也不能干預他們的心靈建構過程時，教育的整個概念都需要發生改變，從而讓我們真正成為幼兒生命歷程的助力。教育將成為人類心靈成長的輔助，而不是要求他們記住觀點和事實。

嘗試教育的新路徑，如何在不同的心靈中給予幫助，如何藉助不同的力量，如何賦予不同心靈特質以力量，這些都將是本書探討的主題。

第四章　一個新的方向

如今關於生物學的研究已經有了一個嶄新的方向。之前的所有研究都是面向成人群體。比如，科學家們在研究動物和植物時，考慮的都是已成年的類型。同樣，對人類的研究也是如此。研究對象始終都是成人，比如，關於社會學領域的道德研究，研究對象一直都是成人。另外一個吸引眾多思想家的領域是死亡，因為成人的生命歷程就是走向死的過程。關於道德的研究，可以說是在研究成人社交世界的環境和規則。對於愛他人，為了成就別人的利益而犧牲自己，這些確實都是存在的道德觀念，但又是比較難的美德。

如今，科學家們似乎在朝著相反的方向開展研究。不僅僅是人類，包括其他的生物，都是如此，不僅研究年幼的個體，同時研究更早的胚胎時期。所以生物學家們將注意力轉向了胚胎學，轉向了更早胚胎期的生物形態。面向更初始的研究方向，產生了新的哲學，但這種哲學並非是理想主義的，我們更傾向於認為這是科學的，因為這是來源於觀察的，並不是從思想家的抽象思考中擷取出來的。這個哲學的程式伴隨著科學家們的發現逐步拓展。

當你進入到胚胎學的起源領域，將會看到在成人的領域並不存在的東西，或者即便存在，也是一種非常不同的形態。科學觀察揭示了一種與人類之前習慣考慮的不同的生命類型。至此，關於兒童個性的這一新領域的研究進入了大眾的視野。一種較為平庸的觀點認為，兒童的生命程式並不像成人那樣趨向死亡，兒童是趨向生命，因為兒童的目標是在實現他的力量和生命的過程中建構成為人。當成人的階段到來時，兒童

第四章　一個新的方向

便不復存在。因此，兒童的整個生命歷程是趨於完美的，是一個獲得更偉大成就的程式。即便從這樣一種平庸的角度觀察，我們也能得知兒童在成長和趨於完美的程式中是非常快樂的。

在兒童的生命程式中，他們完成成長的過程，感受到的是快樂和樂趣，而成人的成長通常是一個非常痛苦的過程。兒童成長、趨向生命的過程是逐漸擴展的過程，因為伴隨著兒童的成長，年齡越大，他將變得越聰明，也越強壯。兒童的成長程式幫助他獲得了智慧和體能，而成人卻恰恰相反。同樣，在兒童的世界中並不存在競爭，因為兒童在不得不完成的自己建構成為人的程式中，其他任何人也不能代替他完成這項工作，換句話講，沒有人能替他成長。

在兒童身邊的成人通常是兒童的保護者。所以，我們可以看到，就人類而言，那些更好的社會榜樣和靈感通常可以在兒童的世界中被發現。這不是理想的問題，這是現實。這一領域是不一樣的，呈現了更好的生命存在，因此很值得去研究。

現在讓我們回到兒童生命更早期的階段，即尚未降生的階段。即便尚未出生，兒童已經和成人在交流了，因為胚胎期的階段是在母親的體內度過的。在孕期之前，來自成人的精子和卵子結合，形成了最初的細胞。所以，不論是面向人類生命最初形態的研究，還是面向兒童完成成長任務方向的研究，都是朝向成人的。兒童的生命線連線了兩代成人的生命。兒童生命的起源，始於成人，也終於成人。生命的歷程，從生命的角度來看，與成人連繫如此緊密，我們也能受到更多的啟發。這也是為什麼我們的研究是這麼有趣。

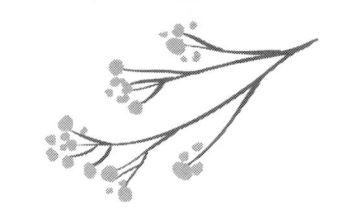

兩種生命

　　自然給了兒童獨特的保護。他們因愛而降生，是愛的結晶，出生之後，他們也被父母的愛包圍著。兒童並非因紛爭而降生，這對他是一種保護。自然給予了父母愛孩子的能力，而這種愛並不是虛偽的，或者需要找到執行的理由，就像渴望團結的人總是試圖喚起兄弟般的情誼。在兒童的世界裡，我們可以找到應該在成人世界所存在的理想道德態度，因為只有在這裡才可以找到自然產生的自我犧牲的愛。這激發了一個個體對他人的奉獻精神，為他人服務的自我奉獻。從深層次來說，所有的父母都會為了孩子放棄自己的生命。而父母出於本能的奉獻帶來的是快樂，但呈現出來的並不是犧牲的樣子。比如，人們不會說「這個人有兩個孩子真可憐」，反而會說「這個人有老婆孩子，真幸運！有兩個這麼可愛的孩子，得有多幸福！」父母對孩子是真切的自我犧牲，但這種犧牲帶來的是快樂。這就是生命本身。

　　所以孩子會激發出成人世界的理想狀態：放棄，自我犧牲，而這些幾乎是不可能實現的。如果是在競爭市場中，一個商人所需要的東西非常稀有，他會對他的競爭對手說「拿走，我不需要」嗎？但如果父母和孩子都很餓，卻只有一小片麵包時，父母會不會跟孩子講「你吃吧，我不餓」？這種溫柔的愛只能在兒童的世界中被發現，這是天生的。所以有兩種生命形態，而成人同時擁有這兩種。一種生命源於兒童，而另一種生命是作為社會的一員。而較好的生命形式是與兒童相關的，因為在這種生命形式中，最溫暖的部分得以發展。

　　如果研究換成在動物中進行，我們同樣可以發現兩種生命形態的存在，這很神奇！比如，凶猛的野生動物一旦擁有了家庭，就改變了天性。所有人都知道獅子和老虎面對他們的幼崽時是多麼溫柔，而面對小

第四章　一個新的方向

鹿時又變得多麼勇猛。這就好像所有動物有了孩子之後都有了保護的本能。這是一種不同於一般本能的特殊形式。

弱小的動物，比我們人類都膽小，都具有自我保護的本能，但一旦他們有了幼崽，這種自我保護的本能就轉變為保護幼崽的本能。許多鳥類也是如此。一旦危險來臨，牠們的自我保護本能就是立刻飛得遠遠的，但一旦生了蛋，牠們就不會飛走，反而是牢牢地守住牠的鳥巢，以防幼鳥受到傷害。有些還會假死，以逃脫獵狗的捕捉，但為了保護躲藏著的幼崽，牠們又會故意吸引獵狗的注意。而通常牠們避免被捉住時都會飛走。還有許多這樣的例子，在這些動物身上都可以發現兩種本能：一種是自我保護的本能，而另一種是保護牠們幼崽的本能。在眾多描述這一現象的書籍中，法國生物學家法布林（Fabre）認為物種能夠得以生存，很大一部分原因都源於母愛的本能。確實如此，如果物種僅僅依靠牠們自身的「武器」得以生存，那幼崽們如何保護牠們自己呢？牠們還沒能擁有自己的「武器」。小老虎還沒有牙齒，小鳥還沒有羽毛，怎麼保護自己呢？

因此，要拯救生命、保障物種生存，首先需要為這些還在成長的幼崽提供保護。

如果生命的存在僅有鬥爭，那麼任何一種物種都會滅亡。因此，物種能夠存活的最主要的、真正的原因是成年個體對幼兒的保護。如果我們研究自然，就會發現很神奇的一件事，即使是最低等的物種，都有這樣的智慧。每一個物種天生都有不同的保護本能；同時也具有不同的智慧，而這種智慧都表現為對幼兒的保護，不同的物種表現得又很不一樣，而同時牠們不需要太多智慧，就已經習得了自我保護的本能。法布林也研究了昆蟲的保護本能，這方面寫了16卷的內容，雖然細節還不

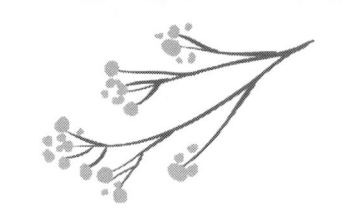

是很詳細。因此，對不同生物的研究，都能發現兩種本能和兩種生命形式。回到人類生命領域，對兒童生命的研究並非僅僅是出於社會的原因，兒童對成人生命的影響也是非常重要的，因此生命的研究需要回到更早的階段。

胚胎學

　　如今對兒童生命的研究有兩種不同的科學，一種是面向兒童的，而另一種是面向生命最初的形態的。有趣的是，胚胎學的研究也開始流行。哲學家和思想家一直都在思考這樣的問題：一個生命從無到有，變成了具有智慧、有思想，同時還能呈現心靈偉大力量的男人、女人，這樣神奇的事情是如何發生的？生物體的構造怎麼會如此複雜而又神奇呢？能保障我們交流的眼睛和舌頭是如何形成的，還有大腦以及其他的人類細微的身體構造都是如何形成的？

　　十八世紀初期，科學家們認為在卵細胞裡一定有一個現成的男人或女人。它是如此細微，以至於人們並不能看到，但它確實存在，之後逐漸長大。哺乳動物也是如此。到底是男人還是女人有這樣創造性的細胞，曾經還有兩派觀點進行過爭論，他們也反對在大學裡進行學術爭論。那時，有一位年輕人，使用剛發明的顯微鏡，心想「我要看看到底發生了什麼」。他開始研究胚胎細胞，經過觀察發現，胚胎裡竟然什麼都沒有！他認為是生物體自己建構了自己，同時也描述了是如何建構的。胚胎細胞自我分裂成兩個，兩個分裂成四個，之後形成成千上萬個細胞，生物體逐漸形成（見圖1）。那些爭論中的大學學者聽了後非常憤怒。這個無知的人到底是誰？竟然說什麼都沒有！為什麼！這可是違反

第四章　一個新的方向

宗教的！這個可憐的男人的情境變得非常糟糕，甚至被驅逐出他自己的國家。之後他一直流亡在外，並客死他鄉。

之後的五十年，雖然顯微鏡更精細化，但不再有人敢去探索這個祕密。但同時，那位先驅所說的話逐漸滲透著，人們開始認為或許他說的是對的。五十年後，另一位科學家也進行了類似的研究，並發現那位先驅所說的是真的。他告訴了每一個人，而這一次，大家都相信了他，至此，一門新的學科開始出現，並逐漸壯大：胚胎學。

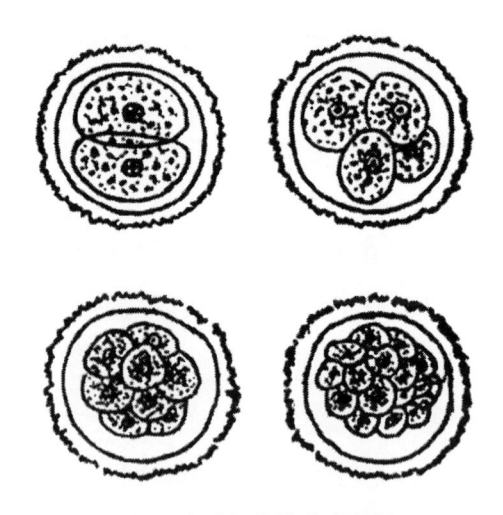

圖 1　生殖細胞的發育過程

如今，胚胎學開始認為之前人們所爭論的最初形態並不存在，不存在已經製造好的、而後只是逐漸成長，成為完全的男人或女人的形式；但很神奇的是，生物構造好像有一個預先確定的建構計畫，因為這過程是如此的完好，如此的合理，似乎是有人預先想好並解決了。這就好像有人準備建造房子，在準備建造房子的牆壁之前先收集磚塊一樣。生命建構早期的細胞也是如此：透過不斷分裂，產生了一定數量的細胞，便建造了三面牆，三面牆建好之後，第二階段的工作開始——胚胎開始建構。

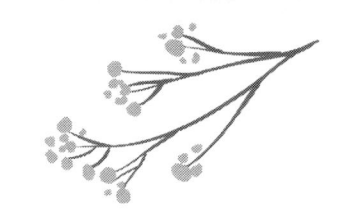

胚胎的建構又是另一種形式。它開始時只是一個細胞，我不知道在那裡發生了什麼，我不知道這是一種化學性質的東西，還是一種敏感性。我猜想沒人知道。但此時某一處開始了一種特殊的活動，細胞增殖的速度明顯加快，而其他地方的細胞增殖仍是相同的狀態。當這種快速增殖的興奮活動停止時，一個器官形成了。類似這樣的點有許多，而每次類似的活動都會形成一個精確的器官。這一現象的發現者是這樣解釋這一現象的：存在一些敏感點，圍繞這些敏感點形成身體構造。各器官的形成和發育是互相獨立的。就好像這些器官細胞內的核心點的活動、強度都是特定的，每個敏感點的核心就是建造它們自己，而這些細胞又是如此團結，合作得是如此完美，他們改造著自己，並成為與其他細胞不一樣的形態。

　　細胞們根據它們所要建構的器官變成了一種特殊形式。每個器官都各自獨立形成後，新的活動又將產生，它們之間建立了溝通和連繫。當所有的器官都集合起來，相互之間緊密連繫，以至於誰也離不開誰時，這個孩子便降生了。循環系統將這些器官都連繫了起來，在循環系統形成後，神經系統也完成，器官之間的連繫更加緊密。我們能夠看到這樣的建構計畫，是基於實現創造的熱情。一旦器官的創造已經形成，它們就做好了相互連繫、緊密集合的準備。這樣的建構計畫在高等動物和人身上都可以看到，都是為了各自更好地發展。

　　因此，現在的觀念認為所有的生命都是共同完成建構計畫的過程。事實上，胚胎是如此相似，以至於在不久前有一種理論認為，進化是沿著不同程度的動物性的道路進行的。例如，人類來自猴子，哺乳動物和鳥類來自爬行動物，爬行動物來自兩棲動物，兩棲動物又來自魚類等。人們認為每一種胚胎都在出生前經歷了之前所有的階段；所以在胚胎中有一個物種進化的合成過程。如今這一理論已經被淘汰了。現在的科學

第四章　一個新的方向

家經過仔細地觀察，認為自然只有一種建構方法，而且只有一種建構計畫。

如果我們能謹記這一點，那許多問題都迎刃而解了。比如，兒童的心理發展，因為不僅是人類的身體，人類的心靈建構也是按照同樣的建構計畫。一開始什麼都沒有，至少看起來什麼都沒有，就像那些建構身體最初的細胞一樣，看起來與其他細胞並沒有什麼不同。在新生兒身上，從精神角度來講，看起來什麼都沒有，這就像原始細胞還沒建構成人一樣。就像器官的建造是圍繞著一個敏感點進行，精神世界也是如此。

最初的工作是材料的累積，就像在身體建構中細胞透過增殖進行累積。這個過程就是透過我所說的「有吸收力的心靈」進行的。之後就是敏感點，它如此強烈，以至於我們成人並不能想像出是如何實現的。我們可以透過語言的獲得過程來理解。從敏感點的角度，建構的不是心理，而是心理的器官。每種器官都是互相獨立發展的，比如，掌握語言，能夠辨別遠方的事物，能夠適應環境，或者能夠依靠兩腿站立以及其他的協調配合。以上幾種都是圍繞一個敏感點形成的，但又是相互獨立發展的。

這個敏感點是如此強烈，吸引了個體建構的一系列行為，但這些敏感點並不需要透過整個發展過程實現。每一種只需要一部分時間，只要能夠保障一種精神器官的建構完成就行。一旦這種器官建構成功了，敏感點也就消失了，在建構過程中這股力量是如此強大，我們並不能想像出是怎麼回事，因為在我們還未掌握任何一點之前，它們很快就消失了。當所有的器官都準備好時，它們就開始為了建構心靈整體而進行整合。

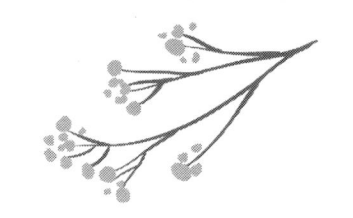

生物學研究發現，不同的動物在成長為成年物種的過程中都經歷了這些敏感期。知道了這些敏感期，我們也就能理解兒童心靈建構的過程，而我們對待兒童的態度也需要發生改變。一旦我們知道了什麼時候是成長的敏感期，我們就能更好地幫助兒童實現心靈的成長。人們會說：「以前的人是怎麼做的呢？他們並不知道敏感期的概念，是怎麼成為健康、強壯的個體的呢？」

確實，以前人類並不知道敏感期的含義，但以前的母親能夠從本能的角度照顧孩子，即便不能滿足敏感期的需求，但至少能夠不打擾。天性本身就能讓心理器官在關鍵期實現成長，而母親的本能引導她們對孩子進行相應的保護。如果我們去了解那些生活簡單的母親是如何對待孩子的，就能發現以前的母親是如何很好地引導了孩子的成長，也能發現她們是如何很好地支持孩子特殊的敏感點的。我們可以認為，以前人們心靈強大成長的原因是由於父母天生掌握這些。

如今，隨著文明的進化，母親逐漸失去了這項本能。人類正在退行。這就是為什麼研究母親的本能和研究兒童天生的成長階段一樣重要。在過去，母親不僅僅孕育生命，不僅僅給予最初的哺乳，還會像現在的其他動物一樣，會給孩子的成長提供保護。如果現在人類的母性本能逐漸消失，那麼人類也將面臨危險。

如今，我們面臨一項巨大的實踐問題，母親必須實現合作，科學必須發現一種引導和保護兒童心靈成長的方法，就像已經發現的保護兒童軀體成長的方法一樣。在西方社會，人們人為地剝奪了很多孩子接受母乳餵養的權利，如果不是科學地進行了干預，並給孩子提供了其他物理餵養的方式，孩子們都將挨餓。在精神領域，母愛是一種力量，是一種最原始的力量。這必須引起科學的關注，科學透過研究孩子的心靈成

第四章　一個新的方向

長，強化母親們的了解，從而讓她們能夠從無意識的幫助轉化為有意識的幫助。既然環境使母性的本能不再能自由發揮，她就必須意識到孩子的需求。教育必須施以援助，並給母親提供這類知識。從出生便開始的教育意味著為孩子的心靈需要提供有意識的保護。

當然，這類為孩子的心靈需要提供保護所做的努力，必須首先邀請母親的參與，並能喚起母親的興趣。如果今天的生活變得如此人工化，以至於孩子無法實現自己的發展，社會就需要建造一些機構，以滿足孩子成長的需求。學校應該從幾歲的孩子開始招募？我們開始招募3歲多的兒童，之後招募3歲兒童，又招募2歲多的兒童，後來招募2歲的兒童。現在有些1歲的幼兒也被帶來學校了。但教育是為了保護生命本身，應該面向更小的群體，甚至是新生兒。

第五章　創造的奇蹟

　　這個從細胞發展到一個完整的器官的過程是如此的難以理解，但又是事實；確實存在，但又是如此神奇，以至於誰也不能理解它。如果閱讀現在關於這個主題的科學書籍，就會發現一個以前被科學家們所厭惡的詞，就是「奇蹟」。因為雖然它是不斷發生的事情，但它是奇蹟，對這個奇蹟的驚奇人們是一樣的感覺。無論觀察的是哪種動物，鳥類或兔子或任何一種脊椎動物，牠們都是由其自身極其複雜的器官組成的，而使人感到極為驚奇和震驚的是，這些非常複雜的器官是如此彼此緊密地連繫在一起。

　　如果研究循環系統，你會發現它的排水系統是如此精細、如此複雜、如此完整，即使是最先進的文明發明的排水系統也無法與之相比。還有透過感官進行的，從環境中收集印象的智慧服務是如此神奇，以至於任何一個先進設備也無法與之抗衡。例如，又有什麼能接近眼睛或耳朵的奇蹟呢？如果研究發生在人體內的化學反應，你就會發現有一些特殊的「化學實驗室」，物質在其中進化、放置和結合，而這些物質即使是在我們最現代化、最強大的實驗室裡也是無法結合在一起的。

　　如果研究人類系統中的通訊，最先進和最完善的通訊系統，包括電話和無線電、電報，以及所有我們可以想像的已經改良的方式，並把它們組合在一起的東西，與人體內透過神經系統進行的交流相比，都顯得微不足道了。如果研究組織最精良的軍隊，你將永遠不會發現肌肉所具有的服從性，即每個人都立即服從，執行策略指揮者的命令。如果我們關注到所有這些複雜的器官——交流的器官、像士兵一樣服從的肌肉、

第五章　創造的奇蹟

能到達體內每一個小細胞的神經——它們最初都只是一種球形細胞，我們就會發現大自然是多麼的神奇。

每一種動物、男人、女人，這些神奇的存在都來源於一個非常普通的細胞，這個細胞和其他細胞無異，看起來也相當簡單。如果我們已經習慣於大的東西，這些原始細胞的尺寸將會給我們帶來震撼。它們只有1/30公分，或者說1/10公釐。為了幫助大家理解，可以想像一下一支削尖的鉛筆所點的點，試著將這樣10個點畫在一起，不管這個點有多細小，1公釐也容納不了10個點。因此可以想像這個創造了人的細胞是多麼微小。當這個細胞成長時，它是獨立於父母的，因為它就像被裝在某種信封裡一樣受到保護，同時也獨立於孕育它的成人。

所有動物也都是這樣，這個細胞是獨立於父母的，因此一個成人其實是父母的細胞所創造的成果。這一現象在很長一段時間裡都引發了深思，比如，拿破崙（Napoleon）或亞歷山大（Alexander）或甘地（Gandhi）、莎士比亞（Shakespeare）或但丁（Dante）等人，以及作為人類中最卑微的人，都是由一個這樣微小的細胞建構而成的。這一奇蹟不僅引發了深思，同時也吸引了眾多科學家們的注意，他們將這些細胞作為研究對象。透過強大的顯微鏡的觀察，他們發現，在每個細胞中都包含一定數量的點，而這些點很容易用化學方法著色，被稱為「染色體」。不同的物種染色體數量不一樣，人類染色體數量為23對，46條。染色體的數量可以作為區分物種類別的依據。科學家們認為這些染色體決定了器官的構造。

最近有許多更強大的顯微鏡被發明出來，使人們可以看清楚之前不可能看到的東西。這些超級顯微鏡幫助人們發現每條染色體都類似於一個放了某種鏈的小盒子，而這個鏈大約由100個小顆粒組成。染色體分

裂，這些小顆粒得以自由活動，一種包含了 4,000 多個小顆粒的細胞被稱為基因（見圖 2）。基因的概念來源於代際的觀念，之所以這樣稱呼它們，是因為人體的特徵是由它們連繫而形成的。

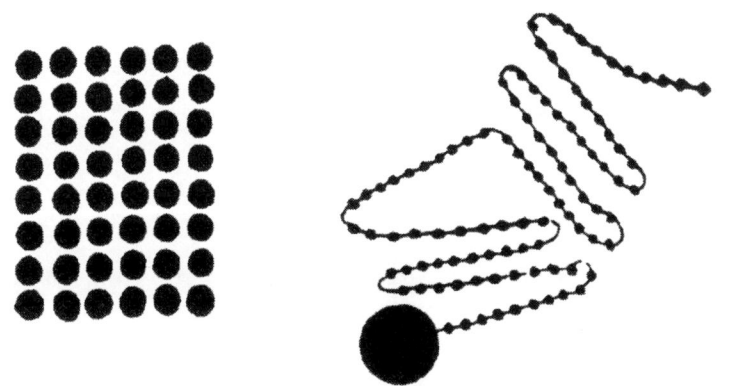

圖 2　一條由 100 個基因線性顯示的鏈，
每一個都包含在 46 條染色體中的一條之中，
這些染色體呈幾何狀排列在左邊

　　這是一門真正的科學。如果一個人停下來思考這意味著什麼，他就會意識到這個枯燥的科學陳述聽起來是多麼神祕，因為這個細胞是如此微小，甚至幾乎是看不見的，然而它自身包含著所有時代的遺傳。在這個小小的點裡，有整個人類的經歷，整個人類的歷史。在原始細胞出現任何明顯變化之前，這些基因的組合就已經發生了。它們已經把自己排列好，以準確地決定這個原始細胞將產生的生物鼻子的形狀、眼睛的顏色等。並不是所有基因都參與身體的構造。基因之間也在進行著某種鬥爭；只有少數基因結合在一起，賦予個體的外部特徵，而其他的仍處於隱藏或模糊狀態。

　　例如，有一個著名的例子，孟德爾（Mendel）做了一個實驗。他把一株開紅色花的植物和一株開白色花的同種植物進行雜交，然後把新植物的種子播下。雜交植物的後代開紅花與開白花的比例為 3：1。也就是

第五章　創造的奇蹟

說，在 40 顆種子中，30 顆將長出紅色花朵，10 顆開出的是白色花朵。因此，根據細胞所處的環境，你可以有一個更漂亮的個體，也可以有一個不那麼漂亮的個體；你可以有一個更強壯的個體，也可以有一個更弱小的個體。而這取決於基因之間的組合。這種組合如此之多，以至於每個人都各不相同。如果你觀察有許多孩子的家庭，儘管所有的孩子都是由同一對父母所生，然而，你也會發現這些孩子有的漂亮，有的難看；有的高，有的矮等等。

如今人們花了很多時間來研究什麼樣的環境可以造就更好的性格——一門新的科學出現了，優生學，它顯示了人類如何透過他們的智力成功地獲得遺傳的影響，甚至超過遺傳的影響。胚胎學的研究不再是一項抽象的、毫無結果的研究。這已經成為一項能夠使人類揭示某些生命的祕密，並能夠透過這些祕密來控制即將到來的生命的研究。現在，如果藉助想像力，我們認為精神發展遵循一個類似的程式，那麼我們可以想像，已經看透了身體發展祕密的人類，也可以控制和幫助精神發展。

本章節所探討的基因和遺傳是不同於單純的胚胎學的。胚胎學僅考慮原始細胞是如何形成個體的，這樣的研究並不需要超級顯微鏡或特殊的推理，僅僅依靠觀察就可以實現，從一個細胞產生了兩個細胞，這些細胞繼續分裂，之後兩個變成四個，四個變成八個，八個變成十六個……以此類推。這一程式一直持續，直到成千上萬的細胞產生，就像準備建造房子所需的磚塊一樣。最終，會產生一種空心的球體。說來也怪，在海洋裡，有些動物就是這樣的，就像一個空心球，它們被稱為「volvo」，因為它們總是在到處轉。之後這些球發生彎曲，形成兩層壁，然後在這兩層壁之間形成第三層壁。最初的構造就由這三層壁組成。到現在，這些細胞都非常相似。僅僅比原始細胞小一些。（見圖 3）

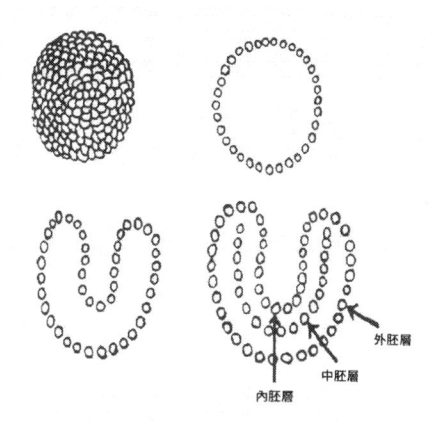

圖3　左上方是原始細胞球，由單壁組成（右圖）
左下圖呈現了內向型雙壁，右下圖的第三壁已建成

　　最近的研究發現了這些器官是如何形成的，在前面的章節中我已做過闡述。這項研究也是在第一次世界大戰之後，在1929年至1930年才發現的。如今十四年過去了。從這個發現被公之於眾到現在人盡皆知，我們可以說，十四年前就像昨天一樣。

　　每一個胚胎的三層壁都產生一組器官。胚胎外部產生皮膚，還有感覺器官和神經系統。這說明外層與環境有關，因為皮膚給我們保護，而神經系統讓我們與環境建立連繫。最裡面的一層發育出提供營養的器官，如腸、胃、消化腺、肝、胰腺和肺。神經系統的器官被稱為連繫器官，因為它們使我們與環境建立連繫。

　　消化系統的器官和呼吸系統的器官被稱為營養器官，因為它們使生命獲得營養。第三道或中間的壁產生了支撐著整個身體的剩餘的骨骼和肌肉。現在令人好奇的是，每一層壁都有一種特殊的建構目標，而這個目標對每種動物都是一樣的。當它們處於壁的階段時，所有細胞幾乎都看起來是一樣的，而且很簡單。這是不是很有智慧？先是建構了三層壁，之後是器官。三層壁的建構過程，彼此都是相互獨立的，這整個的

第五章　創造的奇蹟

建構計畫是不是也很讓人好奇？在這一程式之後，每一個細胞都開始了自我轉變，從而建構器官。它們以最適合執行某種功能的形態出現，然而，它們在胚胎中還無法執行這種功能。所以細胞的這種精細的特殊化在功能開始之前就已經發生了。

這裡我放置了一些細胞的圖片（見圖4）。

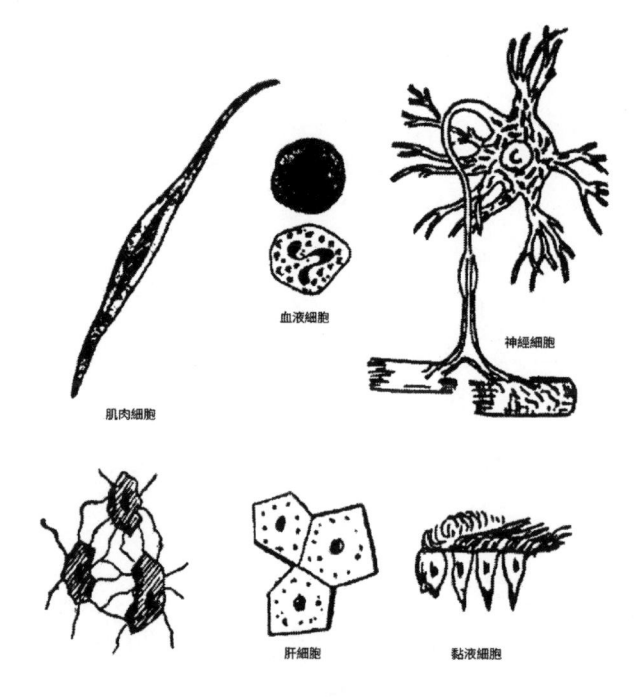

圖4　細胞類型

肝細胞呈五邊形，肌肉細胞非常長，三角形的細胞是構成骨頭的細胞。雖然這些骨細胞非常柔軟，但它們從血液中吸收碳酸鈣形成骨骼。還有一些非常有趣，它們就像一種小杯子，這些小杯子分泌一種黏性物質。它們還有一種叫做纖毛的纖維邊緣，這種纖毛會振動，以便抓住任何可能透過它們的膠狀黏液進入喉嚨的灰塵，並將其移動到口腔。還有一些「英雄」，它們為了他人的幸福而犧牲自己的生命——這些是皮膚

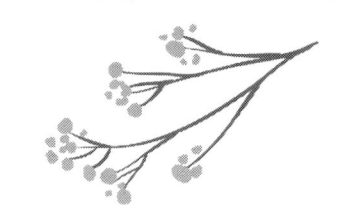

細胞。覆蓋著全身的皮膚，為了保護其他器官而犧牲自己的外層細胞，皮膚的外層死亡；它的細胞犧牲了自己，而在它的下面，有另一層正準備犧牲自己的生命以確保所有人的安全。那些有長絲的細胞是神經系統的細胞。然後是血液中的紅細胞，它們不斷地將氧氣輸送到其他細胞，排出二氧化碳。奇妙的是，血液裡的紅血球雖然多得驚人，但它們的數量是限定的。

工作開始之前，有不同類型的細胞，每種細胞都準備好自己所要做的工作。一旦它們完成了自己該做的特定工作，就不能轉變自己了，如神經細胞不能變成肝細胞。因此，當它們分化成特定功能的細胞，就彷彿充滿了偉大的理想，並獻身於實現理想的工作時，它們的任務就確定了，因為他們就是專門為之工作的。這和人類社會是不是一樣？我們可以說，特定的群體組成了人類社會的器官。在最初的時候，每個個體都有多重任務。在原始社會，人類很少的時候，人們每件事都要知道一些，既要當泥瓦匠，也要當醫生、木匠等。但當社會形成時，工作就專業化了。每個人只選擇一種工作，他的心智也都完全投入這項工作之中。職業培訓不僅僅是教一門技術，更重要的是要進行心理的轉變，讓他能夠不僅僅是專業符合，同時能形成適合這項特定工作的獨特的心理個性。一個人的理想就是實現如此，生命也是這樣。

在身體中也發生著類似的事情。胚胎發育不僅是為了形成特定形式的不同的器官，為了實現器官間的連線，循環系統和神經系統發揮了重要的功能，它們並不是為自己工作，而是為了其他所有器官之間建立連繫。循環系統類似於一條河，在河中有一些物質被運往其他所有地方，但它不僅僅是分發者，同時也是收集者。某些器官製造一些其他較遠的器官需要的特定物質。看看這條河流做了多麼完美的事情！每個器官都從裡面拿取自己所需要的，又將自己所生產的扔到河裡，這樣其他器官

第五章　創造的奇蹟

能夠根據他們的需要取得自己想要的。

這是不是又和我們現在的社會一樣呢？是不是也建立了一個循環系統？所有生產出來的東西都扔到了循環中，每個人從中拿取對自己生命有用的東西，當生產的東西被扔到貿易的河流中，對其他人而言就變得便捷了。商人、環遊各地的旅行業務員，是不是就像紅細胞一樣？如果我們來看人類社會，會更容易理解胚胎的功能，因為社會所發揮的類似的功能在德國、美國、英國、印度等國家都是一樣的。由此，我們可以認為，社會的循環系統正處於胚胎期，仍然有很多弊端。這些循環的弊端反映出我們社會並未完成它的發展。

在人類社會中，我們發現並沒有對應神經系統的專業化的細胞。我們的世界還處於如此混亂的狀態，我們幾乎可以非常明確地認為指明方向的器官並沒有建成。由於缺乏這種專業化，因此不能夠關注到所有人，以和諧地指導整個社會的機構。比如，作為文明的結果，在民主國家的社會組織最可能採用的方式是什麼？他們會讓所有人一起選舉他們的領袖。

如果我們將這一程式換成在胚胎學的領域，一方可能說「我想肝細胞是最適合管理的」，另一方可能說「我覺得骨頭裡的細胞更適合，因為他們有最堅固的結構」，又有一方可能會說「我需要那些可以保護我們的英雄，皮膚細胞應該去做這個指揮的工作」。如果這樣的情形發生在胚胎領域，那就會出現混亂、不和諧的情況，因為如果在胚胎領域出現這種情況，必須要有非常專業化的細胞，必須是能夠指導所有功能執行的細胞。指導的工作是最難的，需要比任何其他一項工作更專業化。所以，這並不是一個選舉的問題，而是適合的問題、是否準備好做這項工作的問題。如果需要指導其他人，這個細胞必須要轉變自己。因此除非他最

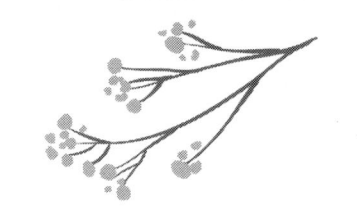

初就已經轉變自己了,否則就沒有領導者。當我們發現這是大自然為所有的生命分支所制定的計畫,在創造生命時就執行的計畫,這是多麼神奇。

我們對胚胎學感興趣,不僅僅因為上述這項計畫,還有我們能對發展行使控制的事實,同時也是因為我們在心理領域的發現都能與之一一對應。

第五章　創造的奇蹟

第六章　一項計畫，一種方法

　　現代研究中的發現或理論並不能完全解釋生命的奇妙以及它的發展，但它們確實展示和說明了這些事實。這些為我們提供了足夠的資料，使我們能夠看到生長是如何發生的。每一個新發現的細節都顯示了一種新的認知，但人們並不能解釋它。這些現象可以被充分地觀察到，它們解釋了日常生活中的事件。

　　例如，我們觀察到的一件事是，建造計畫只有一個，所有動物的生活都遵循它。這裡我所說的計畫，並不是我們所能看到的，就像起草者所列的計畫那樣可見。在我們面前所呈現的細節都是遵循著特定的不可見的計畫在發展。這項計畫可以在胚胎的物質形成中看到，兒童的心理發展也遵循它，這項計畫也同樣在社會中可以被發現。如果我們觀察不同動物的胚胎，就可以發現所有的動物都在執行相同的計畫。這並不是一項新發現。圖 5 呈現了三種不同動物的胚胎處於兩個不同階段的圖片。

　　左邊是早期階段，右邊是晚期階段。這些動物分別是：由上到下，人、兔子、蜥蜴。正如圖中所呈現的，脊椎動物在形成自我意識前都經歷相同的形式和發展階段。比如，在胚胎發育的這個階段，人與蜥蜴是驚人地相似。然而，當胚胎完成發育時，差異是巨大的。所以，有一個階段所有的生物都是類似的。

　　我們同樣可以確定地說，從心理學角度來講，所有的人類個體在某個階段都是相似的。當我們說到新生兒是一個心理胚胎時，我們認為所有的新生兒都是相似的，因此對待這一階段的所有兒童的方式都應該是一樣的。每個人在特定的化身階段，都遵循相同的化身方式，所有人都

第六章　一項計畫，一種方法

有相同的心理需求，所有人都經歷相同的建構成人的過程。不管這個人從兒童發展成什麼類型的人，無論是天才還是普通人，聖人還是殺人犯，每一個人都要成為他最終的樣子，都必須經歷這些成長階段。我們所要思考的是化身的過程，因為我們都不能事先預計自己將成為什麼樣的人，所以我們也不能實施干預。首先，我們並不知道化身的結果；其次，即使我們知道了，也沒有能夠實現的力量。我們必須集中精力，全神貫注於那些適用於所有人成長的法則。

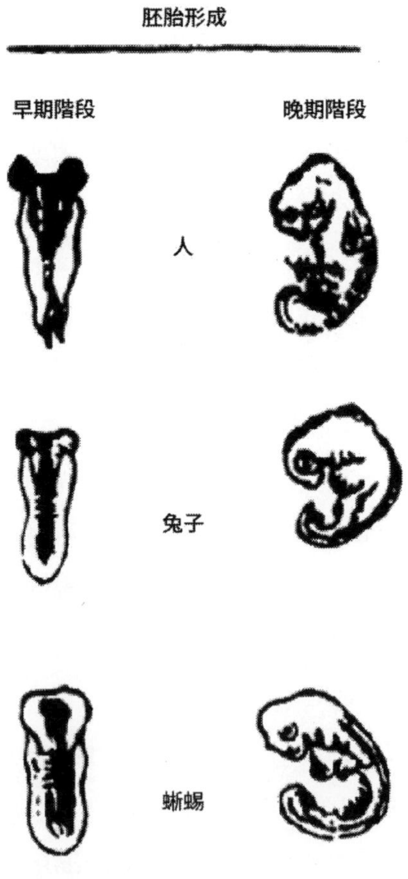

胚胎形成

早期階段　　　晚期階段

人

兔子

蜥蜴

圖5　胚胎形成

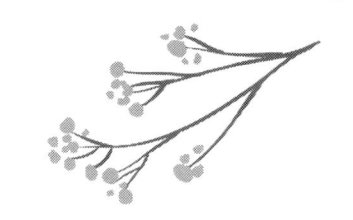

這促使我們思考關於教育方法的問題。教育必須有也只能有一種方法。這個方法可以幫助所有生命個體天性的成長與發展。這並不只是個觀念，而是個事實，是一個具有充分依據的事實，這並不是由哲學家或思想家思考出來的教育方法。唯一能夠支配這種方法的是自然本身，它確立了某些規律，給成長中的個體存在注入某些需求。教育的目的是滿足這些需求，輔助這些規律，這些規律必須能規定教育的方法，而不是一個哲學家的聰明的想法。

最特殊的是生命的最初幾年。之後個體開始出現差異，但並不是我們導致的差異，我們甚至不能觸發這種差異。在個體的體內，有一個在自發地成長的自我，獨立於我們，而我們並不能為此做什麼。比如，我們並不能造就一個天才、一個將軍或一個畫家。我們只能幫助想要成為將軍和領導者的人意識到他的潛力。不管他們是做什麼的，不管他們是領導者還是詩人、畫家或天才，或者僅僅是普通人，都需要經歷這些階段：出生前的胚胎期，出生後的心理胚胎期。我們所能做的僅僅是消除障礙，以幫助個體意識到神祕的未來是能夠實現的，因為透過消除障礙，未來才能更好地實現。

我們稱這個自我實現的基本努力為「化身」。有個比較實際的觀點：每個人都要經歷一個相同的化身的過程，教育的目的是幫助這個過程順利完成。

胚胎學的未來結果

圖 5 中的 3 個胚胎非常相似，但當它們完成發育時，互相之間又非常不同。現在讓我們看一下眾多的思想家所爭論的關於胚胎發育的問題。我們看到的是非常驚人的：基因的存在，敏感點的存在造就了器官，

第六章　一項計畫，一種方法

之後形成的兩個系統——循環系統和神經系統，它們將所有創造出來的東西緊密地連線在一起。這些器官都建立連繫之後，出現了更神奇的事。它們不僅僅是被創造出來的、彼此之間能夠緊密地連繫在一起的器官，更重要的是這些器官都是自由而獨立的。不僅是把這些器官相互連繫在一起，而且在生物體內相互連繫的這些器官又都形成了各不相同的個體：每個個體都有自己獨特的特徵，這是最神奇的，科學尚未解決這一問題。

　　進化論是存在的，但還只是理論，有待更進一步探索。觀察揭示了眾多事實，但有時並未給予解釋。只要還沒有解釋，這就是一個空缺，而這很重要。意識到還有空缺這一事實也是很重要的。比如，如果我們接受了進化論解釋的所有事實，那麼我們的智慧將會被擱置。一旦我們注意到還有空缺，智慧就將繼續工作下去，從而發現合理的解釋。這些空缺引導人們去思考、去研究事實，直到有了新的發現，填補了空缺，知識又向前邁進了一步。

　　最初被公開的發現是費城實驗室的生物學家們於1930年提出來的（對於胚胎學來說，這是非常重要的一年）。美國的這些現代化的實驗室有非常好的設備，每位科學家都可以投入地研究某個特定領域。有一項針對某種低等兩棲動物的研究持續了七八年，這個科學家研究這麼長時間，是因為他發現的事實與當時的科學理論並不相符。現在完整地解釋這個科學家發現了什麼有點枯燥，也不易理解，此處只簡單提一下。

　　這個科學家發現，最初形成的部分是那些指導個人功能的部分，而執行器官是後來形成的。所有人都知道我們有神經系統，除此之外，我們還有大腦，在我們的大腦中有些特定的部分，每個部分都與某個器官相連繫。大腦中有個處理視力的部分，被稱為視覺中樞。現在，科學家

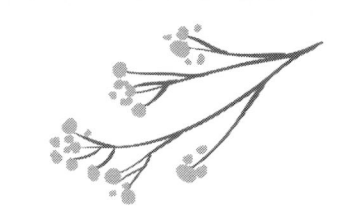

們發現，神經系統中指導視力的部分是先形成的，比眼睛形成的時間早很多。這與之前科學的發現相反。於是，他得出這樣的結論：動物的心理部分是早於個體本身形成的。比如，動物的本能，在動物完成身體構造之前就已經存在了。這意味著代際不僅涉及身體和不同的內部器官，還涉及每一種動物的心理和本能，而且這些動物的習慣在器官形成之前就已經固定下來了。

行為主義

這是比較新的觀點。動物的本能在神經中樞中確立，比器官形成早得多。如果心理的部分是先存在的，這意味著什麼？這意味著器官自身完成建構，將它自己融入心理和本能的建構中。推理的方法引導我們得出這樣的結論：動物在出生前就已形成習慣，器官的構造是為了最好地滿足這些習慣和本能。因此根據這一最新理論，自然中最重要的是習慣，是動物的習慣。有趣的是，不論哪種動物，都能根據自己的本能發展出最適合的器官。這個新理論來自多年的研究和對事實的觀察，而不是來自預先確立的觀念。由此我們可以得出這樣的結論：如今動物的習慣比身體的構造更為重要，而以前人們關注的中心是身體的構造。

這個代際的事實使用「行為」這一詞語來表示，包含了習慣和所描述的動物的習慣。在現代的書中，尤其是在美國，這一新理論被稱為「行為主義」。這給科學帶來了新的曙光。以前的觀點認為動物為了適應環境而形成他們的習慣，而這些觀點已經逐漸消失了。以前的理論認為是成年個體的願望觸發了必要的改變，為了能讓個體更好地適應環境，動物為了保證生存做出了努力，這種自我保護的本能導致了代際間的變化，

第六章　一項計畫，一種方法

並逐漸導致了物種的改變。而不能做到這樣的物種就滅絕了。這被稱作「適者生存」。這一理論認為，透過幾代人的不斷努力，一種完美狀態就會出現，之後這種完美狀態會繼續傳給下一代。

這個新的理論跟這些完全不相關，而是強調了動物的行為在其習慣形成中的核心作用。我們所觀察的事實顯示，動物只有在適應其行為模式的努力嘗試中才能成功。成功地在環境中實現其生命體驗的動物，是沿著其行為的方式去做的，讓我們透過一個例子來理解這一現象。比如說奶牛。牠們是比較強大且強壯的動物，在地球的地質歷史中，是可以追溯牠們的演化過程的。當地球上長滿植物時，牠們開始出現了。有人可能會想，為什麼這種動物限定了只吃草，吃這種最難以消化的食物，以至於為了消化它，這種可憐的動物還得擁有四個胃。根據以前的觀點，如果這是為了生存的自我保護，那麼，在周圍還有很多更容易消化的、豐富的食物，非常簡單也容易獲得時，為什麼沒有選擇吃這些呢？

如今，幾百萬年過去了，我們發現在自然環境中的奶牛依然只吃草。牠們低著頭站著，不停地咀嚼，我們很難看到奶牛抬起頭，幾乎看不到牠們美麗的雙眼。即便有時看了你一眼，牠們也會立刻低下頭。如果仔細觀察這種動物，你會發現牠們都是吃掉草的根部以上部位，從來不會將草連根拔起，就好像牠們知道為了讓草存活，就只能把靠近根部部位的草咬斷，這樣草還能在地下繼續生長，不然草就死了。這些草的根部不斷擴張，覆蓋更廣的土地，草在更遠的地方生長，而不是死亡。

如果你研究進化的歷史，你會發現，在地球歷史較晚的階段草才出現。而且你還會發現草對其他植物的重要性：草將鬆散的泥沙緊密連繫在一起，否則這些泥沙就會被風吹走。它不僅使泥土變得更加堅固，還能使土地變得更加肥沃。如果沒有經過草的鋪陳，任何植物都無法在泥

土上成長。這是草的重要性。除了收割，有兩件事對它的維持是必要的：一個是肥料，另一個是碾壓，也就是在它上面施加重物。現在，告訴我有哪種人工農業機器能比奶牛更適合完成這三項任務？除了幫助草的成長，還能生產牛奶。奶牛是一種多麼奇妙的自然農業學家。牠的行為給了我們又一個感激牠的理由。我們認為牠只能提供牛奶、肥料，其他就沒有了，最多會認為牛是耐心的典範。但人類虧欠奶牛的遠不止這些。人類普遍忽視牛的很多貢獻，但在印度，這個尊崇牛的國度，人們在潛意識中意識到了這一點。我們要感謝牛來維持地球和其他植物的生命，牠的耐心不僅僅是我們所欽佩的那些在表面可以看到的耐心，更是一代又一代的耐心。

生命的任務

現在，如果牛有意識，牠不僅能意識到自己什麼時候餓了，也會意識到自己喜歡草，就像印度人民喜歡印度薄餅、米飯和咖哩，其他人喜歡其他東西一樣。但是奶牛肯定永遠也不會意識到，也不會思考，不會意識到牠是一個農學家這一事實。奶牛的行為正好有助於大自然的農業工作。

現在，讓我們以烏鴉和禿鷲為例，牠們以自然裡的「垃圾」為食。世界上有豐富的食物，禿鷲和烏鴉還都有翅膀，為何禿鷲還要吃腐爛的食物，烏鴉還要吃排泄物以及牠們在環境中發現的任何汙垢？牠們可以飛到很遠的地方找食物，所以對牠們來說，要找到其他更有食慾的東西不會太困難，比如找到一些其他力氣不大和不太能動的動物。

但是你能想像如果這些「垃圾」沒有從地球上清除掉，會導致多高的

第六章　一項計畫，一種方法

死亡率嗎？如果沒有一種專門保持環境清潔的工具，還會有多少疾病、瘟疫和其他疾病？烏鴉天生就被賦予了清潔環境的任務。請告訴我，在艾哈邁達巴德，大批工人做完工作後，從工廠一窩蜂地回家，與我們在黃昏時看到的數百隻烏鴉，在做完清潔和清掃工作後飛回棲息地，這兩者有什麼不同？這就是牠們的行為。

這兩個是關於食物選擇的例子。我們可以舉出成百上千的物種的例子，每個物種都選擇了某個特定種類的食物。牠們幾乎不會滿足自己。牠們是為了完成在地球上的任務而去吃，這個任務透過行為呈現。毫無疑問，所有這些動物都是大自然的恩人，也是其他所有生物的恩人。牠們的工作保障所有創造的和諧，牠們創造了萬物，因為創造是透過所有生物和非生物的合作而實現的，而這兩方的合作是透過行為發揮作用的。還有一些動物，牠們的食量是如此之大，以至於不能僅僅從維持生命的角度來解釋。牠們不是為了保證生存而去吃，牠們的存在就是為了吃，比如蚯蚓。蚯蚓是地球的工作者。達爾文（Darwin）首先提出這個觀點，如果沒有蚯蚓，地球的生產力都會降低。蚯蚓使土地肥沃。所以牠們身體的結構和細節都超出了個體的直接優勢。

以蜜蜂為例，牠們出生於非常熱的季節，牠們身上覆蓋著一種皮毛，或者說一種黃黑相間的絨毛。在熱帶城市，這種皮毛並沒有存在的必要，但可以收集對牠自己沒有用的花粉。然而，這些花粉對花朵來說卻是有用的，蜜蜂將花粉帶到這些花朵上，花朵完成受精。因此，蜜蜂的工作並不僅對牠自己有益，牠對植物的繁殖是有用的，因此有人可能會說，這種皮毛是蜜蜂為植物繁殖而進化的，而不是為牠們自己。我們是否可以看到，動物是為了其他物種的生命而奉獻自己，而不是為自己的生存或維持生命盡可能地多吃？對動物和植物的研究越多，就越清晰地發現牠們行為的目的是為了整體環境的福祉。

在海洋裡，有很多單細胞的動物，牠們喝非常多的水，如果換算成人，大概一生之中每秒都需要喝掉一噸的水。有人可能會說，牠們又不渴，喝這麼多水真是放縱。然而，這並不是不道德的行為；相反，卻是一種美德。牠們必須快速工作，因為牠們的任務就是過濾海水，過濾出海水中的一定的鹽分，這些鹽分對其他海洋生物來說就是毒藥。

同樣的還有珊瑚。珊瑚是低等動物，如果進化論的觀點是對的，那麼很難理解珊瑚從最初出現至今，幾百萬年都是一樣的形態。為什麼牠們沒有改變？因為牠們有一個功能需要去實現，並且要以一種完美的形式。這和上面提到的動物的功能是一樣的：將海洋中流經牠的有毒物質消除掉。牠們的工作就是用鹽分裝飾牠們自身。這已經持續了上千萬年，我們可以想像牠們累積了多少石塊。牠們累積了如此多的石塊，甚至被認為在建造新大陸的工程中功不可沒。看看太平洋上無數的小島，那些小島就是由這些珊瑚建造成的。牠們是如今露出海洋的群山的山峰，形成了海島。如果我們研究乾燥的土地上的岩石，也會發現牠們很多都是由動物形成的。即便是喜馬拉雅山，很大一部分岩石都源自珊瑚。可以說是這些珊瑚構成了我們的大陸。

因此，我們對這些動物的功能研究得越多，就越容易發現這些功能並不僅僅是維持牠們自身生存，而是為了整個世界的和諧。我們可以說這些動物並不僅僅是地球的產物，更是地球的建造者和工人，牠們維持著地球的運轉。這是最新研究所提供的視角。一旦意識到這一點，從不同的地質時代中，我們也能發現已經滅絕的動物做過類似工作的證據。這一直是存在於動物和地球之間、動物和動物之間、動物和植物之間的關係。從這一視角，出現了一種新的科學，稱作生態學，這一學科現在有了更廣泛的應用，也是大學中一個重要的課程。生態學研究的是不同動物的行為，發現牠們並不是為了相互競爭而存在，而是為了完成一項

第六章　一項計畫，一種方法

重要的工作，以維持地球的和諧。當我們說牠們是工人時，意味著每一種動物都有一個目的，就是為了建造美麗的世界。

如今有一項基礎研究認為，地球的每一種生物都有各自的任務。生物的行為不僅僅是為了生存，而且還是為了完成任務。對於這些任務，牠們自身並沒有覺知，對自己的存在也沒有覺知，因為牠們不可能根據自己的意願去建構相應的部分。如果牠們有意識，牠們會意識到牠們的習慣，意識到牠們所生存的環境是多麼美麗，但是顯然珊瑚從來不可能意識到這些，或者理解到牠們是這個世界的建造者，蚯蚓也不會意識到牠們自己是農業者，是在為土地施肥，其他的動物也不會認為牠們是環境的淨化者。建立動物與地球的連繫並進行維持的任務永遠都不可能進入牠們的意識。生命及其與地球表面的關係，對空氣和水的淨化，都依賴於這些任務。

因此，存在著另一項壓力，並不是為了生存的壓力，而是為了實現所有這些任務的壓力。我們可以認為每一個都是重要的，並不因為它的美麗，或者因為它在生存的競爭中成功，而是因為它所承擔的任務是對整個地球都是有用的，所付出的努力都是為了完成賦予它的任務。這就是為什麼我們會說這是一個預先確立的計畫，器官的建構都是為了實現這個計畫。這個預先確立的計畫將動物與牠們在地球上所要完成的任務連繫起來。生命的目的不是為了自我完善，也不是僅僅為了進化。生命的目的都是為了執行讓整個世界更好的潛在要求。我們被創造不是為了享受世界，而是為了讓宇宙進化。今天，宇宙計畫存在的影響正在逐漸改變過去的線性進化理論。

第七章　成人大學

　　行為主義理論的觀點認為，每個物種都有一項在環境中的任務，儘管這些物種的每個個體都獨立於創造者而生存，也相互獨立地發揮自己的功能，但它們都能虔誠地執行分配給它們的任務。我們可能會認為動物是自由的，牠們可以自由地選擇，也能自由地與其他個體競爭。但如果我們仔細觀察，就會發現牠們的自由僅僅是執行各自的行為，每個個體都按照這種行為的要求行動。我們看到有些動物透過奔跑前進，有些動物透過跳躍前進，有些動物透過緩慢而平靜地行走，有些動物透過爬行等。如果我們更仔細地觀察，就會發現每個物種都有一個任務，那就是生活在不同的環境中，因此有些動物生活在平原，有些動物生活在丘陵，有些動物生活在山川，有些動物生活在冰凍地區，有些動物生活在熱帶地區。

　　現在，當我們來研究人類，並與動物進行比較時，就會發現很多不同，很重要的一點就是，人類並沒有被安排特定的活動或特定的居住點。當然，大自然給人類分配的任務是一種便利。透過對大自然的研究發現，沒有一種動物能夠像人類這樣適應任何一種氣候或地球上的任何一個地方。我們發現人類可以在冰凍地區生存，而某些動物，比如老虎或大象卻不能生存，然而，如果你在叢林裡尋找，不僅能發現大象和老虎，同樣也能發現人類，甚至在沙漠裡也能發現人類。因此我們發現，人類並沒有被安排在特定的地方。人類可以自我調整，可以生活在地球上的任何地方，因為他們注定要踏上地球上的每個角落。我們可以說，正因為這種適應能力，人類是唯一一種，可以自由地去地球上任何想去地方的存在。

第七章　成人大學

　　如果我們觀察動物的行為，就會發現牠們的行為是在特定的運動中的，而這種運動與牠們所要完成的工作相關，而人類並沒有特定的運動。人類能夠非常迅速、完美地掌握各式各樣的動作。同時，人類還可以做某些動物從來不會做或將來也不會做的事。人類自出生就開始完成這些事：用手勞動。人類的行為並沒有受到限制。比如，每種動物都有一種語言，如果我們以英國狗為例，牠能和美國狗一樣咆哮。但如果我們把一個泰米爾人帶到義大利，他不會懂那裡的語言，義大利人也不會懂他的語言，人類具有最多種類的語言。運動也是如此。人類可以走路、跑步、跳躍，也可以爬行。就像魚一樣，人類也會游泳，鳥會飛，人類可以比鳥飛得更好。不僅如此，人類還能夠完成一些有設計的運動，比如跳舞。

　　每種動物只有一種運動，而人類有非常多種類的運動，因此他們的行為並不像動物這樣固定。另外，還有一種特定的情況，即嬰兒出生時並沒有前面我們所提到的這些能力。因此我們可以得出結論，雖然人的能力是無限的，但每個人都必須在童年時期獲得相應的能力。只有透過主動地征服，透過努力，他才能學會語言。人在出生時不會運動，處於幾近癱瘓的狀態，漸漸能夠像任何一種動物一樣學會走路、跑步、爬山。但所有這些能力，他都必須透過自己的努力才能獲得。他必須自己征服一切。人類所擁有的任何能力，兒童都必須自己掌握。因此，我們可以說人類的價值始於兒童的工作。

　　我們發現地球上的任何地方都有人類，很奇怪，每個人都很開心、滿足地生活在他所居住的地方。如果提到愛斯基摩人，我們發現，對他們來說，生活的幸福在於覆蓋著積雪的廣闊平原，在於用鮮豔的色彩打破漫長的黑暗的燈光，在於呼嘯的風，它不僅穿透身體，更是靈魂的音樂。寒冷的氣候和環境中的所有事物都帶給他們的生命以快樂。除了那

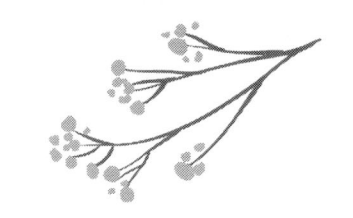

裡，他們無法感受到那些快樂。其他人也是如此。生活在熱帶的人們發現那種氣候、特殊的食物和那些習俗對他們的生活和幸福都是很重要的。

無論在哪裡，我們都能發現同樣的現象，人類都深愛他們自己的國家。有些人生活的地方似乎是完全不適合生命存在的。比如芬蘭，這個國家多岩石，寒冷，長年被冰雪覆蓋。然而，最近芬蘭和俄羅斯之間的戰爭，顯示了芬蘭人對這片貧瘠土地的依戀和迷戀。提到荷蘭，我們發現這裡的居民對他們的土地非常自豪，雖然這裡甚至都不能稱為土地，因為只有依靠大量的工作，他們才能從大海的手中奪取土地，他們必須建造堤壩，不停將海水抽走。

如果要建造房子，他們先要建造地基，否則房子會被淹沒。他們必須將樹木並排垂直下沉，並建立一個人造的木製平臺，在這個平臺上可以放置房屋的地基。這是一個條件惡劣的國家，但看看他們為那塊土地戰鬥得多麼激烈。對他們來說，這裡多麼美麗！這裡培養了一批最偉大的畫家。因為對這片土地的熱愛，對這個國家的依戀，使這裡所有的土地都住滿了人。因為如果每個人都去追求最好的生活條件，追求最肥沃的土地，世界上的許多地方將無人居住。正是由於這種依戀，這種對自己所生活的國家的熱愛，才使整個世界都有人居住。

最奇怪的是，我們發現成年期的人類是適應性最差的生物之一。印度人顯然除了印度不會喜歡其他地方。如果一位印度成人外出求學或工作，他總是渴望回家。如果我們已經習慣了地中海的環境和溫帶氣候，就無法適應北方冰冷的氣候。是的，去沙漠看一串串駱駝的旅行確實迷人而浪漫，但住在那裡並不愉快。

我們依戀我們所處的環境，也依戀我們所處的時代，以多年前的歐洲為例，以前的生活比現在簡單多了。以前沒有鐵路或其他快速交通工

第七章　成人大學

具。旅行是由馬車完成的，馬還需要更換，從一個城市到另一個城市需要很多天。為了獲知家裡的消息，他們要等上幾個月的時間。想像一位來自美國的現代人到這樣環境中，他將很難在這裡生活。或者讓我們以一位生活在幾個世紀前的人來說吧，一切都很平靜，沒有火車，沒有電燈，沒有有軌電車，沒有地鐵的隆隆聲，沒有噪音。如果生活在那個時代的人來到現在的紐約，看到沒日沒夜地到處都充斥著繁忙的交通、喧鬧聲和噪音，在這裡人們總是很匆忙，黑夜也充斥著許多電子廣告，這裡不再平和、安靜，他可能會說：「我無法在這裡生活。」

這裡我們看到了一個對比。之前我們說，如果一個人能夠喜歡、適應地球上最差的環境，那麼無論在哪個國家，他都能生活得非常快樂。現在我們發現，不同時代的人並不能適應或生活在文明更加進化的時代，就像我們不能適應於以前的時代，那種更緩慢的生活一樣。我們喜歡生活在自己的時代，就像我們的祖先喜歡生活在他們的時代。

我們發現隨著社會和文明的進化，環境也改變了，如果人類還像動物那樣固守於牠們的行為，人類將不能適應新的環境。以語言為例，沒有一種語言在剛出現時就和現在一樣。語言和其他所有事物一樣在進化，最初它還是簡單的，之後變得更複雜。生活在一個語言如此複雜的時代的人，能夠不經歷痛苦、不花任何注意力就簡單學會新的語言嗎？

這將如何解釋呢？我們面臨一種矛盾。這很神祕。人類必須適應被文明不斷改變的環境。隨著人類年紀增大，文明發展得也更快了。因此人類需要不斷地適應，不僅適應地理的變化，還要適應文明的不斷變化。正如我們所看到的，成人的適應力並不強。這是一個真正的謎！

兒童 —— 適應的工具

　　解決之道在兒童身上，我們可以將兒童稱為人類適應能力的工具。出生時沒有任何特殊運動的兒童，不僅獲得人類的全部功能，而且能適應他所處的環境。這類情況發生的原因是兒童具有特殊的心理結構，與成人不同。如今心理學家們對這種心理結構的差異性研究非常感興趣。兒童與環境有著不一樣的關係。我們可能欣賞一種環境，可能記得一種環境，但孩子卻把自己融入了它。他不記得所看到的東西，但卻將這些建構到了自己心理的組成部分中了。兒童將他所看到的、聽到的都吸納到自身之中，這些在我們身上沒有任何改變，兒童卻發生了很大變化。我們僅僅記住了環境，而兒童將自己融入環境。這種特殊的視覺記憶，並不是意識記憶，而是將影像吸收到個體之中，心理學家給它起了一個特殊的名字：記憶基質。

　　我們可以透過語言舉例。兒童並不記得語言的發音，他們吸收和轉化了聲音，並能夠比任何人都發音得更好。他是根據語言所有複雜的規則和所有的例外來講它的，而不是因為他利用普通的記憶來學習和記憶了，或許他從未透過意識去記憶。而語言已經組成了他心理的一部分，成為他自身的一部分。這種現象與單純的記憶行為並不相同。這是一種心理特徵，是兒童個性心理的一個方面。

　　兒童對他周圍的所有事物都具有敏感性，透過觀察和吸收這樣的環境，兒童才能適應它。這種能力揭示了一種只有在孩子身上才能被發現的潛意識的力量。

　　生命的最初階段是適應的階段。在這裡，我們必須非常清楚地知道，我們所說的適應性是什麼意思。我們需將這種適應性與成人的適應

第七章　成人大學

性做出區分。兒童的生物適應性是他真正喜歡待的地方，即他出生的地方。正如一個人唯一說得比較好的語言就是他的母語一樣。如果一個成人去另一個城市，就從來不會像在他自己出生地那樣適應。

讓我們看個這樣的例子：有一些自願去另一個城市度過餘生的人，比如傳教士。傳教士自願選擇去另一個城市生活，但如果與他們交流，他們經常會說「我們居住在這個城市是自我犧牲」。這就顯示了成人適應力的局限性。

現在來看看兒童的例子。兒童是個性很強的，無論他出生在什麼地方，他都愛那個地方愛到極點，不管那裡的生活有多麼艱難，他在其他任何地方都不會如此快樂。因此喜歡芬蘭冰凍平原的人，以及喜歡荷蘭沙丘的人，都各自獲得了他們的適應性，從他們的兒童時代開始，他們就愛上了這個國家。

實際上是兒童真正意識到了這種適應性。成人發現他自己準備好，適應了適合他的國家，他對自己所居住的地方有一種獨特的鍾愛，所以他的幸福和安寧只能在那裡找到。

以前在義大利，人們出生在一個小村莊，並在那裡生活至死，從來不會搬到其他地方。之後，人們結婚後便搬離了原來的地方，原來的居民逐漸從他們的家鄉分散出去。不久，出現了一種奇怪的疾病。人們變得蒼白、悲傷、虛弱、貧血。嘗試了許多療法，但都是徒勞的。最後，當其他方法都無法治癒他們的時候，醫生對他們的親戚說：「我想你們最好讓這些人去呼吸一下他們家鄉的空氣。」這些被送到家鄉的人，或者農場，或者出生的地方，過了一段時間，他們回來的時候已經完全康復了。人們說呼吸家鄉的空氣，比任何藥物都有效，但這種空氣本身卻可能經常比他所生病的城市更糟糕。這些人真正需要的，是他們孩提時代

生活過的地方給他們的潛意識帶來的寧靜。

　　沒有一樣東西比這個具有吸收力的心靈更重要，它能夠讓人類適應無論哪種社會環境、無論哪種氣候、無論哪個國家。也正是這一點，我們必須集中注意力工作。當一個人說「我愛我的國家」，這並不是表面的、虛偽的講法，這已經形成他自身的一部分了，已經是他生命的一部分。

　　從上文所探討的內容，我們可以理解兒童是如何運用這種類型的心靈，吸收他所生活的土地上的風俗、習慣等，因此而形成了他民族典型的個體形式。人的這種地方化行為，即適合於他所居住的國家的人的行為，這是發生在童年時期的一種神祕的建構。很明顯，人們會獲得他們所處環境特有的風俗、習慣、心理等，因為這些對人類來說都不是天生的。由此，我們現在形成了兒童更完整的工作畫面，他建構的行為不僅適合於時代、適合於地區，同時也適合當地的心理。

　　在印度這裡，人們對生命有崇高的尊敬，對動物也是如此。成人並不能形成這樣的感受。印度人不是透過說的方式認為「必須尊重生命」，而是獲得了這種感受。我可能會從理智的角度說這些人是對的，也覺得應該尊重動物的生命，但對我來說，這不是一種感情，只是一個論斷。未生長在此，我不能感受到有些印度人對牛的尊重，比如，無論哪裡的人養了一頭牛，就永遠也不能拋棄牠。也有其他人信奉自己的宗教，即使最終他們從觀念上拒絕了，但他們的內心仍然感到不安。因為這些已經形成了我們身體的一部分，在歐洲，我們會說「它們流淌在我們血液裡」。這些個性、對種姓的感情以及其他各種感情融合在一起，形成了一個典型的印度人、典型的英國人，這些都是由兒童時代一種神祕的心靈能量形成的，心理學家們稱之為記憶基質。這對所有事物都適用，甚至

069

第七章　成人大學

對區分不同種族的特定類型的運動也是如此。

在非洲，有一些人，他們發展和固定了一些特質，這些特質是由抵禦野生動物的需求所激發的。他們做一些特定的練習以使聽覺更敏銳，敏銳的聽覺是那個特殊部落個體的獨有特徵之一。同樣，所有的這些特徵都被孩子吸收並固定在個人身上。有些宗教情緒仍然存在，儘管後來人們可能會以其他方式思考，拒絕這種宗教的教義。有些東西仍然會在潛意識的層面，因為兒童時期所建構的東西是永遠都不可能被完全摧毀的。這種被認為超自然的記憶基質，不僅創造了個性，同時使它們在個體中保持活力。個體確實會改變，但是在兒童時期所建構的東西在個性中始終存在，就像腿一直都存在一樣，每個人都會有這種獨有的特徵。

有人可能會想去改變成人個體。我們常說「這個人不知道如何表現」，或常說這樣那樣的人沒有禮貌。他或她知道這一點，會感到被羞辱，因為他們意識到自己有「壞性格」，但事實是，這是無法完全改變的。同樣，這種類型的心理引導使兒童獲得了神奇的文明知識，複雜精細的現代語言，也引導他在心靈中固定一些東西，這些東西是理性想要從人格中消除的，但卻無法被改變的。我們也可以說，同樣的現象解釋了不同歷史階段的適應問題，因為，雖然古代的成人不可能適應現代，但兒童可以適應他所發現的任何一種文明，不管這種文明程度如何，他們都能成功地建構，適應那些時代和風俗。

所以今天兒童開始被想像成他應該有的樣子，作為連線，連線著不同的歷史階段和不同的文明水準。兒童時代被心理學家們認為是一個重要的時代，因為他們意識到如果我們想要給人們新觀點，想要改變這個國家的風俗習慣，或者如果我們希望更有力地強調一個民族的特點，我們就必須把兒童作為我們的目標，因為對成人採取行動幾乎是無效的。

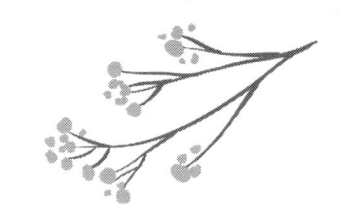

如果一個人對環境有更好的期待，對人們的啟蒙抱有更大的幻想，那麼他只能期待孩子付諸行動。如果有人認為他們的風俗是墮落的，或者有人想恢復舊的風俗，他們唯一能做通工作的就是孩子。他們無法改變成人。如果一個人想要改變社會，他必須考慮兒童。過去，人們嘗試改變成人。如今他們更容易理解了，開始為兒童建立學校，因為人性的建構是在兒童時期完成的。他們根據我們所提供的條件進行建構。

心靈的力量與在胚胎中發現的力量是相似的。透過對胚胎施加的作用，可以讓人變成惡魔或一個更完美的個體。事實上，已經有一些實驗在實施，一些武器也在研發。對於成人，我們無法做這些。對於心理也是如此。你不能創造一個人，但你可以透過讓心理胚胎發揮作用而讓他變得更完美。這給了成人和教育很大的力量，因為它賦予了對心理成長和心理發展的控制。這種力量是巨大的，如果我們把它與社會中，僅對成人發揮作用的力量相比較的話。孩子給了我們新的希望和新的視野。在未來的人類中，也許會帶來更多的理解、更大的福祉。

第七章　成人大學

第八章　心靈胚胎的生命

　　讓我們重申一下，兒童出生就有了心靈生命。如果是這樣，心靈生命可能並不是從那時候開始的。如果存在，那就早已經建構好了，不然怎麼會存在呢？同樣，胚胎也有心靈生命。當一個人產生這種想法時，他就會想知道心靈的生命是從胚胎的哪個時期開始。讓我們考慮某些情況，我們知道會有一些情況，比如有的嬰兒7個月就出生了，而不是9個月，但7個月的嬰兒也已經發育得很完整，足以生存。因此，他的心靈生命已經可以跟9個月出生的嬰兒一樣發揮功能了。我不想強調這個問題，但這個例子足以說明我的意思，我假設所有的生命都是心靈生命，甚至在胚胎時期，兒童就被賦予了一種心理。

　　事實上，無論生命形式多麼原始，每種類型的生命都有一定的心理能量，一種特殊的個體心理。即便我們討論的是單細胞個體，我們都會發現牠們存在一種心理，牠們會遠離危險，趨向食物。舉個例子，有一種單細胞生物，在水中的所有植物中，以一種特殊的雜草為食。為了完成攝食這項活動，牠只選擇這種植物，是因為一種特殊的心理。也就是說，牠一出生便擁有一種特殊的行為。

　　每一種生命形式，特別是每一種動物，都有一種特殊的、不可抗拒的生活方式，這表明牠們的行動是由一種特殊形式的心理所指導的。如果我們離開嚴格的科學領域，我們可能會說，有一位心靈導師分配著地球上不同類型生命的所有活動。換句話說，生命是一種巨大的能量，其中一種是宇宙的創造力。因此，如果一個新生兒出生就有心靈生命，我們為何要對此感到驚訝呢？事實上，如果不是這樣，他又如何生存呢？

第八章　心靈胚胎的生命

這個結論給人留下了深刻的印象，因為以前人們認為兒童是沒有心靈生命的。後來許多人開始研究和思考這樣一個事實：兒童甚至在出生前就被賦予了一種心靈生命。

如果一個人出生就擁有了心靈生命，兒童出生時將受到極大的震驚。這是一個新的觀點，讓思想家們去思考出生的事實，心靈生命的事實，即一個活生生的人，突然從一個環境被扔到另一個完全不同的環境。如果考慮新生兒所處的環境，就會發現這種環境的突然轉變更加令人印象深刻。新生兒並沒有完全發育好，事實上，當人們研究得越多，他們就更加意識到新生兒的發育是如此的不完整，尤其是在生理上，所有發育都沒有完成。他們在地上走路但用以入侵世界的雙腿還處於軟骨狀。頭蓋骨也是如此，它包裹著需要被強而有力保護著的大腦，但是新生兒的頭部還沒有硬化，只有一部分骨頭發育了。另外，更重要的是神經自身也沒完成，因此缺乏了中樞指揮，缺乏了統一協調各器官的功能。

因此，這個骨頭還未發育完全的個體，還不能遵從運動的衝動，因為衝動都是透過神經傳遞的，而此時神經尚未完全發育。因此人類的新生兒幾乎是沒有運動的，而動物的新生兒在出生時幾乎同時就能行走。結論是這樣的：剛出生的新生兒仍處於胚胎時期。因此，我們認為幼兒擁有的胚胎生命，在出生前後都處於延續狀態。我們可以說，這個胚胎生命被他出生的這個大事件、大冒險打斷了，由此，他也進入了一個新的環境。內在的變化也是巨大的，就好像從地球到月球一樣。但這還不是全部，為了實現這一巨大的跨越，兒童的身體必須付出巨大的努力。

通常情況下，兒童如此困難的經歷並不被關注到。當一個新生兒出生，人們關注的僅僅是母親，她將面臨多大的困難。然而，比母親經歷

更大考驗的新生兒，尤其是在人們認為新生兒還未發育完全，但卻被賦予了心靈生命的時候。因此，讓我們記住，新生兒並不具備發達的心理能力，因為他還沒有創造這些能力，即使身體上還不完整，這個心理胚胎仍必須創造自己的功能。

讓我們沿著這條線繼續探討。這個生下來就沒有力量、靜止不動的生命，必須有一種引導他走向運動的行為。那些不存在而必須被創造的人類能力的形成，代表了胚胎生命的另一個階段：心理 —— 胚胎生命。

身體還不完整的新生兒必須使複雜的人變得完整：他必須創造人的心理能力。

出生後，心理發育是按照行為所決定的路線進行的，換句話說，是心理的發展塑造了運動。其他動物的本能似乎一出生就被喚醒了，就在動物與環境接觸的瞬間。而人必須由心靈來建構，心靈必須建構人類的能力，以及與這些功能相對應的運動。胚胎的身體完成了部分發育時，神經開始強化，顱骨骨化。這就好像人類胚胎生來就是不完整的，因為他的最終形態和功能都要等到心靈建構完成後才能實現。

小雞從雞蛋中被孵化出來時，只要母雞引導牠如何啄取食物，牠立刻就可以像所有其他雞一樣行動。現在如此，以前也是如此，猜想到將來也一直都會是如此。但對人類來說就不一樣了，因為人類在學會行動之前必須完成心靈的建構。因此，他出生時是無法運動的。心靈的建構必須與人的進化相適應，要符合人所處的環境，要符合人所處的周圍的條件，因為他所塑造的人，必須適應他的時代和環境。

這些運動是和心靈一起建構的，比如，心靈在建構它自身功能的同時，也發展了表達這些功能的運動，由此建構為一個適應它所處的時代和環境的人。對環境的第一個主動體驗必須等到心靈功能建構完成。

第八章　心靈胚胎的生命

根據這個事實會得出一系列的結論。一個是自出生開始，人生命中最重要的一面就是心靈生命，而不是運動，因為運動必須按照心靈生命的指引和指示來創造。智慧是人類和所有動物的區別。因此，人類生命的第一個行為就應該是建構智慧。然而，骨骼和神經系統在等待智慧建構的過程中，身體仍然處於惰性狀態。他還要等待，因為在行為發展之前的並不是身體的發展。大自然已經有了預防措施，它剝奪了人類的行動能力，使其身體骨骼柔軟，因為在他開始體驗環境之前，他必須等到他獲得巨大的心靈能力。如果心靈生命透過投入環境來建構，那麼智慧必須先進行觀察和研究，匯聚眾多印象，就像生物胚胎在建構之前，要先由眾多的細胞累積形成特殊的器官一樣。

生命的最初階段被保留下來，以便從環境中收集印象，這是合乎邏輯的。如果人一出生就開始走路，他怎麼能在環境中調整自己？除非他像動物一樣具有固定的本能。

這是最精彩的部分。在人類生命的最初階段，心靈活動最活躍。印象的累積是後來智力發展的基礎。

另外，人類的運動朝向他所在的環境，人類出生在不同的環境、不同的歷史時期，他必須適應它們。首先，心靈必須接收和累積大量的營養物質，它們是適應特定環境和個體所出生的歷史時代的基礎。生命的第一年呈現給我們的是一個非常活躍的階段，吸收環境中的所有事物；生命的第二年，身體構造接近完成，運動開始形成。這清晰地呈現出自然是如何透過心靈生命決定人類的運動的。

這些更加令人印象深刻，因為在古代，人們認為那些不能動、不能說話的兒童從心理角度來講是不存在的。多麼大的變化！那時人們認為兒童沒有精神生活，而現在我們知道，在生命的第一年，主要的活動就是大腦。

現在，如果我們再考慮一下新生兒，我們似乎能更容易理解為什麼1歲嬰兒的頭是新生兒的兩倍大。到了3歲時，兒童的頭圍尺寸已經是成人的一半。到了4歲時，頭圍尺寸已經是成人的8/10（見圖6）。

Maria Montessori

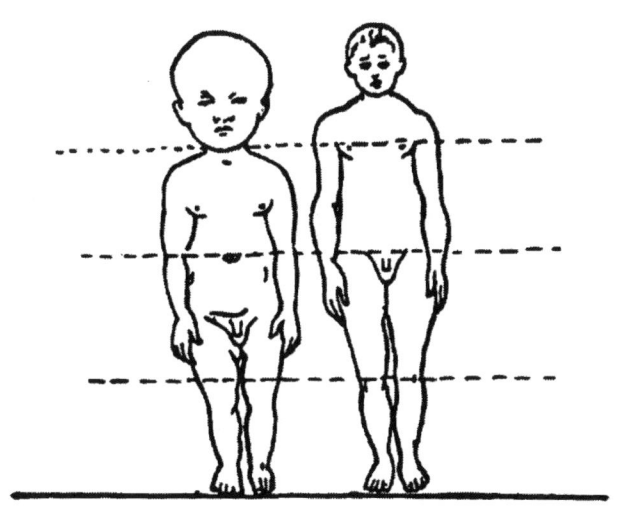

圖6 同樣尺寸的新生兒和成人顯示出他們身體比例的差異

人們是多麼清楚地看到人類在智力、心靈生命方面的成長，而其餘的成長不過是這種心靈生命的一種工具，因為它在發展自己的能力。

如果說這說明了什麼的話，那就是說明了第一年對餘生的重要性，說明了人類的孩子具有智力的特點。這呈現出人類和動物的巨大差異。動物只需遵守牠們行為的本能，牠們的心靈生命受限於此。而對於人類是另一個事實：人類智慧的創造。人類在未來做什麼，我們並不知道，也無法從新生兒那裡獲知。兒童的智慧在現在的生命進化中發揮作用，回到數十萬年前的文明，在它前面伸展出未來數百上千、數百萬年的可能：一種沒有限制過去或未來的現在，在當下也從不一樣：它的某個方面始終是固定的，而其他方面是無限的。

077

第八章　心靈胚胎的生命

人類沒有受到限制。研究人類時，人類智慧應該是被考慮的核心問題。當然，這種有可能走向無限的心靈生命，這種注定要走向無限的心靈生命，一定是以某種神祕方式開始的。他開始於出生以前，因為在新生兒的心理中我們發現能量如此強大，他們可以創造任何一種功能，從而適應任何一種環境。

人類不同的衝動都有心靈生命的基礎。在我們繼續之前，在我們能夠理解孩子的心理發展之前，這一點必須被清楚地想像出來。還有一些其他的東西需要考慮，那就是孩子的心靈本質及其運作方式，因為在生命的第一年，他要收集環境中所有事物的印象。而他並未有意識地吸收什麼。生命及其能量引導了兒童的發展。心靈生命的天性是什麼？如果我們要理解兒童未來的行為，我們就必須理解這些。兒童是如何對外界事物做出反應的？

出生恐懼及其反應

今天的心理學家們被他們所稱的「出生的困難冒險」所震驚，並認為嬰兒在出生時肯定經歷了巨大的驚嚇。如今，有一個心理學的科學術語是「出生恐懼」。當然，這並不是一個意識層面的恐懼，因為如果他的意識的心理功能已經形成，他會用這樣痛苦的話來說：「你們為什麼將我扔到這個恐怖的世界？我能做什麼？我要怎樣做才能適應對我來說如此困難的生活？我以前從來沒有聽到過哪怕是最細微的耳語，我該如何適應如此眾多的聲音呢？我的母親，您給我的這些困難的功能，我要怎麼去使用呢？我要怎麼消化和呼吸？我之前一直生活在您穩定、怡人、溫暖的身體中，我要如何適應這個世界如此多的氣候變化？」

如今，嬰兒完全意識不到這些。他無法表述自己所經歷的出生恐懼。但是應該有一種不同於意識的心理感覺，因為如果他有意識，他會說：「你為什麼要拋棄我？我都受傷了，你還離開我。我都沒有力量，你還拋棄我。你怎麼竟敢這樣做？」

如果他有意識，這會是他的論述，但他並沒有意識。然而在潛意識層面，他非常敏感，他一定有一種與我們上面所說的非常相似的感覺。

研究生命的人必須考慮這一點。嬰兒出生時受到了巨大的驚嚇，因此我們要在他最初適應環境的過程中給予幫助。毫無疑問，嬰兒感到害怕。

我們經常看到，如果將剛出生幾個小時的嬰兒放進浴缸裡，他們會像一個人掉下去的時候那樣做出抓握的運動，這顯示出他們害怕。

天性提供了怎樣的幫助？在嬰兒的這個困難的適應過程中，天性確實提供了幫助。天性給予母親保持嬰兒靠近她自身的身體，保護嬰兒遠離光線的本能，天性讓母親自身在這個階段變得非常無力，幾乎沒有什麼能量留給她自身。因為自身的原因，她保持著安靜，給了孩子所需要的安靜。這就好像母親的潛意識在說「這個嬰兒受到了巨大的驚嚇，我必須讓他緊緊挨著我」。

她用自身溫暖他，保護他避免接收太多印象。

人類的母親，不會像我們在其他生命類型的母親身上看到的那樣，熱情地去做這件事。我們看到貓咪的母親會將牠們的幼崽藏在一些漆黑的洞中，如果有人靠近，牠會非常警覺，然而人類的母親已經喪失了這種警覺。嬰兒一出生，就會有人過來，清洗他，替他穿上衣服，將他放到光線下看等。這就是為什麼人類處於危險中。指導人類的不再是天性，而是人類的推理，而這種推理是錯誤的，因為它並不是透過理解啟

第八章　心靈胚胎的生命

發的，這種推理認為嬰兒出生時並沒有心理。

今天透過對出生恐懼的觀察發現，這比聲音保護更恐怖，它會導致兒童在成長過程中形成不良人格。這個結果可能導致心理的改變，或者更確切地說，兒童沒有走我們認為是正常的道路，而是走了一條錯誤的道路。這種人格問題不僅在兒童身上發現，在成人中也有。他們被包含在「心理退行」這個總稱中。那些經歷出生恐懼，形成負面反應的個體，並沒有朝著生命發展的路徑前進，而是固著於那些出生前就存在的某些東西。雖然有許多不同的退行特徵，但他們都有相同的印象。就好像會推理的兒童這樣說：「天吶！這個世界多麼恐怖，我要回到我來的地方。」新生兒長時間的睡眠被認為很正常，但如果時間太長，即使是新生兒，也不正常了，這被認為是一種對世界的心理迴避，也是一種尋求被地球遺忘的手段。

如果不這樣呢？睡眠不就是潛意識的王國嗎？如果有些不如意困擾了我們的心靈，那就睡覺吧。因為在睡眠中的是夢，不是現實，不需要去抗爭。睡眠是一種迴避，是要遠離這個世界。另一個事實就是睡覺時的身體姿勢。新生兒的自然睡姿是兩個手貼著臉，兩個腿貼著身子。這睡姿甚至還延續到一些成人，我們可能會說這是一種退行向產前姿勢的行為。同時還有另外一個事實是退行的典型特徵。當新生兒醒來時，他們會大哭，像受到了驚嚇，好像他們重新經歷了剛來到這個困難的世界所經歷的驚恐時刻。他們還經常做噩夢。這些都構成了生命恐懼的一部分。

這種傾向的另一種表達是依戀某人，就好像害怕被單獨留下一樣。這種依戀並不是愛，而是一種包含著害怕的東西。嬰兒處於害怕中，總想著一直靠近某人，而母親是最合適的。他並不喜歡出門，更傾向於待

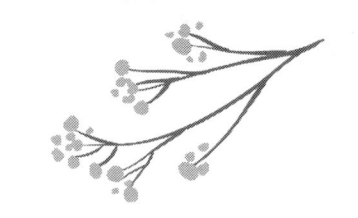

在家中，與這個世界隔絕。世上那些可能讓他開心的事物令他感到害怕，他對新的經歷感到厭惡。環境對一個處於發展中的人來說應該是具有吸引力的，但它非但沒有被證明是有吸引力的，反而是令人排斥的。如果一個兒童從最初的嬰兒時代就對環境感到拒斥，而原本環境應該是他成長的手段，兒童就將不能正常成長。他本應將整個環境吸納到他自身的，卻無法征服。他仍然會這麼做，但會遇到困難，也不會吸納完整。他是「活著就是受苦」這句話的真實寫照。對他來說，做一些事是違背他的本心的，即便呼吸都變得困難。

這種類型的人需要更多的睡眠和休息，即便消化都變得困難。因此，你可以看到，這種類型的兒童未來的生命會是如何，因為性格不僅影響當下，也影響未來。這種類型的兒童特別易哭，經常需要別人的幫忙。他將感到懶散、憂傷、沮喪，而這些感受並不是一時的體驗，在整個生命歷程中都有這樣的感受。即便成長為成人，他都會感覺到這個世界對他的排斥，他會對見人感到害怕，總是感到膽怯。很明顯，這些人在社會生活的生存鬥爭中比其他人弱。這些人很難感受到快樂、勇氣和幸福。

這是潛意識心理的可怕答案。我們用有意識的記憶去忘記，潛意識雖然似乎不記得，也沒有感覺，但它會做一些更糟糕的事情——在記憶者身上所留下的印象，將作為個人的特徵而銘刻在心。這是人類所面臨的巨大危險。兒童如果得不到適當的照顧，即便社會建構了他，他仍將受到來自社會的報復。這種對待方式不會像在成人中那樣激起反叛，它會使人變得更弱，不如他們應有的樣子；它形成的性格將成為個人生活的障礙，而個人將成為文明進步的障礙。

第八章　心靈胚胎的生命

第九章　征服獨立

　　如果兒童不能在他剛出生後完成最初的適應，那麼就會形成退行的特徵。成人身上的某些傾向，仍然可以回溯到這個階段。

　　現代的心理學家們描述退行的特徵時如此表述，如果兒童沒有退行的特徵，就會有清晰的、強而有力的獨立的傾向。之後的發展過程會變得更加獨立。這就像從弓上射出的一支箭，筆直而有力。兒童獨立成長的道路也是如此。這是正常的發展：在通向獨立的道路上呈現出不斷增長和更有力的活動。征服獨立的程式從生命最初的階段就開始了，隨著個體的成長，它不斷自我完善，克服前進途中遇到的每一個障礙。生命的力量在個體中是活躍的，並引導它自身不斷進化。這種力量被稱為本能。

　　如果一個人，非要在意識的心理領域找到一些東西來與這個本能相對應，他就必須將它與意願的力量相比較，儘管兩者之間幾乎沒有相似之處。意願的力量相對較小，與個體的意識緊密相連，而本能普遍存在於生命之中，我們可能會稱它為一種神祕的力量，是所有進化的促進者。進化的生命力量被描述為兒童想要表現某些特定行為的意願。除了死亡，沒有任何一種力量可以打破這種意願。之所以稱它為「意願」，是因為沒有更好的詞彙來描述它，然而，它並不是意願，因為意願意味著意識和理性。這種潛意識的力量鼓勵兒童去做某些事情。在正常成長的兒童中，這種不受阻礙的活動表現為我們所說的「生活的樂趣」。這個兒童是愉悅的，總是處於開心的狀態。

　　這些對獨立的征服，通常是從被稱為自然發展的不同階段開始的。

第九章　征服獨立

換句話說，如果我們仔細觀察自然發展，我們會將之描述成一系列獨立的不斷征服的階段。不僅從心理的角度，同樣在生理的角度，都是如此。身體的成長趨勢如此強烈，以至於除了死亡，沒有什麼可以將之打破。

讓我們來仔細看看這個發展。新生兒從母親的身體束縛中釋放出來，出生後，他就獨立於母親的身體功能。新生兒一出生便擁有了面對環境並吸納它的衝動。我們可以說新生兒出生便擁有「征服世界的心理」。他吸納於自身並進行消化，形成自己的心靈體。

這是生命最初階段的特徵。很明顯，如果兒童感覺到這種衝動，如果他感覺到的最初的衝動就是想要征服環境，環境就一定會對兒童產生吸引力。因此，我們用一個不太合適的詞來描述這一事實，便是兒童「愛」周圍的環境。

兒童身體中最先發揮功能的器官是感覺器官。所謂的感覺器官，其實是感知器官，我們透過這個工具來掌握印象，對於孩子來說，這些印象必須展現出來。

當我們注視時，我們看到什麼？我們看到環境中的所有事物。一旦我們開始聽，我們也會聽到環境中的所有聲音。我們可能會說，感知的領域非常廣，幾乎是整個宇宙。這就是自然的方式，人們並不會吸收所有的聲音、所有的噪音、所有的事物，開始時我們吸收作為整體的所有事物。物體與物體的區別，聲音與噪音的區別，聲音與聲音的區別，後來作為整體印象的進化的了解。

這是正常兒童的心理影像，他們先吸收世界，再分析它。

現在讓我們思考另外一種類型的兒童，他們並沒有像這樣感受到環境不可抗拒的吸引力，他們的熱愛被害怕和恐懼所損害。很明顯，前一

種類型的兒童和第二種類型的很不一樣。

讓我們繼續觀察6個月大的幼兒的發展。他們自身的一些現象呈現出正常成長的一些特徵。6個月大的幼兒身體經歷了一些變化。有些肉眼可見，有些需要透過實驗才能發現，比如胃開始分泌消化所必需的胃液。同樣也是從6個月開始，幼兒開始長出第一顆牙。這是幼兒出生時並沒有完成，但隨著特定的成長路徑，身體逐漸趨於完美的程式。

這也意味著6個月大的幼兒可以不用依賴母乳生存，或者我們至少可以向牛奶中新增其他物質了，這是更進一步獲得獨立了。如果我們能意識到幼兒在這個階段是完全依賴母乳的，因為如果他吃其他東西，是不能消化的，那麼我們就會意識到幼兒此時是獲得了多大程度的獨立。6個月大的幼兒可能會說「我不想依賴母親生存。我現在已經是一個人了，我已經什麼都可以吃了」。類似的現象還發生在青少年身上，他們開始認為依賴家庭是恥辱的，他們並不想依賴家庭，只想依靠自身。

大約也是在這個時期（這似乎是孩子一生的關鍵期），他開始說出第一個音節。這是語言這個偉大建築的第一塊石頭，也是另一個偉大的一步，是征服獨立的另一個偉大成就。當兒童掌握了語言，他可以自我表達，不用依賴其他人去猜他的需求。他可以自己表達需要什麼，而不是別人得去猜。他可以跟所有人說「做這個，做那個」。因此他可以與人類交流了，如果沒有語言，一個人要怎麼去溝通呢？獲得語言，能夠與他人進行有智慧的溝通，這是邁向獨立的巨大一步。在掌握語言之前，兒童可能被認為是聾啞人，因為他不能自我表達，也不能理解其他人在說什麼。掌握語言之後，他就好像突然間獲得了耳朵，並且能夠像周圍的其他人一樣講話。

在這之後經歷很長一段時間，到1歲的時候，幼兒開始走路。這就

第九章　征服獨立

好像是第二次越獄，因為此時他自己能跑了，如果你靠近他，他自己可以跑開。他可能會說「我可以自己跑了，也可以像你們一樣表達自己的想法了」。

因此，人是逐步發展的，透過一連串邁向獨立的步驟，他變得自由了。這並不是意志力的問題，這是獨立的現象。確實，是大自然給予兒童成長的機會，給予他獨立，同時引導他走向自由。

「征服走路」是非常重要的，尤其是當一個人發現，儘管非常複雜，但他在出生後的第一年就完成了，而且是和語言、方向等一起完成的。對兒童來說，走路是一項重要的對身體的征服。動物並不需要這個過程。只有人類需要經歷這個長期的、精細的發展過程。在人類的成長過程中，在身體可以走路之前，甚至在可以用雙腿直立站立之前，需要取得三項不同的成就，征服三項。看看那些威嚴的動物——牛。想像一下，一頭牛到1歲才剛剛可以用腿站立。事實上是不可能的。牠們出生就會走路。這些動物是比我們低等的，即便牠們的身體構造更強壯。顯然，我們人類是無力的，因為人類的構造要精細得多，因此需要更長的時間。

行走和能夠用雙腿站立的能力依賴於不同身體結構的全面發展。其中一項是大腦，大腦有一個部分是小腦，位於腦部的下端（見圖7）。

在幼兒6個月大的時候，小腦迅速發展，並持續以這樣快速的發展一直到幼兒14個月或15個月，之後小腦的成長減緩，但仍持續成長，一直到幼兒4歲半。能夠靠雙腿站立並行走，主要依賴於小腦的發展。我們看到這兩方面是一步一個腳印逐步發展的，「幼兒6個月開始發育，9個月會爬，10個月會站，12個月到13個月之間會走，15個月左右的幼兒能夠安全地行走」。

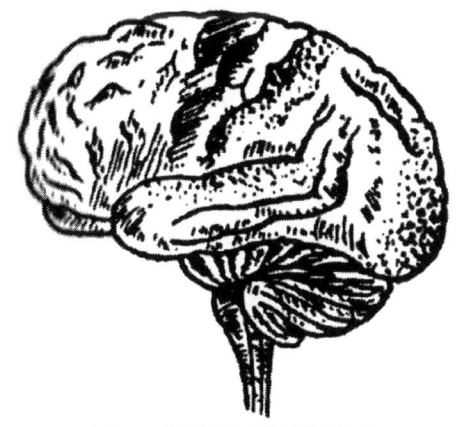

圖 7　小腦位於腦部的底端

　　這種複雜成長的第二項是由特定神經完成的。如果脊椎神經尚未發展好，就不能向肌肉傳遞指令，也就是在這個階段，神經發展完成。成長是多麼複雜，在征服行走之前，有多少事項得完成協調。然而這還不是全部。還有第三項需要完成：骨骼的成長。正如我們所見，幼兒的雙腿並沒有完全硬化。它們還是軟骨，這就是為什麼它們是如此柔軟。如果是這樣，它們如何才能承受整個身體的重量？因此，幼兒在開始行走之前，骨骼需完成發展。另外，幼兒出生時頭蓋骨尚未連線閉合，只有此項完成了，幼兒跌落時碰到頭才不會有危險。

　　在此之前，如果我們想透過教育的方式教會幼兒走路，是不可能做到的，因為要想能夠走路，必須依賴於身體的一系列發展，而這些發展是自發的。如果有人想去嘗試這麼做，是不可能在對幼兒沒有任何損傷的情況下實現的。這都是大自然的引導。所有事物都依賴於它，執行它的指令。同時，如果你阻止一個開始走和跑的幼兒，你是不可能做到的，因為在自然界中，無論何時一個器官發展了，就必須投入使用。自然界的創造並不是要創造什麼東西，而是要讓它發揮作用。一旦器官完成發展，就必須立刻在環境中投入使用。在現代語言中，這些功能被稱

第九章　征服獨立

為「環境的體驗」。如果沒有這些體驗，器官就不能正常發展，因為在最初，器官並不完整，只有經過使用才能徹底發展完成。

只有透過環境的體驗，幼兒才能發展，我們將這稱作「工作」。一旦語言出現，幼兒就開始交流，沒有人能讓他安靜下來，事實上，最難的事情之一就是讓幼兒停止講話。如果幼兒不能講話或走路，他就不能正常發展，他的發展就會受限。無論幼兒是走，還是跑，還是跳，他都透過這種方式發展他的雙腿。大自然先創造這些設備，之後透過環境的體驗和功能的使用完成他們的發展。

因此，當幼兒透過獲得新的能力而增強了他的獨立性時，只有讓他自由活動才能正常發展。就像現代的心理學家們所描述的，發展不會自己實現，「每個人的行為透過在環境中的體驗得以強化」。因此，如果我們想透過教育幫助幼兒發展，當幼兒表現出獲得一定程度的發展時，我們會非常開心。我們會說「我的孩子今天講了他人生的第一個詞」，並因此感到開心。尤其當我們得知，我們並不能做什麼來促成此事。然而，如果我們意識到，儘管兒童的發展不能被破壞，但如果兒童並沒有足夠的機會在環境中體驗，兒童的發展將是不完全或推遲的，那麼就會出現新的問題：教育的問題。

教育的第一個問題是為孩子提供一個環境，使他能夠發展大自然賦予他的各種功能。這並非是一個無關緊要的問題，這不是取悅孩子的問題，讓他愛做什麼就做什麼的問題，這是一個與大自然的要求合作的問題，是在大自然的體驗中執行相應的法則。經過第一步，兒童進入了更高一級的階段。

如果我們觀察達到這一發展水準的幼兒，就會發現他有獲得進一步獨立的趨勢。他想要以自己的方式行動，比如，他想要自己拿東西、自

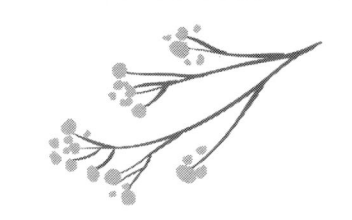

己穿脫衣服、自己吃飯等。他們這麼做並不是依據我們的建議。相反，他自己有這樣做的強烈的、重要的衝動，我們通常需要盡力阻止他去做些什麼。當我們這樣做的時候，並不是針對兒童，而是出於天性。我們所阻止的並不是兒童的意願，他只是與自然合作，服從它的法則，一步一步地，從這件事到另一件事，他從周圍的人那裡獲得了越來越大的獨立性，直到有一刻他也想獲得精神上的獨立。

之後透過自身的經驗，而非他人的經驗，他逐漸發展形成了自身的心理。他開始尋求事物的起因。在這個階段，人類個性逐漸形成。這不是一個理論，也不是一個觀點。這些是清晰的自然事實，它們是被觀察到的事實。當我們說我們必須使兒童完全享有自由，當我們說他的獨立和他的正常功能必須得到社會的保障時，我們所說的並不是一種模糊的理想。我們這麼說是因為我們觀察了生命，觀察了自然，而自然已經揭示了這個事實。只有透過自由和對環境適應的經驗，人類才能發展。

現在我們所說的兒童的獨立和自由，與理想中成人世界的獨立和自由並不一樣。如果讓成人自我審視，給獨立和自由賦予定義，他們也不會做得很精確。事實上，他們對自由有一個非常痛苦的概念。他們不像大自然那樣範圍廣。兒童提供了大自然的宏偉願景，給予生命自由和獨立。他給予自由的是關於時間和需求的既定法則：他讓自由成為生命的法則──要麼自由，要麼死亡。我相信大自然為我們解釋社會生活提供了幫助。這就好像是孩子提供了我們整體的畫面，而我們在社交生活中只關注微小的細節。從這個意義上來說，兒童是對的，因為他所展示的東西通向現實，通向真理。因此，考慮兒童透過成長而獲得的自由是很有趣的。

這種不斷地征服獨立的目的是什麼？從哪裡出現的？它產生於自身個性的形成過程，能夠獨立發揮作用。但在自然界，所有的生物都有這

第九章　征服獨立

樣的傾向。每個生物都是靠自己發揮作用的。所以，在這一點上，兒童也遵從了自然的計畫。他實現了自由，這是一切生命的首要規則。

兒童是如何實現這一獨立的？他是透過持續地行動獲得的。兒童是如何意識到他的自由的？是透過持續地努力，生命並不能自我設限，不會停止，獨立並非是靜止，而是一個持續地征服。透過持續地工作，一個人不僅獲得了自由，還獲得了力量和自我完善。

讓我們考慮一下兒童的第一本能：他尋求獨自行動，也就是說，不需要別人的幫助。他獨立的第一個意識行為就是阻止那些想要幫助自己的人。為了獨自行動，他會盡更大的努力。如果像我們很多人認為的那樣，最好的幸福是坐下來，什麼也不做，讓別人為我們工作，那麼最理想的狀態應該是兒童出生前的狀態。兒童也應該回到母親的身體裡，因為母親可以為兒童做所有事。如果是按照我們這樣想的話，為什麼一個人還要學語言去和其他人交流呢？不，大自然還有其他企圖。它讓兒童克服困難，攻克語言，可以與其他人交流。

另外，同樣，如果我們將休息作為理想的生命狀態，那麼兒童可能會說：「我從母親那裡獲得甜蜜的母乳，很好吸收消化。為什麼我還要其他食物呢？我只想喝母乳。為什麼我還要自己去咀嚼那些非常粗糙的食物。不，不！我只要喝母乳。」或者還會說：「為什麼要走路？有人抱著我，我有自己的汽車。看看我要想走路，要付出多大的努力，要發展我的骨頭、大腦，甚至還要完成脊髓神經。我周圍有這麼多富有智慧的人，他們可以替我介紹、告訴我風俗文化。我為什麼要這樣粗魯、沒有禮貌，硬要自己去了解呢？」但事實呈現出來的兒童並非如此。

兒童呈現出大自然的教導與社會為自己創造的理想是截然不同的。兒童透過工作獲得獨立：身體和心靈的獨立。兒童似乎在說：「我不在意

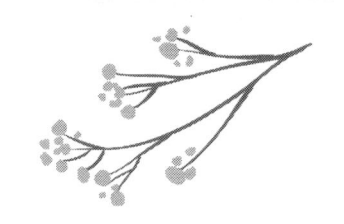

你知道多少，我只想自己去了解。我想透過自己的努力獲得在世界的經驗，你有你自己所知道的知識，我要獲得我自己的。」我們必須清晰地理解什麼時候要給予兒童自由和獨立，給予被迫行動、只能靠工作和行動生活的自由。這是生物存在的形式，而人類也是生物，因而也有這種傾向。如果我們試圖阻止，就會造成個體的退化。

　　創造中的一切都是活動，在生命中更是如此。生命是活動，只有透過活動才能尋求和發現生命的完美。我們從過去幾代人的經驗中得到這樣的社會願望：工作時間更少，有人為我們工作，我們想閒待多久就閒待多久的理想生活……大自然顯示出，這些都是一個墮落兒童的特點。這些願望正是那些退行的兒童特點，他們在自我適應的生命早期未得到任何幫助，對環境和活動都產生了厭惡。他想要得到他人的幫助，想要有僕人服務，想要被人抱著或用車推著，睡很久，迴避他人的陪伴。這些都是大自然所呈現的退行的特徵。這些特徵已經被發現、被分析，被描述為想要回到胚胎生命的趨勢。如果一個人出生並正常成長，會走向獨立，而那些不是如此發展的就是退行。

　　我們所面臨的另一個教育問題是關於這些偏差兒童的。如何治療退行？退行妨礙或偏離正常發展。偏差的兒童感受不到對環境的愛，因為環境提供了太多困難和拒斥。今天，偏差的兒童占據了心理學科學領域的中心，我們可以更好地稱之為「心理病理學」。病理學告訴我們環境必須提供最少的拒絕。因此，我們要努力減少環境給兒童帶來的可避免的障礙和阻力，並在可能的情況下，完全消除這些障礙和阻力。現在我們盡力改變環境，使環境變得怡人、美麗，因為要想使一個對環境感到厭惡的人對環境產生同情和仁慈，這些努力是必要的。

　　營造出的環境必須盡可能吸引人，以克服羞怯和厭惡。我們必須為

第九章　征服獨立

兒童提供愉快的活動，因為我們知道發展都是透過活動實現的。環境必須包含許多有趣的活動動機，這些活動可以邀請孩子在環境中實踐自己的經驗。這些是針對偏差兒童的清晰的準則，這些準則由生命、自然決定，避免那些獲得退行特徵的人在工作中虛度時光，避免他們對活動呆滯和遲鈍，避免他們形成一種害怕的狀態，轉化為對一個他們永遠不想離開的人的依戀，使他們有獲得愉悅的自由，可以征服生命。

從惰性到工作，這是治癒的途徑，正如從惰性到工作是正常兒童發展的途徑一樣。如果要設想一種新的教育，就必須以它為基礎，因為它是由大自然制定的。

第十章　生命早期的用心對待

　　兒童有吸收力的心靈都來源於環境，因此精心準備環境很有必要。

　　我們必須記得兒童在生命發展過程中經歷的不同階段。一個是嬰兒剛出生後的階段，這個階段非常重要，但我們並不能在如此短的書裡詳細地敘述它。我感覺在未來會有專門從事這類研究的人，目前研究的人還很少。

　　如果我們研究動物，就會發現大自然為這些哺乳動物提供了特殊的保護，在這個階段給牠們提供了特殊保護。大自然安排動物媽媽在生寶寶前與牠們的其他同類隔離開，在牠們回來之前，還會再隔離一段時間。對於群居動物來說，這一點非常重要。馬這樣做，牛這樣做，大象、狼、鹿、狗，所有的哺乳動物都這樣做。在這段時間，除了來自母親的愛、悉心的引導和照顧，新生動物寶寶還有時間可以獨自適應新環境。在這個階段，動物寶寶逐漸用牠的方式表達行為。在這個短暫的隔離階段，對於環境的所有刺激，動物寶寶都會有持續的心理反應，而這種反應是根據其同類行為的特殊特徵而產生的。因此，當動物媽媽回到群體中時，動物寶寶帶著牠已經建立起來的特殊的生活準備進入群體。從心理角度來講，不論牠是小馬，還是小狼，還是小牛，都不僅是在身體上為生活做準備，更是在心理上做準備。

　　幼兒並沒有固定的行為，但他必須適應環境，因此有必要特別照顧這個幼兒周圍的環境。為了吸收環境，這種照顧是最重要的，這樣幼兒會覺得自己是被吸引而不是被排斥，也不會產生退行的現象。這個幼兒成長、發展的方式依賴於他對環境的愛，因此我們要確保孩子能有興趣

第十章　生命早期的用心對待

去吸收。現在的科學已經開始考慮這一點了。不必討論太多的細節，我們就可以闡明某些原則。幼兒需要與母親盡可能多地保持連繫，環境不能提供障礙，比如在幼兒出生前已經適應的溫度，不能有太大的改變。也不能有太多光，太多噪音，因為幼兒來自一個完全安靜和黑暗的環境。如今，在現代的育兒房裡，母親和嬰兒被放在玻璃房裡，這裡的溫度可以調控，這樣幼兒就可以逐漸適應外部正常的溫度。這裡的玻璃是藍色的，進入房間的光是非常柔和的，空氣也是可調節的。在抱幼兒和移動幼兒的方式上也應該注意。人們已經習慣於將幼兒當作沒有感覺的物體，幼兒被進行洗浴，被快速、粗魯地穿上衣服（對待任何新生兒都這麼粗魯，就好像對待一個沒有心理、生理的物體一樣）。

現在科學已經得出結論，新生兒應該盡量被溫柔地對待，不應該穿衣服，而應該把他們放在溫度適宜的房間裡，以免被凍到。轉移新生兒的方式也要改變：他應該被放在一個類似吊床的軟床墊上，這樣他就能保持水準的姿勢，就像他出生前的姿勢一樣。就像那些需要被特別照顧的傷患人員一樣，嬰兒也不該被上下移動──如今病人並不會被抬起來，再抬到手推車上拖走；在床的同一高度會有擔架，病人會被抬得非常小心，這樣就不會有顛簸和跳躍。這些都是為成人做的。今天，對待幼兒也應施以相同的照顧和關愛，甚至要更完美和精細。這不僅僅是衛生保健護理，因為保健又是另一回事了。今天照顧幼兒的護理師會戴著口罩護著口鼻，這樣微生物就不會進入幼兒的環境，幼兒受到保護，就不會被感染。現在母親和幼兒被認為是一個身體裡的兩個相互交流的器官。

之後，對幼兒來說，對環境的適應很自然也很成功，因為母親和幼兒之間有一種特殊的連繫。這被看作一種吸引力。幼兒已經習慣了母親體內的某些特定壓力，這些為幼兒最初的艱難適應提供了必要的輔助。

我們可以說幼兒改變了與母親連繫的方式，他已經不像之前那樣在母親體內，現在是在母親身體外面，除了這點，其他都一樣。他們之間仍然有著親密的連繫，而這種母親和幼兒之間的吸引力仍然很強。這是我們現在考慮的，但在幾年前，即便是在最好的醫院，嬰兒剛出生後所做的事情都是將母親和嬰兒分離，嬰兒被帶走、洗澡，之後才被帶回母親身邊。這種對待方式是我上面所描述的科學對待孩子的「最後一句話」。大自然給予的這種特殊的照顧在整個幼兒階段都沒有必要。就像貓咪媽媽過一段時間之後，會帶著牠的小貓咪們出來，不再隱藏，因此過段時間，人類幼兒和母親可以從隔離的環境中回到社會中。

通常，嬰兒一出生，所有的親戚都會過來看這個小嬰兒，他們輕拍他，說到「他好漂亮！跟他父親長得一樣（或母親或跟兩個人都像）」，他們會親吻嬰兒並輕撫他。這種行為應該停止。越多的人接觸，孩子會越不自在，最不開心的應該是國王的孩子。在古代，當王后生下一位皇位繼承人時，國王自己會將嬰兒帶到陽臺。嬰兒被衣服包裹著，向聚集在宮殿外面廣場上的人們展示。想像一下這個場景，將會給嬰兒帶來多大程度的退行！

有趣的是，兒童的社會問題與成人的社會問題是不一樣的。我們也可以說，經濟地位對兒童的影響與對成人的影響相反，因為我們發現，在成人中是那些貧困的人更加受苦，而在兒童中，卻是那些富裕家庭的兒童受苦最多。在富人圈中，母親將嬰兒交給護理師照料，而貧窮的母親採用的則是最合適的方式：將嬰兒帶在自己身邊。職業母親的孩子通常也會從母親那裡得到更豐富的食物，因為這些母親是健康的，也能產出更多的乳汁，比那些富家太太所產的乳汁更多也更有營養，因為富家太太不需要工作，通常也比較懶惰，因此她們的乳汁稀少也缺乏營養。這也是把嬰兒交給護理師照料的主要原因之一。因為母乳不適合，這些

第十章　生命早期的用心對待

母親也不餵嬰兒,在古代,嬰兒由奶媽撫養,奶媽通常是一個健康的農家婦女,有充足的乳汁。因此,貧窮和富裕並不是一個普遍的問題:在兒童的世界,事物和價值一起發生了改變。

一旦第一階段結束,幼兒就會快樂地適應環境,沒有任何反感。之後就走向了我們之前所描述的獨立的道路,我們可以說,在這條路上,幼兒向環境張開了雙臂,吸收環境和他所生活的環境的風俗,將它們塑造成了自身的一部分,這個發展過程中的第一個活動,我們可以稱之為征服,是感官的活動。由於骨組織的成長尚未完成,嬰兒還是惰性的,沒有任何四肢的活動,他的活動還不能被稱為是運動。他的活動純粹是心靈接受感官印象的活動,幼兒的眼睛是活躍的,但我們內心應該非常清楚(就像現代科學所描述的),幼兒不只是被照射在眼睛上的光線所吸引,他們不是被動的。他確實接收著印象,但他在環境中也是個活躍的記錄員。這是個新觀點,是幼兒尋求了這些印象,幼兒並不是他所處環境中的各種印象的被動接受者,而是他自己尋求了這些印象。

現在,如果我們轉向動物種類,我們發現牠們的眼睛裡有一種類似於我們眼睛的器官,一種照相機器。但這些動物對牠們的使用是專門化的:牠們被環境中的特定事物吸引,因此不會受到整個環境的困擾。牠們內心有一定的指引,使牠們按照特定的路線,透過牠們的眼睛,遵循特定的行為指引。牠們引導自己朝向特定的方向,而牠們的行為也是這樣確定的。在生命最初的階段就有一個指引,感官隨之自我完善,之後總是按照這樣的指引發展。

貓的眼睛會在昏暗的夜色中變得完美(就像其他夜間徘徊者的眼睛一樣),但是貓咪即便對黑夜感興趣,但只會被移動的物體吸引而不會被靜止的物體吸引。只要黑夜裡有什麼東西在移動,貓咪就會撲上去,而對於其他的環境,則不會有任何關注。因此,牠們對環境並沒有普遍的

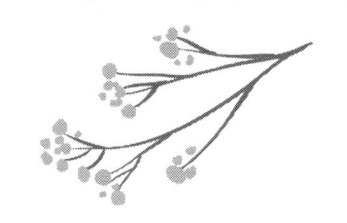

認知，只是對一種特定事物的本能行動。同樣，昆蟲們被特定顏色的花朵吸引，因為這些顏色的花朵裡，牠們能發現食物。現在，一隻剛從蛹裡出來的昆蟲是不可能有任何經歷的，但有一個指引牠的嚮導，眼睛跟隨這個指引。透過指引，物種的行為得以實現。因此，個體並不是感官的被動接受者，並不是感官引導了他，感官一直在，服從於主人，並跟隨相應的指引。

兒童有一種特殊的能力。他的感官並不像動物那樣受到限制，但仍然提供指引的服務作用。貓咪受限制於環境中移動的物體，只受這些事物吸引。兒童並沒有類似的限制。兒童觀察他的環境，經驗顯示他吸納了所有事物。他不僅僅透過他那類似於照相機的眼睛吸收，同時還會呈現出心理的化學反應，因此這些印象形成了他心靈的內在部分。我們透過觀察發現，如果一個人僅僅受到他的感官牽制，成為感官的被動接受者，那麼他應該是有什麼問題的——這是觀察形成的印象，而並非科學論斷。這個人的指引可能還在，但並沒有運用，而是以某種方式關閉了起來，因此他成為感官的被動接受者。因此，每個兒童體內的這種指引需要被悉心地照料，以確保其活力，這是最重要的。

為了更清晰地理解在吸收環境的過程中發生了什麼，讓我來做一個類比。有些昆蟲長得像樹葉，有的昆蟲長得像樹枝。這些昆蟲可以用來類比發生在兒童心靈中的事情。牠們生活在樹枝和樹葉上，牠們如此相似，已經在環境中融為一體。在兒童身上也發生了類似的事情。他吸收環境，並進行自我改變，就跟那些長得像樹枝和樹葉的昆蟲一樣。事實上這非常有趣！環境提供給他們的印象如此偉大，以至於一些生物性的、心理化學性的轉變使他們變得像所生活的環境，他們變得與他們所愛的事物相似。這種吸收環境並依據它進行轉變的力量如今已經在所有生命類型中被發現，有些就像前面提到的昆蟲那樣進行生理改變，其他

第十章　生命早期的用心對待

　　動物也是如此，然而對於兒童則是心理上的改變，這被看作生命最偉大的活動。

　　兒童與成人看待事物的方式是不一樣的。我們看到一座房子會說「多麼漂亮！」之後我們再看其他東西，但對之後的事物只是模糊的記憶。兒童是透過一種加深的方式來塑造自己的，尤其是在生命的最初階段。正是在嬰兒期，由於嬰兒期特有的能力，兒童才獲得人類獨特的特徵，比如語言、民族特徵等。因此他建構了對環境的適應。在這環境中，他是開心的，並逐漸發展出他所吸收的風俗、語言等。他不會因為食物的說法與本國的說法不同而拒絕這食物。他建構了對每個新環境的適應。建構適應意味著什麼？這意味著自我轉變，從而適應他所處的環境，環境成了他自身的一部分。因此，我們觀察這些事實就應該像兒童吸收環境一樣。

　　兒童自身的發展離不開環境。接受了這一點，下一個問題就是，我們要做什麼？為兒童準備什麼類型的環境，才能成為他成長的輔助？這是個令人困窘的問題。如果我們面對的是3歲的幼兒，他可以告訴我們。我們應該在環境中布置鮮花和美的事物，應該提供成長之路所需要的活動的動力。

　　我們會很容易地發現，為了給兒童提供功能鍛鍊的機會，環境中應該有特定的活動動機。當兒童為了建構適應而吸收環境時，我們應該為他提供什麼類型的環境呢？只有這樣唯一的答案：為兒童提供的環境應該是全世界，是世界的所有！這很重要。如果兒童要掌握語言，他必須身處那些講話的人群中間，否則他不會講；如果要他掌握某些能力或技能，他必須身處那些經常使用此類能力或技能的人群中間。如果兒童要吸收風俗習慣，他必須一直身處那些遵循這些風俗習慣的人群中間。這

就是為什麼我們發現，一個在有教養的人群中的孩子，他們所使用的詞彙和得到的細微的行為的改進，要比不那麼幸運的孩子使用的詞彙和得到的細微的改進要多。

這是一個相當革新的觀點。這與之前幾年的觀點形成鮮明的對比，基於衛生角度的考慮，人們形成這一觀點或錯誤的結論——兒童必須被隔離起來！從衛生的角度來說，當人們發現托兒所不夠好時，醫院就被當作了榜樣——讓兒童不受打擾，盡可能像病人一樣睡覺。讓我們意識到如果這是個進步，這種非常衛生的照顧就是一種社會公害。如果兒童一直被放置在就像監獄一樣的托兒所裡，作為他唯一的陪伴者，護理師或多或少地阻礙了兒童的發展，因為他並沒有真正的母親的情感或感情的表達，對兒童的正常成長和發展會有嚴重的障礙；兒童會有嚴重的遲鈍和不滿，有人會說兒童是精神飢餓的，因此必然會產生有害的影響。

那些與母親生活在一起的嬰幼兒，有母親愛他們，也有持續地特殊溝通，即便是由護理師照料的嬰幼兒，也很難聽到護理師的表達，因為基於衛生習慣，她們會戴著口罩。這樣的話，他怎樣才能學會語言呢？同時他必須避免日晒或寒冷，所以在他的嬰兒車上有一個防護罩，他只能看到護理師的臉或防護罩，他與環境的其他部分是隔離的。兒童越富有，他們的命運就越糟糕，因為對他們來說，這是一種類似在監獄裡的生活。他們沒有漂亮的母親，而是一些非常有經驗的護理師，但是又老又醜，而且家庭越貴族化，這樣的照料就越正式，父母看到孩子的機會就越少。許多家庭只在一週中見他們的孩子一小會兒，因為「護理師知道怎麼照顧孩子」。母親會說「我不和他打交道」。在那之後，他們又將孩子送到寄宿學校！

對待兒童的方法確實是個社會問題，我們越來越意識到必須要改

第十章　生命早期的用心對待

變。一旦理解了這一點，人們就會像那些，已經清醒地意識到兒童的這類新照顧需求的美國人那樣，非常擔憂。他們研究兒童應該怎樣被照顧，有個逐漸增長的證據顯示，兒童一旦能夠出門，人們就應該把他帶到自己工作的地方，讓他能夠盡可能地看個夠。

語言的吸收呈現出一個更困難的問題，尤其是護理師所處的社會環境與兒童的環境很不一樣。對於這個問題又有另一面。當我們在與朋友交談時，兒童要被帶在身旁。通常，當我們要去拜訪一個朋友或有朋友來拜訪時，兒童會被帶離，並被放回托兒所。如果我們想要幫助兒童，我們必須將他放在我們附近，這樣他就能看到我們是怎麼做事的，也能聽到我們的對話。他並不能從意識層面記住對話，但他如果看到人們在他周圍聊天、吃飯，他就從潛意識層面接受了這些印象，這將對他的成長提供幫助。

同樣，當我們帶他出去時，他會喜歡什麼呢？我們並不能說清楚，但我們能觀察他。當母親以及恰好在旁邊做準備的護理師，看到兒童對某樣東西感興趣的時候，只要兒童喜歡，就應讓他仔細檢查。護理師並不像他們以前那樣拖著一輛裝著東西的推車往前走了，而是觀察著那個兒童，當兒童被什麼東西吸引的時候，他的小臉就會變得饒有興趣。

然而，在任何特殊的日子，我們如何知道兒童是對什麼感興趣的？我們必須在他身邊。因此，我們的整個概念都革新了，這種革新必須在成人中推廣。成人世界必須意識到，兒童建構了對環境的重要適應，因此必須和環境建立完整的連繫，因為如果兒童不能建構這種適應，我們將面臨最初社會的秩序問題。我們今天所面臨的所有的社會問題都源於某些人在某些方面缺乏適應，可能在心靈領域或其他方面。這是一個基礎的問題，更是一個基礎性的重要性問題。當然，這個結論指出，將來

對兒童的教育是最基礎的，也是社會最重要的部分。

我們以前怎麼可能會對這些一無所知？我們的祖父母和曾祖父母對這些並不知曉，兒童也長大了，人類也一直存在著，聽到這些新說法的人經常會有這樣的說法。他們說：「人類是很古老的，人類都已經生存這麼久了。我是自己長大的，我的孩子也已經長大，而之前我們並不知道這類理論。儘管缺乏這類準備，人們仍掌握了他們的語言，在許多國家，特定的風俗是如此強烈，甚至都已經成了某種偏見。這是如何發生的？在沒有這類準備的情況下，我是如何成為自己民族的一員的？」

讓我們再討論一下這個問題。最有趣的一項研究，是關於不同教育程度的群體行為研究。每個人似乎都比我們這些擁有超現代思想的西方人更聰明！在大多數其他國家，我們看到孩子們並沒有像富有的、超現代的西方人那樣被災難性地對待。我們發現在多數國家，孩子到哪裡都和他的母親待在一起。母親和孩子就像一體的一樣。無論母親去哪裡都會把孩子帶著。在大街上，母親談話時，孩子聽著。母親與商人討價還價時，孩子也在現場。

無論母親做什麼，孩子都在看、在聽，這將持續多久呢？這將持續整個哺乳期。母親要哺乳，因此她去工作或出去時都不能離開孩子。對她來講，這不僅僅是哺乳孩子的問題，這是母親和孩子之間吸引的問題。她會說「我不喜歡離開孩子，因為我愛他」。大自然安排了牛奶，愛解決了孩子適應環境的問題。因此出現了這樣一幅圖片：母親和孩子是一個人被分為了兩個。文明沒有受損的地方，這種可能性沒有被破壞，母親愛孩子，去哪兒都帶著孩子。她說得很對，「我不信任任何其他人跟我的孩子待在一起」。那麼，這位母親是獄卒嗎？不！她哪兒都去，孩子也哪兒都去。孩子聽到母親以一種正常的方式和許多人交談。她無論講

第十章　生命早期的用心對待

什麼，孩子都在吸收。人們說母親的話都很多，是的，因為她要幫助孩子成長，幫助孩子適應環境。如果孩子僅僅聽到母親呈現給他的話語，他不會學到很多。相反，孩子在建構中學習語言，語言並不是由互不連繫的單片語成的，語言源自人們的表達。孩子能夠吸收他所居住的環境的語言，這很神奇，但只有他在人群中，這才會發生。因此，我強調了將孩子帶到世界的必要性。

如果我們研究不同人類群體，不同民族或國家的人，同樣可以發現其他的特徵：運送孩子的方式是這些特徵之一。民族學進行了相關研究，人們觀察這些風俗，並發現了很多有趣的事情。其中最有趣的一項是母親們攜帶她們孩子的方式。她們經常將孩子放置在床上或放在包包裡，不會將孩子抱在懷裡。

在有些國家，當母親去工作時，孩子被捆在一片木板上，放置在母親的肩頭。有些人將孩子拴在脖子上，有些人將孩子放在後背，有些人使用籃子。但每個民族都發現，隨身攜帶孩子通常要考慮的都是呼吸的問題。孩子被抱著的時候通常是臉貼著母親的背，考慮到窒息的危險，所以要採取預防措施。日本人經常將孩子扛在肩頭，孩子的脖子超過大人的肩膀，因為這樣的習慣，第一個去日本的旅行者稱日本人為雙頭人。在印度，孩子被抱在臀部上，印度人用帶子把孩子綁在背上；孩子好像在搖籃裡似的，被緊緊地縛在母親身上，背對背地捆牢，這樣，孩子可以看見母親身後的一切。每個國家都有不同的風俗習慣，但孩子從不會離開母親。這些母親從來不會考慮把孩子丟下，就像她永遠不會丟下自己的頭一樣。在非洲的某個部落裡，要為女王舉行加冕典禮，在場見證儀式的傳教士很驚訝，因為女王一直帶著她的孩子，從未想過要把孩子放在家裡。這些令人好奇的另一個事實是他們的哺乳期持續非常久。有些國家持續一年，有些持續一年半，其他的達到兩年，這並不是

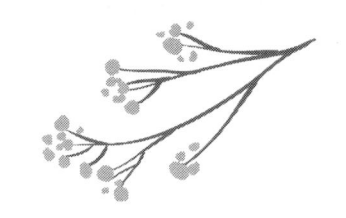

必要的，因為孩子已經掌握了吃東西的必要的方法。

　　事實上，孩子在喝母乳的同時也吃許多其他食物，這意味著母親要一直帶著孩子，以確保在這個重要時期都能夠給孩子在整個社會環境中恰當的輔助。母親什麼也沒對孩子說，但孩子有眼睛，還能四處走動。母親帶著孩子，他認識了街上、市場上、馬車上、公車上的人，不需要任何人告訴他，他就能看到所有這些事物。當母親到市場上買水果時，如果你觀察母親所帶的孩子的臉，你會驚奇地發現孩子的眼睛裡充滿了好奇。母親是面無表情的，但孩子表情豐富。另一件很有趣的事是帶出去的孩子從來不哭，除非他生病或受傷了。有時候孩子還會睡著，但從不會哭泣。

　　在這些國家所拍的大量照片裡，你幾乎看不到一個孩子哭泣。當然，替這些母親拍的照片是為了顯示她們的風俗習慣，但我們順便注意到，這些照片的一個特點就是孩子不哭，而在西方國家，人們總是抱怨「我的孩子總是哭泣」、「孩子哭泣的時候可以做什麼？」我們能做什麼呢？西方國家抱怨的是哭泣的問題。如今心理學家們對這個問題的回答是：這孩子又哭又惱，他動不動就哭，脾氣也很壞，因為他有精神亢奮的毛病。他在精神上營養不良。他被關在「監獄」裡，有一名嚴密的看守人看管他。唯一的解救方式是：將孩子從「監獄」中帶出來，允許他去社會。大自然向我們展示的，是許多種族在不知不覺中所遵循的對待孩子的方式。當我們運用我們的觀察和智慧時，這種理解方式必須被我們所理解和有意識地應用。

第十章　生命早期的用心對待

第十一章　關於語言

我們來探討兒童的語言發展。為了理解語言，我們必須先反思什麼是語言。它是最基礎的，以至於我們都認為這是正常人類生活的基礎，因為透過它人們結合在一起形成一個群體。它帶來的環境的變化，我們稱之為文明。

區別人類的一個核心是：人類不像動物那樣，可以被引導去做這個或那個固定的任務。我們永遠不知道人們將要做什麼，因此人們必須彼此和諧相處，否則他們將一事無成。為了達成一致，共同做出明智的決定，我們僅僅思考是不夠的，即使我們大家都是天才也不行，關鍵是我們必須理解他人。而只有透過語言，才能實現理解他人。語言是共同思考的工具。在人類出現之前，語言在地球上並不存在。然而，它到底是什麼呢？它僅僅是呼吸，把一系列的聲音放在一起，甚至沒有邏輯，只是放在一起而已。

聲音沒有邏輯，當我們說「盤子」的時候，聲音的集合本身就沒有邏輯。使這些聲音有意義的，是人們一致認為這些特殊的聲音應該代表這個特殊的想法。語言是一群人之間表達一致意見的方式，只有對這些聲音達成一致，群體才能理解這些聲音。其他的群體用其他的聲音來代表同樣的意思。語言就像一堵牆，把一群人包圍起來，把他們同其他群體隔開。這就是為什麼語言變得神祕起來，它是一種比民族觀念更能把人們團結在一起的東西。人們透過語言團結在一起，隨著人們的思想變得更加複雜，語言也變得更加複雜；它是隨著人們的思想而成長的。

奇怪的是，用來組合單字的聲音很少，但它們可以多種方式組合成

第十一章　關於語言

這麼多單字。這些聲音的組合是多麼複雜啊！有時一個聲音放在另一個聲音之前，有時放在另一個聲音之後，有時輕柔，有時用力，緊閉嘴唇，張開嘴唇等等。要記住所有這些詞以及這些詞所代表的思想，需要很強的記憶力。思想本身作為一個整體，是必須表達出來的，而表達出來的內容是透過一組詞語來完成的，稱作句子。這句話裡的詞語必須按照特殊的順序排列，這樣才能符合人的思想，而不僅僅是把環境中的一些事物串在一起。

　　因此，要有一套規則，使聽者能夠完全理解說者所說的內容。如果一個人想表達一種思想，他必須在此處加上物體的名稱，在附近加上形容詞，在那裡再加上名詞。只考慮使用的字數是不夠的，還必須考慮它們的位置。如果我們想要驗證這一點，可以把一個意義明確的句子寫下來，把書面句子分成單獨的單字，然後將它們混合起來；這句話雖然有一模一樣的詞，但卻沒有意義，所以人類必須達成一致。

　　因此，語言可以成為一種超智慧的表現。乍一想，我們覺得語言是大自然賦予我們的能力，但仔細一想，我們才知道它是超越大自然的能力。它是一種超自然的創造物，由有意識的集體智慧產生。在它的周圍，生長著一種不斷擴展和增長的網路，這種擴展和增長沒有任何限制，有一些語言如此複雜，如此難以記住，以至於已經消亡了。它們拓展得如此之遠，並逐漸變得如此複雜，因而無法保留它們，於是它們解體了。如果一個人想學梵文或拉丁文，他要學八年、十年，甚至即便這麼久也不能成功地將這門語言講得完美無缺。

　　沒有什麼比下面的事實更神祕的了：為了做任何事情，人們必須團結一致，必須使用語言這一最抽象的工具。

　　這個問題一直困擾著人類，但它是可以被解決的，因為必須給新生

兒語言。對這一問題的關注，讓人們意識到學習語言的人其實是孩子。這種全神貫注的實質，是一種人們還沒有充分考慮到的偉大而神祕的東西，這其實是一種非常深刻的狀態，尤其是考慮到這種複雜的情況。然而，幾千年來，人類都是膚淺地看待這個問題。

透過對語言問題的研究，人們產生了另一個想法，我們學習一種語言可能是困難和複雜的，然而，在它所屬的國家裡，即便是那些沒有文化的人們，也未曾說過這種話。拉丁語是一門困難的語言，即便那些現代的語言都起源於拉丁語，但羅馬帝國的奴隸們說的語言也是這種複雜難懂的拉丁語。那些沒有文化的農民在田野裡勞動時講什麼話呢？當然是這種複雜的拉丁語！羅馬帝國的3歲孩子講的是什麼語言呢？他們講的是這種複雜的拉丁語，也能理解跟他們溝通中的拉丁語。

在印度可能也一樣。很久以前，在田地裡工作和在叢林裡遊蕩的人說梵語。如今這一謎團激起了人們的好奇心，結果是兒童語言的發展受到了關注，讓我們記住，這是發展，而不是教育。母親並未教給她的孩子語言。語言自然地發展就像一個自發地創造。令人震驚的是，語言的發展遵循特定的規律，在特定的時代，發展達到一定的高度。這對所有的孩子來說都是真的，不管他們的語言是簡單的還是複雜的。

直到今天，某些原始人還在說一些非常簡單的語言；和他們生活在一起的孩子，在他們的語言上，取得了和學習較難語言的孩子一樣的發展。有一段時間，所有的孩子都只說音節，之後說出單字，最後，整個句法和語法得以完美地運用。男性和女性、單數和複數、時態、字首和字尾的差異，孩子都能運用。這種語言可能很複雜，而且規則中有很多例外，然而，吸收了這種語言的孩子可以完全學會它，並且可以像非洲孩子學習他原始語言中的少數單字一樣使用它。

第十一章　關於語言

　　如果我們來看不同的發音，也會發現它是遵循一定的規則的。所有組成單字的聲音是由特定的機制而產生的。有時候鼻子要和喉嚨一起發音，有時候需要控制舌頭和臉頰的肌肉等。身體的不同部分共同建構了這一機制，它的結構在孩子使用的母語中是完美的。對於外語，我們成人甚至都不能聽出所有的聲音，只能重新創造。我們只能使用自身語言的機制。只有幼兒能夠建構語言的機制，在他所處的環境中，他能講任何幾種語言。

　　這種結構並不是有意識地工作，而是兒童潛意識最深層的工作。他在黑暗的潛意識中開始這項工作並使其發展，最終形成永久的收穫。也正是這一結構引導了學習語言的興趣。我們成人只能從意識層面想要學一門語言，並從意識層面進行學習。然而，我們必然有另一項在意識之外的自然或超自然的機制，或一連串的機制，這很吸引人。但這一機制是如此深入，並不能被成人觀察到。只有外部機制可以被看到，但如果我們能夠恰當地觀察，這一機制應該是非常清晰的，因為全體人類都會產生這一現象。特別讓人印象深刻的是，所有聲音都能經久不衰；另一個令人好奇的是無論是複雜的還是簡單的都能被消化吸收。沒有一個兒童對母語的學習感到疲憊，他的語言機制能夠保障他學到語言的整體。

　　對於兒童吸收語言的方式，我想到了一組類比。我的觀點與這一現象的不同因素不相干，與事實也不相干，只是提供我們另一種類似經歷的畫面。比如，如果我們想要畫什麼，需要拿鉛筆或彩筆進行繪畫，但我們同樣可以拍照，這兩種機制是不一樣的。人的照片是在膠片上拍攝的。膠片並不需要做什麼工作，不管是一個人需要拍照，還是一組十個人需要拍照，膠片都不需要做更多的工作，這個工作機制都是即刻發生的。

　　如果相機足夠大，替一千個人拍照也同樣簡單。如果我們替書的標

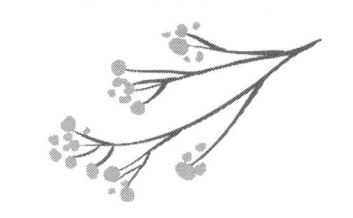

題拍照，或替一頁充滿筆記或外國人物的書拍照，膠片的工作是一樣的。所以膠片的工作機制保障可以拍下任何事物，不論是簡單的還是複雜的，都能在一秒之內完成。然而，如果我們要畫一個人，就需要很長時間，如果要畫十個人，就需要更長的時間。如果要抄寫書的標題，需要一點時間，如果要抄下一頁充滿筆記或外國人物的書，需要更長的時間。

同樣，照片需要在黑暗的環境中拍攝、在黑暗中洗出來，之後同樣在黑暗中穩定，最終才能到亮光中，並且變穩定。這與兒童語言的心理機制是一樣的。它也是起源於黑暗的潛意識最深處，在那裡發展並穩定，之後都可以看到了。當然，不知我的類比是否恰當，某種機制肯定存在，對語言的理解也能夠意識得到。一旦一個人設想了這個神祕的活動，他就想要找出它是如何發生的；因此，今天人們對研究這種神祕的深層潛意識特徵產生了濃厚的興趣。

然而，這只是成人能做到的觀察活動的一部分，另一部分是觀察外部表現，因為只有這些外部表現才能為我們提供證據，但這種觀察必須是精確的。目前有些人已經在做這項觀察。從剛出生的嬰兒到 2 歲的幼兒，觀察每天都在進行：每天都發生了什麼，在同樣的發展水準要持續多久等。從這些觀察中，某些事物就像里程碑一樣突出。他們的觀察顯示在內部有一種神祕的、巨大的發展，而相應的外部表現變化卻比較小，這也充分說明生命的內部活動和外部表現之間存在巨大的差異。

在所有這些對外部表現的觀察中，另一個比較突出的是，發展並不是有規律的線性發展，而是以突變的形式表現出來的。比如對於音節的征服，在特定的時間及之後的幾個月裡，兒童只發出音節，沒有任何外在的進步。之後，他突然講了一個單字，在之後很長一段時間，他都保

第十一章　關於語言

持在一到兩個單字的狀態，看起來並沒有什麼變化，甚至有人已經對這種緩慢的外部進展喪失了信心。看似緩慢，但行動卻向我們揭示，在內在生命中，有一個持續的、巨大的進步。

這難道不也展現在社會的行動中嗎？如果我們回顧歷史，我們會發現，幾個世紀以來，人類都生活在同樣的水準上，原始、愚蠢、保守，無法進步；但這只是歷史上的外部表現。內部的成長不斷地進行，直到突然爆發！然後是另一段平靜的時期，外部沒有什麼進展，之後是另一個啟示。

兒童和人類語言的發展也是如此。不僅僅是逐字逐句地小而穩定地進展，同樣也有心理學家所稱的爆炸性現象，它們毫無理由或毫無教化地發展著，所有兒童在同樣的生命階段，突然都講出了這些單字，也發音得很完美。3個月後，兒童就能輕鬆地使用所有複雜的名詞、字尾、字首和動詞，每個兒童都在2歲的末端掌握所有這些。因此我們必須為兒童的這一行為感到鼓舞，並耐心等待（在歷史上停滯不前的時期，我們可能也希望如此。

也許人類並不像他們看起來那麼愚蠢，也許奇妙的事情將會發生，那將是內在生命的爆炸）。這些爆炸性現象和表情的突現一直持續到2歲以後，簡單句和複合句的使用，動詞在所有時態和句型中的使用，甚至在虛擬語氣中，從句和並列從句的使用都以同樣的突然爆發的方式出現。兒童所屬的群體（種族、社會等級等）的語言表達也就完成了。這個由潛意識準備好的寶藏交給了意識，而這個兒童，完全擁有了這個新的力量，說啊，說啊，說啊，直到成人說：「天哪，你就不能閉嘴嗎！」

在2歲半左右，這一巨大的變化的出現，意味著人類智力的關鍵期形成，語言仍然繼續發展，沒有爆炸式發展，但卻充滿了活力和自發

性。這一階段從2歲半持續到4歲半或5歲，此時兒童掌握了大量詞彙，並能夠完善句子的表達。當然，如果兒童生活在只有很少詞彙或只有俚語的環境中，他就只會說這些詞語，但如果他生活在一個表達文化豐富的環境中，有豐富的詞彙，兒童將會很好地學會語言。環境非常重要，在任何詞彙豐富的環境中都能實現。對這一事實我們有強烈的興趣。

比利時的科學家們發現2歲半的兒童僅僅知道兩百個單字，但到5歲時，他已經知道並能夠使用上千個詞彙，而這個過程並沒有教師的教導，這是一種自發的獲得。當兒童已經學會了所有這些，我們允許兒童上學，並跟他說：「我來教你字母！」

我們必須清晰地意識到有這樣的雙重路徑：潛意識的活動準備語言，之後意識逐漸出現在生命中，從潛意識中汲取相應的知識。最終我們擁有什麼呢？人類5歲的兒童已經能夠將語言講得很好，知道並使用了所有的語言規則。他並沒有意識到潛意識的工作，但事實上正是人類創造了語言，兒童為他自己創造了語言。如果兒童沒有這些能力，並且不能自主地掌握語言，那麼人類在這個世界上就不可能有工作，也不會有文明。因此，我們看到，人類在生命的這一階段是多麼重要：他建構了所有。如果他沒有這些能力，文明將不復存在，因為他獨自建構了基礎。因此，我們應當給予他所需要的幫助，而不是留下他獨自徘徊。

第十一章　關於語言

第十二章　言語的呼喚

我想要呈現的是這樣一個事實，恐怕很少能夠引起一點同情，因為成人認為我們是生活於機制之上的，生活於抽象之中。但這些機制又是多麼有趣。機制是基本的東西，他們是物質的，不僅僅是血肉之軀，還包括機理。所有人都知道在神經系統的機制中包含了感覺器官、神經、神經中樞以及運動器官。而事實是語言除了這些物質，也有相應的機制。直到上世紀末，處理言語的腦部中樞才被發現。在大腦皮層有兩個特殊的中樞處理語言：一個是聽取語言的中樞，聽覺接受語言，另一個是產生語言的中樞，是講出語言的部分。如果我們從生理的角度考慮這個問題，同樣有兩個器官中樞：一個負責聽語言（耳朵），一個負責講出語言（嘴、喉、鼻等），這兩個中樞從心理和生理的角度獨自發展。聽覺或接收信息的中樞與心理的神祕之處相關，在那裡，語言在潛意識的最深處發展，當我們說話時，運動中心的活動就會顯現出來。

很明顯，處理語言運動任務的第二部分發展得較慢一些，是在另一部分形成之後形成。為什麼？因為兒童聽到的聲音激發了相應的運動，從而產生聲音。這是具有邏輯性的，因為如果人類並沒有建立一種預先的語言（事實上並沒有，想像一下自己已經建好了），那麼兒童在表達出語言之前，需要先聽到他的群體所發出的語言的聲音。因此，產生聲音的運動必須基於心理中關於聲音的底層印象，因為聲音的運動依賴於已經感覺到的聲音（心理中的印象）。

這很容易理解，也符合邏輯，但這不是因為邏輯，而是因為一種自然的機制。在大自然中什麼是邏輯？在自然中，我們先注意到事實，看

第十二章　言語的呼喚

到之後，會說「他們多麼富有邏輯！」、「在這些事實背後肯定有一種智慧在指引它」。作為一種心理現象，這種在創造行為中的神祕智慧比那些產生不同顏色、不同形狀的花朵的神祕智慧更可見。

很明顯，剛出生時，聽和說的行為並不存在。那當時存在的是什麼呢？什麼都沒有，同時，所有的也都在。所存在的是兩個中樞，並沒有遺傳什麼聲音，但可以吸收所有的聲音，並能夠為語言的表達精心設計必要的動作。這兩點是語言發展整體機制的一部分。深入研究這個問題，我們會發現，感性和能力都是集中存在的。也很容易看出，語言的精細化在兒童出生後就開始了，因為它依賴於語言的聽力，而出生前的兒童幾乎什麼都聽不到。那之後必須有相應的行為。很神奇的是所有的都已經準備好，當兒童出生時，他已經能開始工作。

在研究機制的同時，我們也來研究器官。當然，這一機制的創造非常神奇，但所有的創造都很神奇。想像兒童未出生前所創造的耳朵（聽的器官），這不神奇嗎？在這個神奇的環境中，這個精細的複雜的裝置自發形成。它的建構是多麼神奇，就好像一些音樂細胞建構了它。音樂家，是的，因為耳朵的中央部分有點像豎琴，可以根據弦的長度發出不同的聲音。我們耳朵中的豎琴有 64 根弦，所有都放置在其中，因為耳朵太小，就都被安置在一個蝸牛殼一般形狀的器官之中。多麼富有智慧！考慮到空間的限制，同時又建構了所有對於聲音來講都必需的部分。

誰來彈奏這些弦呢？因為如果沒有人彈奏，這個豎琴持續多年都將保持安靜。我們看到在豎琴前面有一面鼓，有什麼東西碰到鼓的時候，一根或多根琴弦都將振動，因此是鼓演奏豎琴，我們才能聽到語言的節奏。並不是宇宙中的所有聲音都靠耳朵吸收，因為只有 64 根弦，並不能演奏出特別複雜的音樂。但透過語言，因為有精確的、複雜的含義，就都能被傳達。如果兒童在很神奇的出生前的生命階段，就已經創造了這

麼複雜的裝置，那為什麼不能在出生後創造其他東西呢？比如兒童在他所處環境中所發現的語言，之後他再自己創造出來。這一現象我們可以看到。

現在讓我們看看自然是多麼神奇和迅速！即便新生兒在 7 個月的時候出生，所有的發育也都已經完成並準備好。自然從不遲到！這一裝置是如何將它所吸收的聲音透過神經傳輸至大腦，而收集這些特定聲音的獨特中樞是在哪裡呢？這同樣也很神奇，但這些都是自然的事實。讓人感到很好奇的是，心理學家們研究發現新生兒的聽覺感官發展最遲緩。他們感覺新生兒幾乎是聾的。所有不同類型的噪音在新生兒周圍響起，但卻未引起他的任何反應。因為這些中樞是語言中樞，對單字有反應，就好像這個強大的機制只對這些特殊的聲音——說的語言有反應並產生行動，這樣，隨著時間的推移，發出聲音的運動機制就會產生，會發出這些相同的聲音。

如果中樞中，並沒有這種特殊的隔離機制，想像一下可能產生什麼樣的結果？如果這一中樞可以吸收所有聲音，那麼生活在農場的兒童可能只對農場的聲音有印象，並且可能會發出哞哞聲、呼嚕聲、咯咯聲。出生在車站附近的兒童可能只會發出火車的鳴笛和吹哨聲。因為大自然建構這些中樞，但只隔離出人類所說的語言。比如曾經有狼孩的案例，狼孩因為種種原因，被遺棄在叢林中，卻以某種奇妙的方式生存下來。這些兒童雖然生活在各種鳥獸的叫聲、水聲和落葉聲中，卻始終是啞的。他們從未發出什麼聲音，因為他們並沒有聽到能夠激發語言表達機制的人類語言的聲音。所有這些顯示出語言的特殊機制。自然用這種機制區分了人類，人類擁有的是這種機制，並不是擁有語言，而是擁有創造自身語言的能力。語言是兒童精心設計的結果，但兒童自己不是一種機制，遠非如此。

第十二章　言語的呼喚

　　讓我們把剛出生的自我想像成一個沉睡的自我。這個沉睡的自我突然醒來並聽到愉悅的音樂。如果這個神奇的自我可以講話，他會說：「我來到這個世界了，他們用音樂歡迎我，這音樂如此直擊心靈，我的整個生命，我的每一根神經都開始隨之共振。沒有別的聲音傳到我耳中，因為它傳到了我的靈魂，除了這神聖的召喚，我聽不到別的聲音！」如果我們記住那些創造和保護生命的偉大推動力，我們就會明白這種音樂是如何創造出一種永恆不朽的東西。現在發生在新生嬰兒身上的事，將永遠存在。人類的每個群體都喜歡音樂、創造自己的音樂和語言。每個群體都會對音樂回饋以身體的動作，這音樂也與詞彙相連繫，但那些詞彙本身並沒有意義，是由我們來賦予意義的。在印度有很多語言，但音樂將它們都連繫了起來。對新生兒的印象也一直存在。沒有任何一種動物可以製作音樂並跳舞，但所有人類都會做。

　　這些語言的聲音被固定在潛意識中。內部發生了什麼我們看不到，但外部表現給了我們指引。聲音是固定的，是母語不可分割的一部分。我們可以稱之為字母表。然後是音節，然後是單字，就像兒童讀初級讀本一樣，有時不知道它們的意思。但兒童的工作是多麼富有智慧！兒童體內就好像有一位老派的教師，讓兒童背誦字母表，然後是音節，最後是單字。

　　只有人類教師會在錯誤的時間教兒童，在他們已經掌握語言的情況下還去教。然而兒童體內的教師始終是在對的時間教，因此兒童先學會發音，之後是音節。就像語言的邏輯，這是一個逐步的建構過程。之後單字出現，再之後我們來到了語法的領域。物體的名字（名詞）最先出現。這就是為什麼遵循大自然的教導是如此具有啟發性的原因，因為大自然是一個教師，它教兒童語言中最枯燥的部分。這是富有方法的真正的學校。它教授名詞和形容詞、連詞和副詞、動詞不定式，然後是動詞

的變化、名詞的變化，最後是字首和字尾以及所有的例外。之後就會有考試，他顯示出已經能夠使用它們了。因此，我們看到了一個多麼好的教師和多麼勤奮的學生，因為他在考試中正確地使用了所有這些。他很聰明吧？我們應該為他鼓掌，但沒有人注意到。之後我們成人會給他選擇學校並送他過去，他會被授予獎章，我們會說：「他擁有一位多麼富有智慧的教師！」

但小嬰兒才是真正的生命的奇蹟！教師們應該在兒童身上看到：兒童學習的方式是任何一個教師都不能學好的。2歲的時候他已經學會了所有！這是一個非常神奇的事。讓我們跟隨兒童在這兩年內的變化，因為這樣會更容易了解兒童所做的。在檢視這些變化時，我們看到一個逐漸覺醒的意識，然後，突然間，這個意識變得占優勢，並期待掌握一切。

在兒童4個月的時候（有人講更早些，我也傾向於同意這一觀點）發現帶給他深深觸動的、圍繞他的神奇音樂，是從人類嘴裡發出的——是嘴巴（運動的雙唇）發出的聲音。這很少被人注意到，但如果我們觀察一個兒童，會發現他非常專注地觀察著小的雙唇。我們已經看到意識參與了這一工作，因為意識在工作中發揮推動作用。當然，運動是在無意識中準備好的，所有微小纖維的精確協調都不是在有意識的情況下實現的，但意識帶來了興趣，賦予了活力，並進行了一系列敏銳、警惕的研究。

經過兩個月對嘴巴的觀察，兒童在6個月左右發出了他自己的聲音。非常突然，這個兒童之前除了偶然發出的一些音節，某個早晨在你起床前，你突然聽到他說「爸—爸—爸」、「媽—媽—媽」等。他自己發出了「爸爸」、「媽媽」的聲音。有很長一段時間他都只發出這幾個簡單的音節，他也是經過了很大的努力才能夠達到這個狀態的。我們得記住，這是自我的力量促使他的發現，並能意識到他自己的力量，這個兒童不再

第十二章　言語的呼喚

是一個機制,而是使用機制的個體。這已經是1歲的末端了,但在那之前,在10個月的時候,兒童有了另一個發現:人們嘴巴裡講出的語言是有目的的,那不僅僅是音樂。當我們說:「小寶貝,你真可愛!」他意識到「這說的是我」,他開始意識到這些說他的話語是有一定的目的的。因此,到了1歲末的時候,發生了兩件事:無意識的深處得到理解,意識的高度創造了語言,儘管這個階段只是咿呀學語,只是發出重複的聲音和聲音的組合。

　　1歲的幼兒講出了他的第一個有意義的詞語。他還是那樣咿呀學語,但那是有意的,而有意就意味著有意識的智力。他身上發生了什麼?研究他之後我們發現,在他體內有比我們觀察到的,他所呈現出的更多奇蹟。兒童逐漸意識到語言和他身邊的環境是相連繫的,他逐漸有意識地掌握它。此時兒童體內產生了一種巨大的抗爭,是意識對抗機制的抗衡。這是人類的第一次爭鬥,是部分之間的第一次戰爭!為了說明這一現象,我可以使用自己的經歷來描述。例如,我知道很多事,想要描述給一個英語語系的聽眾,但我並沒有掌握相應的語言,我只知道一點點英語,我的詞語也只能是無用的咿咿呀呀;我知道我的聽眾非常富有智慧,我們可以交換觀點,但我卻只能咿咿呀呀。智慧發展出很多觀點,我們知道人們可以理解,卻不能用語言來表達的時候,這種戲劇性經歷就類似於兒童生命的經歷。這是生命中最初的失望。如果我沒有翻譯人員,我可以做什麼?兒童能做什麼?他在無意識中去了學校,他的需求激勵他學習。這種意識到的想要表達自己的衝動讓他想要能夠盡快地掌握語言。想像一下他這個階段對語言的關注!

　　一個人急切地想要表達他自己時,需要教師給他提供準確的詞彙。我們是這樣的教師嗎?不是。我們並不會幫助他,我們幾乎不會重複他自己的牙牙學語。如果他沒有這個內部教師,他學不會任何東西。這個

內部教師讓他走向在交談的成人，當然，這些成人並不是在跟他交流。這個衝動促使他精確地掌握語言，但我們並沒有教給他。1歲之後他真正可以上學了，這裡智慧的人們與他智慧地開展交流。

有些人已經理解1歲到2歲之間的兒童的困難，也意識到給兒童精確學習的機會的重要性。在我寫這部分內容前幾天，我收到了一封錫蘭人寄來的信，上面寫著：「真開心！我們這裡的兒童終於有學校可以去了！」他們已經意識到了這樣的需求。因此，即便有人這樣說：「好遺憾，我們還沒有大學！」還是會有很多人說：「很高興有這些學校，我們的兒童可以上學了！」我們必須意識到自從兒童掌握了語法之後，我們就能在跟他交流的時候運用語法知識，並幫助他分析句子。1歲到2歲兒童的教師們應該知道語言的發展。母親也應當知道，因為這很重要，教師們應該以科學的方式掌握它。這樣兒童就不需要去尋找在談論中的卻不是跟他們交流的成人，從而就能得到他想要的幫助。我們成為大自然的僕人，自然創造，自然教導，一個完整的教學大綱和方法為我們準備好了。

如果我想要敘述很重要的內容，但只能咿咿呀呀的話，要怎麼辦呢？我可能不能很好地自我控制，可能會變得激動、憤怒，甚至開始哭泣。這就是發生在一兩歲兒童身上的事。他想要透過一個單字告訴我們他想要讓我們知道的，但他又無法實現，只能發脾氣。人們可能會說：「你看看，人天生的任性顯現出來了吧！」——（什麼！這麼講1歲的幼兒！）我們認為，戰爭的起源就在這個只有1歲的孩子身上，他會毫無理由地變得憤怒和暴力。我們說「我們照顧他，給他穿衣服，我們為他做所有的事，然而他竟然還這麼淘氣」。可憐的小孩正在努力獨立，可竟是這樣被誤解！這個可憐的小孩並沒有掌握語言，所掌握的表情之一就是憤怒，但他仍有能力掌握自己的語言。憤怒僅僅是一種表達方式，在試

第十二章　言語的呼喚

圖拼出單字時遇到了障礙，但他也確實拼出了一些單字。

另一個階段大概是1歲半左右，兒童意識到另一個事實：名字，每個物體都有名字，這很神奇，因為從他所聽到的所有單字裡，他能夠挑出一些名詞，這很神奇！因為這意味著在他聽到的所有詞語裡，他能夠挑出名詞，尤其是具體的名詞。世界都是物體，現在這些物體都有了詞彙。不幸的是，僅僅使用名詞並不能表達整個含義。因此心理學家們特別注意到這些用來表達句子的詞彙，他們稱作黏合詞或「一個詞彙的句子」。想像一下兒童想要喝牛奶吃稀飯，他可能會喊「媽，飯」，意味著「媽媽，我餓了，我想要吃稀飯」。他用一個詞表達了一整句話的含義。這種黏合詞的另一個特徵是這種兒童的強迫語言，詞語本身有變化，通常會有縮寫。一個西班牙兒童會用「to」代替「paletot」，表示「大衣」，用「palda」代替「espalda」，表示「肩膀」。這是一種修正，是我們所使用語言的縮寫，有時兒童使用的語言如此不同，以至於我們會說兒童在使用外語。這是一種「兒童語言」，但很少有人研究它。面向這個年齡層兒童的教師應當研究這類語言，從而更好地幫助兒童，為兒童的心靈帶來平靜。

兒童所使用的的「to」和「palda」兩個詞彙反映了兒童的一種心理衝突，兒童是憤怒的、暴躁的，但很多人並不知道要怎麼辦。兒童的母親把她的大衣搭在手臂上，兒童一直不停地尖叫。最終，在我的建議下，這位母親穿上了她的大衣，兒童的尖叫聲立刻停止，也平靜了下來，開心地歡呼「to palda」，意思是說「這是對的，大衣就要穿在肩膀上。」因此你看到了另一個事實，這種兒童的神奇的語言能夠反映這個年齡層兒童的心理──他對秩序的渴望和需求，對混亂無序的失望。大衣並不是隨意搭在手臂上的，那是錯誤的位置，兒童是無法承受這樣的無序的。

這裡另一個例子表明1歲半的兒童能理解整個對話，並能知道其中的含義。有5個人正在討論一本兒童故事書的優缺點，他們已經討論了一段時間，談話最終這樣結束「這是一個愉快的結局」。在房間裡的小傢伙立刻大叫「Lola，lola！」人們以為他是想要他的保母，在喊她的名字。但是，不是的！他變得更加暴躁，開始不能自已地哭泣，哭得傷心又暴躁，最終他努力拿到了這本書，指著書的封底，封底上印了關於故事中小孩的圖片，他又喊到「Lola，lola！」成人們將印刷的故事結尾作為這本書的結局，但對兒童來說，這個封底上的這幅圖才是真正的結局，而這幅圖裡的小孩是在哭的。

「他們怎麼能說這個故事是愉快的結局呢？」他聽了整個談話，知道他們談論的是關於這本書，理解了書中講的是什麼，並意識到這些成人犯了一個錯誤。他的理解是完整並附有細節的，但他的表達並不充分。他甚至不能發出哭泣的正確發音，用西班牙語來講是「llora」，所以他說「lola」。他用這個詞告訴成人「你們錯了，這並不是愉快的結局：他在哭」。

這展現了我為什麼說1歲和1歲半的兒童需要有特殊的學校。母親和普遍社會都應當給兒童特殊的關照，讓他們經常經歷才能掌握最好的語言。我們拜訪朋友時，讓兒童跟著我們，同樣當我們參加會議時，尤其是人們發音清晰、抑揚頓挫時，更該把兒童帶在身邊。

第十二章　言語的呼喚

第十三章　障礙和後果

　　現在我想談一談兒童某些內在的感覺，以便我們可以了解兒童隱藏的傾向。我們可以將這個比作對兒童可視心理的一種心理分析。第一個爆發期是詞語的爆發，其次是思想的爆發。

　　我們應當有為此所做的準備，它是隱藏的祕密，但儘管它是祕密的，它不是一個假設，因為結果顯示出了努力。我們可以意識到兒童為了表達他的想法所付出的巨大努力。因為成人經常理解不了兒童想要表達什麼，正如我前面所提到的，在這個階段，兒童經常表現得憤怒、暴躁。這種躁動是兒童生活中不可分割的一部分。兒童付出了所有努力，如果不能成功地表達，他們將會產生躁動的狀態。聾啞人愛吵架，這是眾所周知的事實。這是因為他們不能表達他們的想法。有一種內在的財富試圖找到表達，它是這樣作用於普通的孩子，但存在巨大的困難。

　　有一個富有困難的階段我們必須考慮，即由環境和孩子自身的限制形成的困難。這是適應的第二個困難階段，第一個階段是兒童剛出生的時候，兒童突然被要求自理，他們的母親也一直在為他操勞。之後我們看到，除非表現出極大的關心和理解，出生時的恐懼會影響孩子並導致孩子的退行。有些兒童比其他兒童強壯，有些兒童有一個更有利的環境，這些兒童不會退行，他們會直接走向獨立，走上正常發展的道路。在這一時期也出現了類似的情況。對語言的征服是一種邁向更大獨立的艱苦征服，它以語言的自由而告終，但也有退行的風險。

　　我們還需記住這個創造性階段的另一個特點，比如這個階段的印象和結果有永久保持下去的趨勢。對於發音和語法來說確實如此。孩子們

第十三章　障礙和後果

現在學習的知識將伴隨他們一輩子；因此，如果在這一時期存在障礙，它們的影響將永遠存在。這是每個創造階段的特徵。掙扎、恐懼或其他障礙可能產生的影響會持續一生，因為對這些障礙的反應就像發展過程中其他一切事物一樣會被吸收。

同樣地，如果我們上面提到的膠片上有一個光點，那麼膠片上的所有印刷品都會顯示出這個光點。因此，在這個階段，我們不僅有性格的發展，而且也有某些偏離的心理特徵的發展，這些特徵將隨著兒童長大而顯現出來。母語的知識以及走路的技能都是在兒童生命的這個階段獲得的，在2歲半之後的創造性的階段，之後就沒那麼強烈。這兩種功能是這時候獲得的，但他們之後是繼續成長和發展的。現在獲得的任何缺陷和障礙也是如此；它們存在並成長，成人身上的許多缺陷都歸咎於他們生命中那個遙遠的時代。

阻礙正常發展的困難包括在「壓抑」這個術語中（這個術語主要用於精神分析，但也用於一般心理）。這些目前被普遍大眾所熟知的壓力，與童年的這個階段有關。儘管與其他人類活動有連繫，這些壓抑的例子可能更與語言本身有連繫。大量爆發的詞語必須有釋放的自由。同樣，當語句的爆發出現時，兒童的思想要有規則的形式，必須有表達自己想法的自由。自由表達受到了很大的重視，因為這不僅與發展機制有連繫，也與個體的未來生命相關。有些特定的案例顯示了某個階段應當出現語言爆發的時候，卻什麼都沒發生，3歲或3歲半以後，有些兒童仍然使用與很久之前差不多的詞彙，就像是啞的兒童一樣，儘管他的發音器官完全正常，這稱作「心理緘默症」，這有一種純粹的心理原因，這是一種心理疾病。這個階段是精神疾病的起源，也是精神分析（醫學的某一個分支）所研究的階段。

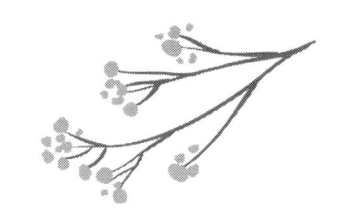

有時候心理緘默症就像奇蹟一樣突然消失，兒童突然講話了，講得很好很完整，完全掌握了語言，就好像他內心早已做好了準備，只是由於某些障礙，表達受阻了。我們學校有許多三四歲的兒童，之前一直不講話，某一天突然就講話了。他們就像啞巴一樣，從來沒講過2歲兒童所講的詞語，之後某一天突然就講話了。透過給他們活動的自由，並給予相應的環境刺激，他們突然就掌握了這股力量。這種現象為什麼會發生呢？因為不管是巨大的驚嚇或者是持續的反對，都可能會阻礙兒童表達他豐富的語言。

　　有許多成人也會出現表達困難的情況，他們要付出巨大的努力卻無法確定要說什麼仍然很猶豫。這種猶豫有許多不同的原因。

1. 他們沒有說話的勇氣。
2. 他們沒有發音的勇氣。
3. 他們使用句子存在困難。
4. 他們比一般人講話更慢，會經常說「額、嗯、啊」等。

　　他們發現自身存在的致命的、終身存在的困難，這是一個人永久的劣勢狀態。

　　另外，還有一些心理因素阻止成人清楚地表達出詞語，比如結巴和口吃。這種疾病出現在相應的機制形成階段。因此在這些不同的階段有不同的語言獲得機制和對應的退化可能會出現。

　　第一階段：詞語獲得機制，對應的退化——結巴。

　　第二階段：句子獲得機制（思想的表達），對應的退化——思維形成的猶豫。

　　這些退化與幼兒的敏感相關，就像他為了產生相應的語言，非常敏感地接收一樣，他同樣對那些高強度的障礙也很敏感。這種敏感所導致

第十三章　障礙和後果

的弱勢將持續影響兒童的一生。這是因為兒童身上的這種敏感比我們所能想像的任何事物都強烈。

讓我們來研究這些障礙。兒童的這些反常是由成人所導致的，是由對兒童表現得非常暴力的成人所導致的。非暴力必須要擴大，因為對成人來說不算暴力的行為，對兒童來說經常就是暴力。我們經常意識不到對兒童的暴力，因此我們必須研究我們自身。對於教育的準備是對自身的研究，對生命產生幫助的教師的準備，不僅僅是智慧的準備，更是性格和精神的準備。

兒童的敏感表現在不同的方面，但有很多是比較普遍的。在這個階段有一種是對衝擊的敏感。另外一種常見的特徵，是兒童對成人冷靜甚至冷酷地阻止其某些行為的敏感「你不可以這麼做！」、「還沒做好。」那些「有幸」請到這些訓練有素的護理師照料他們的孩子的人，應當特別注意這些護理師身上所具有的這種傾向，她們通常都有這種特質。這就是為什麼這種類型的障礙在貴族中出現得較為普遍，他們並不缺乏身體上的勇氣，但當他們講話時，他們就變得口吃、結巴。我想要強化下暴力的問題，必須要從兒童的角度去理解，我們必須清晰地理解我們的行為。

哪些對兒童來說是暴力的，我已經在我的一本書中舉了例子 [a]。有一名兒童，把他在戶外穿的一雙鞋子放在他床上漂亮的絲質被單上，我非常堅決地把鞋子拿下來，放到地板上，並用雙手用力地清理被單，表明這裡並不是放鞋子的地方。兩三個月之後，這名兒童不管什麼時候發現一雙鞋子，都會把鞋子換個位置，之後去找絲質的床單或坐墊清理。兒童給我過於激烈（暴力）的一課的反應，並不是粗魯的、叛逆的心靈。他並沒有說：「我就要把我的鞋子放在我喜歡的地方！」而是一種反常的發

展。兒童的反應通常都是非暴力的。我希望他不是如此,因為反抗總比走上錯誤的反常之路要好。發脾氣的兒童已經知道如何保護自己,之後有可能會正常發展,但如果大小改變了他的性格,這將影響他的一生。然而人們幾乎都沒有注意到這一點,他們只擔心兒童的壞脾氣!

另一個例子:我們在成人身上所發現的無謂的恐懼和「緊張」的習慣可以追蹤到兒童對暴力的敏感。有些無謂的恐懼是針對動物的,比如貓和母雞等;有些是對密閉空間的恐懼等等。任何理由和任何勸說都無法幫助這些經受恐懼的受害者。我曾經有一個來訪者,是一名義大利大學的教育學教授,她已經45歲了。有一天她來找我說:「你是一名醫生,也會理解我。每次我看到母雞都會非常害怕。我要盡全力才能不讓自己嚇得發抖。我從未告訴任何人,他們會嘲笑我。」或許,作為一個2歲半的小女孩,她去撫弄一隻毛茸茸的小雞,卻遇到了警覺的母雞突然煩躁不安地亂撲。這隻母雞所導致的害怕和驚嚇一直存在。這些不合理的恐懼被稱為恐懼症,有些很常見,也有特定的名稱,比如幽閉恐懼症(害怕關門,害怕密閉空間)。如果到醫學領域,我們可以看到更多的案例,我提到這些只是為了說明這個年齡層的兒童心理的形成。

我們的行為並不僅僅在可愛的或淘氣的兒童身上反應出來,同樣也可以在由兒童長大的成人身上反應出來。因此,我要再次重申,兒童生命的這個階段對他整個人生和人類都很重要。這項研究非常重要,但現在幾乎還沒有,我們很有必要走上這條探索的道路,對於兒童心理的探索非常重要,就像心理分析會探索成人的無意識一樣。這很困難,因為我們經常並不能理解他們的語言,或者,即便我們理解了,但我們也不理解他們所使用的詞語表達的含義。

有時候也有必要知道兒童餘生的情況;這是一種研究工作或一種偵

第十三章　障礙和後果

探性的工作。但這項研究工作非常有用，因為透過它為我們這個困難時期帶來了和平。我們需要一個翻譯者，能夠為兒童和他的語言做出解釋，這種解釋能夠幫助我們理解兒童的心理狀態。我自己正以這樣的覺悟在工作，並試圖成為兒童的翻譯者，我們能看到兒童是如何跑向他的翻譯者的，這很有趣，因為他們意識到這是能幫助他們的人。兒童的這種需求與那些被照料、被愛撫的兒童的愛是完全不同的。這個翻譯者對兒童來說是一個巨大的希望，能夠幫助他們開啟發現的大門，而這個世界卻是對他們緊閉這扇門的。這位幫助者被帶入了最親密的關係，一種比愛更重要的關係，因為他們不僅給予了安慰，還給予了幫助。

　　之前在我居住和工作的家庭裡，我通常起得很早，在這家人還沒起床之前就開始了工作。有一天，這戶人家不到1歲半的兒童在清晨很早的時間過來找我。我想他可能是餓了想吃東西，就起床了，所以我問：「你想要什麼？」他說：「我想要蟲子。」我有點震驚，問道：「蟲子？蟲子？」這個兒童意識到我並沒有理解，但極力想讓我理解，給了我一些幫助，他又說：「雞蛋。」我想：「他想要的肯定不是早餐，他到底想要的是什麼呢？」之後他又加了另一個詞「Nena，雞蛋，蟲子」。我腦中閃過一道光，記起來一件事（這就是為什麼我說你必須知道兒童生活的環境中所發生的事）──前一天，他的小姐姐 Nena 用彩色鉛筆畫畫，填充橢圓形的圖形。這個小傢伙想要彩色鉛筆畫畫，他的姐姐護著東西，並叫他走開。

　　現在（知道了兒童的想法），他並沒有反抗他的姐姐，一直等待他的機會，多麼有耐心和決心啊。我給他鉛筆和圖畫。兒童的臉上閃著光芒，但他不會畫「雞蛋」，因此我替他畫了出來。當我畫完橢圓，他用波浪線填滿了它。他的姐姐用的都是直線，但他認為他知道更好的畫法，所以他畫了波浪線，就是「蟲子」。他一直等，知道除了他的翻譯者，

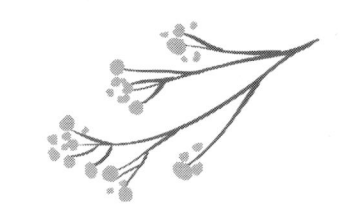

其他所有人都在睡覺，他便向他的翻譯者求助，因為他知道她會幫助他的。並不是發怒或暴力的反應，而是耐心，才是所有兒童在這個階段所具備的真正的特點，等待他們機會的耐心。暴力反應或發怒是一種憤怒狀態的表達，當他無法實現表達的時候才會出現。

　　語言的翻譯者能給我們光明，以理解兒童的心靈。從上面的例子中，我們可以看到幼兒盡力執行年長兒童所規定的行為。如果一個人介紹一項活動給3歲的兒童，1歲半的兒童也會想玩。他可能會被阻止做這個活動，但他會嘗試。我們房間裡有一個兒童想跟他3歲的姐姐一樣學跳舞，這個教師很想知道怎麼教這麼小的兒童跳芭蕾。我們說：「放心，你試試看，她學不學不重要，你都會拿到報酬。」得知我們正在做幫助兒童的工作，她同意嘗試。這個1歲半的兒童立刻說：「我也要學！」教師說：「幾乎不可能。」當我們說「試試看」，她說教1歲半的兒童跳芭蕾有損她做教師的尊嚴。我們建議她收起她的尊嚴，當她最終來到家中時，她是有點不高興的，將她的帽子就扔在沙發上，開始演奏進行曲。小傢伙立刻大發雷霆，尖叫著不肯動。教師說：「你看吧，這麼小的孩子沒辦法教。」但兒童並不是對跳舞感到痛苦，他是跟帽子爭論，怒氣沖沖地對著它講話。他並未使用帽子本身的名字，也沒用教師的名字，他只是使用兩個詞，一直不停地重複「帽架！大廳！」意思：「這帽子不能放在沙發上，要放在大廳的帽架上！」他已經忘記了跳舞和生命的樂趣，他有責任要先讓無序變成有序。

　　當帽子放回到帽架上時，他的憤怒消失了，也準備好跳舞了。此時對秩序的基本需求已經超過了其他所有。因此這項研究能夠讓我們深入兒童的心理，達到心理學家們都無法達到的高度。第一個例子中兒童的耐心和第二個例子中，對秩序的熱衷呈現出我們很難意識到並很難理解的影像。如果我們關注這些現象，再加上我前面提到的那個兒童，他聽

第十三章　障礙和後果

懂了整個對話，卻不同意故事的圓滿結局，我們看到，有一種完整的精神生活，一幅完整的心靈圖景，通常由於我們自己的盲目而對我們隱藏起來。

在這個年齡階段，兒童的每一次心靈發現都必須被告知，是為了幫助兒童適應他所身處的環境，而不是作為我們自己獲得的知識，比如梵語知識。我們必須一直都對生命提供幫助，即便這意味著我們要花很大的精力作為翻譯者。兒童的教師的任務非常重要。這屬於未來發展的科學，幫助心理發展和個性的成長。最重要的是我們必須實行這種教育，這樣兒童就可以避免那些使其不如其他人的缺陷。我們必須記住，至少我們必須意識到：

1. 在整個生命中，前兩年的教育很重要。
2. 兒童被賦予了看不見的巨大智慧。
3. 兒童有一種極端的敏感，在任何一種暴力下，這種敏感不僅會產生相應的反應，同時可能會導致他人格的缺陷。

《童年的祕密》(*The Secret of Childhood*)

第十四章　運動和整體的發展

　　以一個全新的觀點來看待運動是非常必要的。由於存在某些誤解，運動並未受到應有的重視，尤其是兒童的運動。很遺憾，在教育中，整個運動都是被忽視的，人們所關注的重點只是大腦。只有直到最近還處於劣勢地位的體育課才考慮到運動，儘管它與智力無關。

　　讓我們從複雜的角度考慮神經系統的組成。首先，我們擁有了大腦；其次，獲取影像的感官就需要將這些信息傳遞給大腦；再次，我們有神經。但神經的目標是什麼？它們去往哪裡？它們的目的是向肌肉（肉體）提供能量、運動。因此，這個複雜的器官包含了三個部分：①大腦（中樞）；②感官；③肌肉。運動是神經系統的目的和結果。沒有運動的話，我們壓根無法談論一個人。如果我們想到一個偉大的哲學家，他談到他的想法，或寫關於想法的文章，他必須要用到他的肌肉。如果肌肉對於他的沉思毫無用處，它們又有何用呢？事實上，如果沒有肌肉，他的想法根本沒辦法表達出來。

　　如果我們考慮動物，牠們的行為僅透過運動來表達，因此，如果我們考慮人類的行為，我們必須要考慮人類的運動。肌肉是神經系統的一部分。

　　整個神經系統將人類與他所處的環境建立連繫，這就是為什麼它也被稱作連繫的系統。它使人與無生命的世界和有生命的世界建立了連繫，因此也就與其他個體建立了連繫；如果沒有這個系統，個體與他所處的環境就無法建立連繫。

第十四章　運動和整體的發展

　　身體的其他有組織的系統就目標而言，是自私的，因為他們只服務於個體的身體本身，而不服務其他。他們僅保障一個人的生存，或者就像我們說的成長，因此它們被稱為保障生命吸收營養的系統或器官。因此，這就存在了差異。

　　營養系統僅僅幫助個體成長；神經系統幫助個體建立與他人的連繫，類似於某種外交部長。

　　營養系統幫助個體最大限度地享受舒適和純潔的身體和健康；因此我們會選擇去空氣涼爽的地方、好的酒店等。如果我們以類似的觀點看待神經系統，那就會犯錯，即便我們認為它只想留下最美的印象、純潔的思想，並不斷提高它們的水準。同樣，保持在這一領域的純淨是很美好的，但將神經系統的水準降低到僅僅是維持生命成長的水準，就大錯特錯了。如果我們堅持這種純粹的純潔，並提升個人的水準，那麼個體就會變成精神上的自私。這是一個人所能犯的最大的錯。動物的行為在運動方面並不僅僅是優美和優雅的，還有更深層的目的。同樣，人類的目的不僅僅是為了比他人更純潔、更美好。當然，人可以、也應當是美麗的，並且在最崇高的層次追求最美好的事物，但如果這是他唯一的目標，他的生命將變得無用。那麼這些大腦或肌肉的作用是什麼呢？

　　在這個世界上，沒有任何東西不是一個普遍經濟的組成部分；如果我們有精神上的豐富性，審美上的偉大性，那不是為了我們自己，而是為了精神上的、普遍經濟的一部分，並且必須在整個宇宙發揮作用。精神的力量是財富，但不是個人的財富；它們必須實現流通，讓其餘的人可以享用；它們必須被表達、使用，並以這種方式完成關係的循環。

　　如果我滿足於成為純潔的自己，以便我可以去天堂，我可能會死，我應當放下一些我生命中最重要的部分以及生命中最重要的目標。如果一個人相信轉世，可能會說「如果我現在活得好，下次我就會活得更

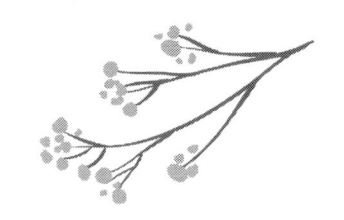

好」，這是自私的。這是將我們的精神降低到了生長的水準。我們總是想著我們自己，永遠都是我們自己。我們永遠都是以自我為中心的。另一種觀點不應當只是在生活實踐中被考慮到，在教育中也應當被考慮到。必須有功能的完整性。大自然賦予我們各種功能，因此，我們必須在實踐中使用它們。

讓我們來做個對比。我們有肺、胃、心臟，為了保障安全，這些器官需要正常發揮功能。為什麼神經系統不能使用相同的規則？我們的大腦、感官和運動的器官也都需要發揮功能，如果我們不能鍛鍊每一個器官，我們甚至都不能理解它們。即便我們想要提升自己，比如想要讓我們的大腦變得更好，我們也並不能做到如此，除非我們使用了所有部分。或許運動是完成這個循環的最後一部分。換句話說，我們可以透過行動實現精神的提升。這就是從運動的角度考慮，它是神經系統的一部分，不能被丟棄。這個神經系統雖然有三個部分，但它們是一個整體，為了變得更好，它需要作為一個整體進行鍛鍊。

現代有一個錯誤，是將運動與更高的功能分離看待。人們認為為了保持身體更加健康，需要經常鍛鍊肌肉。為了保持健康或作為娛樂，我們打網球。如果我們這麼做了，就可以深呼吸，多好的主意！或者我們出去散步，以確保更好地消化和睡眠。這種錯誤在教育中滲透著。從生理學上講，這就好像是一個偉大的王子，被用來服侍一個牧羊人。這位偉大的王子——肌肉系統——已經成為調節營養系統的槓桿。這是個巨大的錯誤。這導致了分離：物質生活在一邊，精神生活在另一邊。結論就是，既然孩子的身心都要發展，我們就必須包括體育鍛鍊、遊戲等。精神生活和物質生活有什麼關係？並沒有關係。然而，我們不能把自然組合在一起的兩樣東西分開。如果我們把物質生活和精神生活各放一邊，我們就打破了關係的循環，人類的行為就與大腦分離了。人的運

第十四章　運動和整體的發展

動是用來幫助更好地進食和呼吸，而真正的目的是使運動服務於整個生命和普遍的、精神的、經濟的世界。

人類的運動必須與大腦中樞協調，被放在正確的位置，這是基礎。心理和行為是同一個循環的兩個部分，而且，運動是更高層次的表達。否則，我們讓一個人鍛鍊了大量肌肉，卻沒有大腦的功能發揮，有些部分，比如斷了的骨頭、四肢就不再發揮作用了。人類之後就是類似植物人的生活，運動部分和大腦的連繫斷開了。大腦部分的自我運作與運動、肌肉分離。這不是獨立，而是為了斷開大自然運用她的智慧拼湊起來的東西。如果談到智力發展，人們會說：「運動？沒有必要運動；我們說的是心理成長！」當他們想到心理發展時，他們所能想到的是坐著不動，但是心理發展必須與運動建立連繫，並依賴於運動，這是必須引入教育理論和實踐的新的觀點。

直至今天，多數教育家仍然認為運動和肌肉是幫助呼吸和循環系統的，或者說，經常運動的話，是為了獲得更強的肌肉力量。這仍然只是體育教育的一部分。個體應該怎麼做呢？

一旦大腦被放置在相對中心的位置，我們的新觀點強調了運動作為大腦的輔助作用。心理發展甚至精神成長都可以、應當受到運動的幫助，沒有運動就沒有成長，也沒有健康（從心理角度來講）。這個基礎性的事實應當被充分考慮到。

可能我會被要求提供這些事實，但這些並不是觀點，甚至也不是個人經驗。無論何時我們觀察自然時，都會發現這些事實，這些觀察的準確性來自對兒童成長的觀察。透過觀察兒童，我們可以發現他的心理透過運動得以發展。比如，語言的發展，顯示了隨著肌肉的使用，兒童的理解能力也得到了提高。除了這個，透過科學的觀察，兒童身上其他的

例子,也顯示出兒童的智力透過運動得以發展。全世界的觀察都發現兒童的運動幫助了其心理發展,這種發展也透過更進一步的運動和行為呈現出來。因此,這是一個循環,因為心理和運動屬於同一個整體。感官同樣也產生幫助,如果沒有感官運動的機會,兒童的智力會下降,這就是為什麼兒童的發展測試對整個教育都帶來了巨大的幫助。

　　肌肉的活動由大腦控制,稱為隨意肌,這意味著他們是受個人意志的影響的,這種意志是心理的一種最重要的表達。沒有這種能量,精神生活就不存在。因此,既然隨意肌是依賴意志的肌肉,它們就是一種精神器官。

　　肌肉是身體的主要構成。如果將哺乳動物的肌肉去除,還剩下什麼呢?骨骼,骨頭,它們是什麼作用呢?支持肌肉,因此它們屬於這一個部分。將它們再拿走,還剩下什麼呢?幾乎沒有了,自然生長的主要部分都被取走了。如果我們看到一個人,並且感嘆他多麼好看,或者相反,我們所讚賞的部分是由附在骨頭上的肌肉所賦予的。所有被賦予內在骨骼的動物都歸功於隨意肌,當我們看到傲慢輕蔑的駱駝、優雅地行走的女士或玩耍的兒童時,我們看到的只是每一種動物的肌肉所賦予的形體。研究這些肌肉的形式和數量非常有趣,它們的數量是非常巨大的。學習醫學的人說,那些學生在記住它們之前要忘記幾次,並且後面仍然會忘記!有些小巧,有些笨重,有些短,有些長,它們有不同的功能。一個有趣的事實是,如果一塊肌肉朝一個方向發揮作用,總有另一塊肌肉朝相反的方向發揮作用,這種相反力量的發揮越有活力、越精細,由此產生的運動就越精細。一個人為了獲得更和諧的運動而進行的練習,是在對立中放置更多和諧的練習。所以重要的不是達成一致,而是達成一致的對立。

第十四章　運動和整體的發展

　　兒童或成人意識不到這種對立，但無論如何，這種方式的運動感都在發生。動物的完美運動是自然產生的。老虎的猛撲和松鼠的上下奔跑之所以優雅，是因為為了達到這種和諧，肌肉進行了大量的對抗，就像一個運轉良好的複雜機器，一個轉動著相反方向齒輪的手錶，當整個機器運轉順利時，我們就得到了正確的時間。因此運動的機制是非常複雜的，比人們想像得還要精細。在人類中，這種機制不是在出生之前就預先建立起來的，因此它必須在環境中透過實踐經驗創造出來。人體內的肌肉數量是如此之多，以至於它可以完成任何一種運動，所以我們不說運動的鍛鍊，而是說運動的協調。這種協調性不是被賦予的，它必須由心靈創造和實現。換句話說，兒童創造了他自己的動作，並且這樣做了之後，完善了它們。兒童在這項工作中有一個創造性的部分，然後透過一系列的鍛鍊實現了他所創造的發展。

　　人類的運動並不限定和固定，但人類又能夠控制這些運動，這很神奇。許多動物都有攀爬或奔跑的特性，這些都不是人類特有的動作，但人類也能做得很好。某些動物具有在地下挖洞的特殊技能，這不是人類的特性，但人類卻能比任何一種動物挖得更深。因此人類的特性是能夠做所有的運動，並且能夠比任何一種動物拓展得更深遠，能夠將一部分變成自己的。所以我們可以說，他的特點是普遍的多樣性，但有一個條件：他必須自己建構它們。他必需根據自己的意志去工作和創造，並為了達到目的而下意識地、自願地重複這些鍛鍊，所以人類征服了所有。

　　然而，事實是，沒有一個個體能夠征服所有的肌肉，但它們都在那裡。人類就像非常富裕的人，他如此富裕以至於只能使用他的一部分財富，日常，他選擇其中的某一部分。如果一個人是職業體操運動員，那他並不是被賦予了特殊的肌肉能力；舞者也不是天生就有適合跳舞的精緻肌肉；他或她都是透過意志來培養的。任何人，無論他想做什麼，他

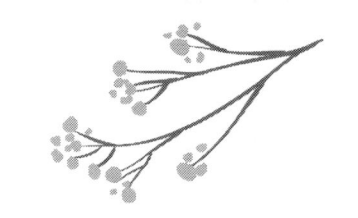

都被賦予了豐富的肌肉，他可以從中找到他需要的東西，他的精神可以指導和創造任何發展。沒有什麼是確定的，但只要一個人的精神能夠給予適當的引導，那麼一切皆有可能。

人類不會像動物那樣，同一類動物都做同樣標準化的事情。即便有些人做的是同樣的事，也是以不同的方式。我們都寫字，但每個人都有他自己的筆跡。每個人都有他自己的道路。

我們在個人的發展工作中看到運動，而個人的工作是為了表達他的精神生活——它是精神生活本身。人類體內擁有大量的運動，在中樞部分，比如在精神生活的指引下，運動得以發展。如果一個人並沒有發展他的所有的肌肉，只是發展了其中的一部分，那只是為了粗糙地工作。因此，人的精神生活是有限的，因為他的肌肉只能發展為粗糙的行動，而不是精細的行動。同時也會受到所能實現或選擇的工作類型的限制。那些不工作的人的精神生活處於巨大危險之中。我們可能會說，即便不是所有的肌肉都能參與運動，但低於一定數量的肌肉運動，對於精神生活來說都是危險的。如果使用中的肌肉數量並不充分，整個生命都會有弱點，這就是為什麼在教育中引入體操、遊戲等，太多的肌肉總是被擱置於一旁。

精神生活必須使用更多的肌肉，否則我們也要走普通教育的雙重道路，身心活動交替進行。使用這些肌肉的目的並不是學習特定的事物。現代的很多形式的教育，都是服務於特定社會生活的目的，比如一名兒童必須將字寫得很好，因為他要成為一名教師，而另一位想要當採煤工，因此他必須學好剷煤。這種狹隘的、直接的訓練並不能達到運動的真正目的。我們的目的是人類能夠發展出精神生活所必須的協調運動，以豐富精神生活的實踐和操作方面。否則，大腦的發展就脫離了運動所應該實現的發展，就不能實現它對運動的指導作用，只能給世界帶來革命和災難。運動

第十四章　運動和整體的發展

將自主工作，並不受到精神的引導，這將帶來毀滅。由於運動對於人類生活與環境、其他人的關係是如此必要，運動必須在這個層次上發展，服務於整體。在一個人的藝術或職業中，這不是第一份工作。

今天的原則和理念很多都指向自我完善、自我實現。如果我們理解運動的真正目的，這種自我中心便不復存在，必須拓展到更廣闊的空間。簡而言之，我們必須記住什麼可能會被稱作「運動的哲學」。運動將生命與無生命區分開來。然而，生命的運動並不是隨意的，它是有目的、有規律的。為了理解這一事實，讓我們想像一下，如果沒有運動，一切都是靜止的，世界將會是什麼樣。想像一下，如果所有的植物停止生長，所有植物內部的運動都停止，將會是什麼樣，世上將不再有水果、花朵。空氣中有毒氣體的比例將會提升，並帶來災難。如果所有的運動都停止，所有的鳥都停止在樹枝上，或者所有的昆蟲都停止在地面上，叢林中所有的野獸都停止捕食，或者所有的魚類都在海洋中停止游泳，世界將會變得多麼恐怖！

靜止不動是不可能的，如果運動停止，或者生物沒有目的地運動，世界就會變得一片混亂，自然賦予每種生物有用的目的。每個個體根據他自己固有的目的，都有他自己特色的運動。這個世界的創造是所有特定目的的活動之間的和諧協調。

想像一下如果沒有運動，社會中的人會變成什麼樣！人類的運動顯示了個性的智慧。想像一下如果所有人都停止活動，即使只有一週時間，會發生什麼。所有人都會死。工作和運動是一個問題，運動的問題是一個社會問題。這並不只是個體的體操運動的問題。如果全世界的、整個社會的人除了做一些身體的鍛鍊，其他什麼都不做，人類將會在短時間內死亡。所有的能量都將白白被消耗。

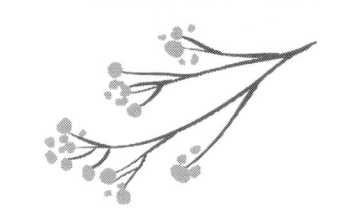

社會由許多複雜的個體組成，每個個體都遵循著他們自己的目的，與他人都不一樣。個體為了實現這一目的而活動。社會的基礎就是由有用的運動組成的。當我們提到「行為」——人類和動物的行為，我們是指他們的有目的的活動。這種行為是他們實際生活的中心，這裡所謂的實際生活並不僅限於在房子裡打掃環境、洗衣服等。當然，這很重要，但世界上的每一個人都應當朝著更偉大的目標活動，每個人都不應當只是為他自己工作，同時也要為他人工作。

　　奇怪的是，人類的工作一定也是為他人服務的工作。如果不是這樣，他的工作就和體操運動一樣，沒有其他意義。所有工作同時都是為他人的工作。跳舞可能是眾多個體運動中的一種，但即便是跳舞，如果沒有觀眾，沒有社會的或超越的目的，同樣變得毫無意義。那些極力追求動作完美的舞者遇到如此多的困難，同樣也是為他人跳舞。花費一生時間都在縫紉的裁縫，不可能會穿自己所做的所有的衣服。然而，裁縫就像體操運動員一樣，需要許多訓練有素的動作。

　　如果我們有一個宇宙計畫的願景，認同世界上的每一種生命形式都是基於有目的的運動，他們的目的不只是在於他們自己，我們將能夠更容易理解和指導兒童的工作。

第十四章　運動和整體的發展

第十五章　智力和手

　　研究運動發展的機制被認為非常重要，因為這是一個複雜的機器，每個部分都具有很大的價值。這就是為什麼兒童運動的研究受到了極大的關注，因為沒什麼隱藏的，所有的操作都可以透過外部表現觀察到，可以很清晰地遵循。

　　所有動物的四肢都是一起發展的，但是對於人類而言，上肢和下肢的發展並不一樣。這顯示出它們的功能是不一樣的，腿部的功能和上臂的功能很不相同。另一個事實是走路和平衡的發展在所有的人身上都是固定不變的，我們可以稱之為生物學上的事實。我們可以說，每個人出生後都會走路，幾乎所有人的腳部發展都是一致的，但我們無法預知一個人會怎樣使用他的雙手。我們不知道他的雙手可能從事哪項特殊活動，或者曾經從事什麼活動，手部的功能並不是固定的。因此談到手部和雙足的運動類型，它們的含義是不一樣的。

　　可以肯定，雙足的功能是生物學的，但仍然與大腦的內部發展相連繫。只有人類是靠雙足行走，而所有的哺乳動物都是靠四肢行走的。一旦人類掌握了雙足行走的藝術，他就只會持續用雙足行走，並持續保持這種直立平衡的困難狀態。這種平衡是很難實現的，這是一項真正的征服。這需要一個人將他的整個足部放置在地面上，儘管多數動物都是靠腳趾行走，因為用四肢行走時，很小的一部分力量就足夠了。用於行走的腳可以從物理學、生物學和解剖學的角度進行研究；它與所有這些都有連繫。

　　如果手的發展並非受生物學的指引，因為手的行為並非是固定的，那麼與之相連繫的究竟是什麼呢？如果不是與生物學、物理學相關，那

第十五章　智力和手

一定是與心理學有連繫。手的發展依賴於心理的發展，不僅是個體自我的心理發展，同時與不同時代精神生活的發展相關。我們發現，手部的發展與人類的智慧發展相關，並且，如果我們回顧歷史，會發現手部的發展與文明的發展也相連繫。我們可以說，人在思考的時候，是用手來思考和行動的。幾乎從人出現在地球上開始，就留下了用手製作工具的痕跡。在偉大的古代文明中，總有一些手工作品的標本。在印度，我們可以找到非常好的作品，它們幾乎不可被模仿，在古埃及也有非常精細的作品痕跡。如果文明是一種不那麼精緻的類型，那麼遺留下來的手工製品也是相對比較粗糙的類型。

因此，手的發展與智慧的發展幾乎同步。當然精細的手工需要智慧的注意和引導才能完成。在中世紀的歐洲，許多偉大的知識分子覺醒，他們撰寫了很多美好的作品，用文字傳達著新思想。即使是精神生命，似乎是離地球和地球上的事物如此遙遠，也受到了影響，因為我們可以在人們崇拜的廟宇中看到這種影響，只要有精神生命，就可以看到這樣的結果。

亞西西的聖方濟各（Franceso），他的精神也許是最簡單和最純潔的，他曾說過「你看到的這些山，是我們的教堂，我們必須從中尋找靈感」。然而，當他和他那些貧窮的弟兄們被要求建造一座教堂時，他們卻使用了便捷的粗糙的石頭。他們用這些石頭建造了教堂，這是為什麼？因為如果有一個自由的靈魂需要在某種工作中具體化，手就必須發揮作用。所有地方都可以看到人類手工勞作的痕跡，從這些痕跡中，我們可以讀出人類的精神以及他所處時代的思想。

如果我們討論基督教，可能很難展示出它的影響，但當我們看到城市到處都有教堂、有藝術品、有不同種類的漂亮布匹、有醫院、有教育

機構時，我們可以意識到它在精神上和文化上的影響。

如果我們回顧那些連骨頭都沒有留下的模糊過去，是什麼讓我們了解這些民族和他們的時代？是他們的藝術品。當我們審視這些史前時代，我們看到的是以力量為基礎的粗獷文明：雕像和藝術品都是由巨大的石塊砌成的，我們很好奇它們是如何到達那裡的。在其他地方，我們看到更精緻的藝術品，我們會說：「這是一個更精緻的種族。」我們是怎麼知道的呢？他們已全都不在了，所以不是他們的人告訴我們，而是他們的作品告訴我們的。

因此，我們可以看到，手跟隨了智慧、精神和情感，觸控了這一切，留下人類的痕跡。即便我們並未從心理學的角度去看，但我們仍然看到人類依靠雙手所帶來的環境的改變。真的，擁有智慧的目的幾乎和擁有雙手一樣，這將是很有意義的，因為如果人類的智慧僅僅是為了和別人交流而建立起他的口語，那麼當這一種族的人類離世，就不會留下任何東西。他們僅能透過呼吸表達他們的智慧。正是因為有了手，文明才得以建立起來。因此，我們可以很好地說，手是賦予人類巨大財富的器官。

因此，手與精神生活連繫在一起。事實上，那些關於手的研究顯示，有一種直覺傾向於認為人類的歷史是印在手上的，它是一種心靈器官。因此，關於兒童心理發展的研究，應當與手部發展的研究緊密相連。兒童清晰地呈現出他的發展與手緊密連繫，反映了他所處的心理階段。我們可以這樣表達：兒童如果不使用手，他的智慧將停留在某個特定的水準，使用手的情況下可以達到一個更高的水準，那些使用手的兒童也有更堅強的性格。

因此我們可以看到，即便是性格的發展，看起來完全是心理領域

第十五章　智力和手

的，如果沒有機會在環境中使用手進行練習，同樣也只能處於較低的發展水準。兒童已經向我們清晰地呈現出，如果他不能在他所處的環境中使用手，他的性格就始終處於一個較低的水準，不能服從、不會主動，懶惰、憂傷，而能夠使用雙手工作的兒童，顯示出性格的不斷發展性，趨於堅定。這讓我們想起了埃及文明中一個有趣的現象，當時手工工作無處不在，無論是在藝術、建築還是宗教領域；如果我們讀到當時墓葬上的銘文，稱讚墓主人是一個有個性的人，那是最高的讚美。對他們來說，個性的發展是非常重要的，而他們是靠雙手完成偉大事業的人。這更進一步說明了，手部的活動遵循了歷史上個性和文明的發展。這顯示了手與個性是如何連繫在一起的。如果我們再研究一下所有這些人是如何行走的，當然，我們會發現，他們都是靠兩條腿站立、平衡、行走。可能他們跳舞、跑步有一點不一樣，但他們平時走路都是用兩條腿。

　　因此，我們可以清晰地發現，運動的發展具有兩方面功能：一方面是生物功能；另一方面，雖然使用的是肌肉，但仍然與內在生命相關。如果我們研究兒童就會發現有兩方面的發展：手部的發展，以及平衡和行走的發展。此時當兒童想要搬運較重的東西時，他的雙腿必須提供幫助，否則這之間就沒有連繫。雙足可以行走，可以將他帶到地球上的任意地方，他可以到那些地方用雙手進行工作。一個人不停地行走，他的足跡逐漸覆蓋了地球的表面，在不停地行走中他存在並死去，但他透過雙手做的工作，留下了他存在的痕跡。

　　當我們研究語言時，我們會發現語言與聽力是連繫在一起的，而在運動的發展過程中，我們發現語言和視覺是連繫在一起的；首先，因為我們必須透過眼睛觀察在哪裡放置我們的雙足，當我們用雙手工作時，我們必須觀察我我們在做什麼。這兩種感覺與發展連繫緊密：聽力和視力。兒童發展的是對環境的觀察，因為他必須知道他要活動的環境是怎

樣的。這種觀察在他可以活動前就進行了，之後他將自己安置在裡面；因此，在環境中的定位和運動都與心理發展有關。這就是為什麼新生兒最初不能活動，當他活動時，他遵循著心理的引導。

運動最初的發展是抓握的發展，一旦手抓住某樣東西，意識就會注意到能夠這樣做的手。抓握一開始是無意識的，之後是有意識的。手能夠喚起意識的注意，而雙足卻無法實現。當意識關注到這一事實時，理解就發展了，由此，一開始是本能的抓握變成了主動的抓握，6個月的兒童就展示了這方面的發展。到10個月大的時候，對環境的觀察喚起了兒童的興趣，他想要抓住某樣東西；有意的理解伴隨著欲望，單純的理解停止了。在這之後，就開始了手的鍛鍊，他想要改變物體的位置。對環境進行觀察之後，就有了需求，手就開始在環境中做些什麼。1歲之前，兒童運用雙手可以做出許多行為，可以做出不同類型的工作。他開關門、開關抽屜，將塞子塞進瓶子裡，把東西放在一邊，然後再放回去等等，透過這些鍛鍊，兒童掌握了技能。

在雙足上發生了什麼呢？不管是智慧還是意識都沒有被喚起。然而有一些卻是自動發生的：小腦迅速發展，主導平衡。就好像鈴聲響了，讓內部身體趕緊起來，獲得平衡。環境與此無關，小腦發出指令，兒童透過努力和幫助坐起來，之後又能自己站起來。心理學家們說，人類經過四個階段站起來。幼兒翻過身，開始用四肢爬行，如果當他開始爬行的階段，你給他兩個手指，他會讓腳一個一個地逐步向前，但用的是腳趾。在這之前，即便有了兩個手指的幫助，他還是不會走路，不是環境，而是小腦還沒準備好。

最終兒童能夠自己站立，他依靠自己的雙足站立在地面上，他能夠達到一個人正常的直立位置，並能夠透過抓握些東西（媽媽的裙子）行走。不久之後，他可以獨立行走。此時會有一個這樣的趨勢「再見，我

第十五章　智力和手

有自己的雙腿,我要走了!」另一個獨立的階段實現了,因為獨立的獲得是能夠自己做些事情。這些發展步驟的哲學告訴我們,人類的發展和獨立都是透過努力獲得的,能夠沒有他人的幫助自己就做到獨立,這並不舒服。如果兒童能夠獨立,那麼他們的進步會非常快;如果沒有它,進展會非常緩慢。因此,如果我們能記住這一點,我們就會知道如何對待兒童,這是一個有用的指引。我們總被教育不要幫助他,然而我們總是想要幫助他。已經學會自己走路的兒童應當自己走路,因為所有的發展都是透過鍛鍊得以強化,所有獲得的技能都是透過鍛鍊得以穩固。就像我經常看到的,3歲的兒童還被抱著,他的發展並未得到幫助,而是受到了阻礙。兒童已經獲得了獨立,成人卻繼續幫助的,成為兒童發展的障礙。因此,我們不應當再抱著孩子,而是鼓勵他自己行走,如果他想要雙手工作,我們應當給他智力活動的動力,兒童的行為能夠獲得更多的獨立。

人們已經注意到兒童1歲半時,手和腳的發育有一個非常重要和明顯的因素,那就是力量。兒童已經掌握了敏捷和能力,現在是一個強壯的人。他的第一個衝動就是用他最大的力量做些事,不僅僅是鍛鍊,而是要用最大的努力(與成人不同)。這是大自然帶給我們的,它似乎在告誡我們:「你有行動的可能性和敏捷性,現在要變得強壯,否則就毫無用處。」現在雙手和平衡的連繫發生了。我們看到了什麼呢?兒童不僅僅喜歡行走,還喜歡走得遠遠的,拿著重重的東西。

人類不僅僅需要走路,還要負重。已經學會抓握的手需要透過負重和拿東西鍛鍊。因此,我們可以看到1歲半的兒童拿著一大壺水,適應著他的平衡、緩慢地行走。也存在著打破和克服萬有引力定律的趨勢。已經學會走路了,為什麼不能滿足於走路?不!他要爬,並且需要用手抓住一些東西,將自己拉上去。此時兒童不再只是想要抓握,而是想要

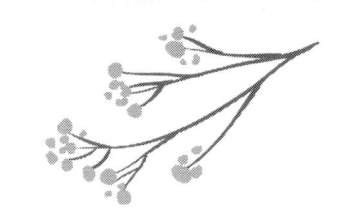

抓著東西向上。這是力量的鍛鍊，是持續整個階段的力量的鍛鍊。之後是什麼呢？這個已經會行走的兒童，有了力量，看到了他周圍人的行為，想要去模仿他們。對他來說，大自然的第一個任務就是吸收，吸收他這個階段的人的行為。因此有一個模仿的階段，兒童會模仿他周圍的行為，不是有人告訴他這麼做，而是受他的內部驅動，只有當兒童可以自由行動時，我們可以看到這種模仿。我們可以看到自然的邏輯。

1. 讓他直立站立。
2. 讓他四處行走，獲得力量。
3. 讓他學會周圍人的行為。

在行動之前有一個準備階段。首先，他自己以及相應的設備必須準備好，之後他要變得強壯，再看看其他人，開始做些事情。當他這樣做的時候，大自然也告訴他透過一些體育運動做準備，比如爬椅子、爬臺階。其次當他想要自己做一些事的時候就來到了下一階段。「我已經準備好了，現在我想要自由，**謝謝你**！」尚未有心理學家對兒童想要成為偉大的行走者，想要走很遠的路，進行充分的思考。通常，我們抱著他，或把他放在嬰兒車裡，可憐的孩子就只能在想像中行走了。

他不會走，我們抱著他；他不會工作，我們幫他做 —— 在生命的最初階段，我們就給了他一種自卑情結。

第十五章　智力和手

第十六章　發展和模仿

在上一章中，我們提到了1歲半的兒童，這個年齡是興趣的中心，並被認為是教育中最重要的階段。這個階段看起來如此重要，這可能很奇怪，但我們必須記住這是上肢和下肢協調準備的時機。而且，如果我們考慮到那個時期的兒童正處在他成年的前夕，兩年之後，他在語言爆發中達到了一個完滿的點，這似乎是很自然的。在這一事件的前夕，1歲半的時候，他已經在努力表達他的內心。這是一個努力的階段，也是一個建構的階段。

一旦發現了重要的東西，所有人會立刻開始工作。人類是寬宏大量的，但卻是無知的，所以當他們學某樣東西時，往往會專注其中，投入非常多的熱情，在這個事例中也是如此。哲學家、心理學家、社會學家以及其他人都將他們的注意力集中到了1歲半到2歲之間的兒童身上。

這是一個發展的重要階段，需要有特殊的照料，從而不會破壞生命的成長趨勢。如果大自然給予我們清晰的指示，那就是這個階段需要最大限度地努力，而我們必須支持這種努力。這是一種較為籠統的表述，但是觀察者提供了更加精確的細節。他們說，在這個時期，兒童開始表現出模仿的本能。這本身並不是一個新的發現，因為人們一直都在說兒童模仿，但到目前為止，這只是一種膚淺的表述。現在人們意識到兒童在模仿之前必須理解，這是具有邏輯的，但以前人們並不知道，以前的觀點認為我們只需要行動，兒童就會模仿，成人就幾乎不再有責任了。

當然，我們也被要求做好的榜樣。這就強調了所有成人的重要性，尤其是教師。如果想要成為好人，他們必須做好的示範。母親尤其包含

第十六章　發展和模仿

在內。這讓人感覺兒童有壞的榜樣就會變壞。因此，成人會為了重視孩子，他必須做一個好的榜樣，而真正的責任卻落在了孩子周圍的領導者身上，如果他們沒有從慷慨的成人所提供的良好榜樣中獲益，那就是他們的錯。結果就是到處都會有不快，因為儘管成人應當成為完美的榜樣，但他們遠遠不會是完美的。我們常想要完美的人類，並認為透過模仿我們，就能成為完美的人類，但我們自身就是不完美的，這真讓人困惑！大自然的推理方式與我們不同，它是用另一種方式推理，並不為成人的完美而煩惱。重要的是為了模仿，兒童需要準備好。而真正重要的是這種準備，這依賴於兒童自身的努力。榜樣提供了模仿的動力，而不是目標。發展的是為模仿所做的努力，而不是達到榜樣的樣子。事實上，兒童一旦開始這方面的努力，往往在完美和精確度方面都會超越榜樣，這是一種激勵。

有些人這麼想：「如果想要讓我的孩子成為鋼琴家，那麼我首先（或者教師）成為鋼琴家，兒童就會模仿了。」但事實並不是這麼簡單的。我們許多人都知道，兒童必須準備好他的雙手，以獲得必要的靈活性，使他可以在鋼琴上做任何事情。然而，我們在高等級的事物上也遵循這種簡單的推理。我們講關於英雄、聖人的故事給兒童聽，認為兒童會模仿。這並不是如此簡單，他的精神必須準備好。

一個人並不會透過模仿變得偉大。榜樣可能會激發動力和興趣，模仿的本能會激發努力，但即便這樣，一個人也要做好準備才能去實現。在教育中，大自然已經呈現出來了，沒有準備好，任何模仿都是不可能的。努力的目標並不是模仿，是讓自己創造成有實現模仿可能的狀態，可以將自己變成想要成為的樣子。因此要強調間接的準備在所有事物中的價值。大自然不僅僅提供了模仿的力量，同時能夠讓一個人成為榜樣所呈現的樣子。如果我們教育者相信可以幫助生命，我們必須意識到什

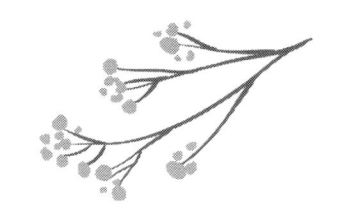

麼是我們必須去幫助的。

如果一個人觀察這個年齡的兒童，將會發現兒童會做一些特定的活動。對我們來說，它們看起來很荒唐，但沒關係。兒童必須要完成它們。人們有強烈的欲望去實現某些事情，如果這種欲望的循環被打破，結果就是偏離和缺乏目標。如今這種能夠將行動的循環完成的可能性被認為很重要，就像間接的準備很重要一樣，這就是一種間接的準備。即便是整個生命歷程，我們都是間接地為未來做準備。

那些在世上已經做出一些成就的人，通常在成功之前有一個階段都是在做準備；雖然可能和最後的工作不在一條線上，但需要在其他線上先做充分的努力，做好精神的準備，這種努力必須充分展開，這個循環必須完成。因此，如果我們看到了兒童的任何具有智慧的行為，即便對我們來說，看起來很荒唐，或者並未遵循我們的期待（當然只要不會危及生命和四肢），我們也不要去干預，因為兒童必須完成他行動的循環。這個年齡的兒童呈現出實施這一行動循環的許多有趣的形式；有人會看到不到2歲的兒童拿著遠超他的力量的大大的重物，並沒有特別的原因。

在我一個朋友的家裡，有許多重的腳凳，有個1歲半的兒童花了巨大的力氣，將所有這些腳凳從房間的一角搬到另一角。孩子們會幫忙擺桌子，把大塊的麵包放在面前，抱著麵包他們甚至都看不到自己的腳。但他們會持續做這些行為，將東西搬到這又搬到那，直到他們累了。成人的反應通常是同情孩子所付出的努力，他們過去幫忙，並幫助兒童把重物拿走，但心理學家們認為這種所謂的「幫助」，其實阻礙了兒童所選擇的行為的循環，對他的年齡來說，這是一種巨大的壓抑。許多「困難」兒童的偏離都可以追溯到這個行動的循環被打破的階段。

另一個努力是爬臺階，對我們來說爬上一個困難的臺階就是目標，

第十六章　發展和模仿

但對兒童來說並不是如此。他並不滿足於爬完臺階，他需要返回到起點，完成整個循環，他們還會反覆做很多次。我們在兒童遊樂場所看到的木質的、混凝土所做的滑梯，為兒童這些活動提供了機會，對兒童而言，重要的並不是滑下來，重要的是爬上去的喜悅，努力的喜悅。

要找到不打岔的人是如此困難，以至於所有的心理學家都要求可以為兒童提供不間斷地工作的地方，因此一所面向兒童的學校非常重要，而最重要的就是那些面向1歲半兒童的學校。在這些學校裡，準備了所有種類的事物：建在樹上的小房子，有樓梯可以爬上爬下。這個小房子並不是為了居住或休息，只是為兒童提供了一個可以向上或向下爬的點：努力是目的，但房子提供了樂趣的中心。

根據我們自己的素材，我們注意到：如果兒童想搬東西，他總是選擇棕色樓梯或圓柱積木，因為它們很重。同樣的，在兒童身上很明顯的攀爬本能，僅僅是把自己向上拉的一種努力，他會在環境中尋找困難的東西來攀爬，比如椅子。但爬樓梯卻是一種極大的樂趣，因為兒童有向上爬的傾向。我曾經看到一名兒童從一棟房子的一層爬到另一層，臺階很陡，有兒童半人高，他只能用雙手支撐著爬上去，再使出渾身的力氣將雙腿繞上去，但他持續不停地爬到了頂端，45步。然後他回頭看了看自己取得了什麼成就，失去了平衡，頭朝下摔下了樓梯，幸好地上鋪了厚厚的地毯，當他走到最後一個臺階，又走到最底端的時候，他面朝房間裡。我們以為他會哭，但他卻笑了，好像在說：爬上去真艱難，下來真容易，這就是我想要的！

有時這些努力是注意力和動作的良好協調的努力，而不僅僅是力量的努力。我認識的一名1歲半的兒童，可以在房間裡自由行走，他來到了一個有12塊大餐巾的儲藏室，這些餐巾已經上漿熨好了，等著收拾。

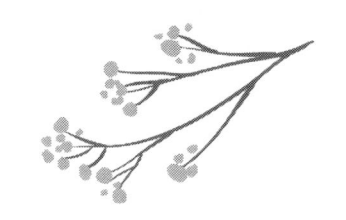

這名兒童雙手捧起最上面的那塊，高興地看到它從那堆餐中上面掉下來。他沿著走廊把它放在最遠角落的地板上。做完之後，他又折回來拿另一塊，放到了同樣的位置，12塊餐巾，他重複做著同樣的事，每次拿一塊，嘴上說著「一個」。把它們都放到角落之後，從我們的角度看，這項工作已經完成了，但是並沒有！當最後一塊放到角落之後，他又從那裡開始，將所有的餐巾以同樣的方式拿了回來，同時說著「一個」，每次都把它們放在他進來看到它們的地方。兒童在整個過程中所表現出來的專注和緊張的神情令人驚奇，當他終於離開去處理他自己的事情時，他臉上露出了愉快的表情。

這些行動循環的事例在他們自身並沒有外在的目的，但是這個兒童正在做的練習，可以讓他自己的動作很好地協調起來，他還做了些什麼呢？他自己準備好可以模仿的一些事。在這些練習中肯定有一個目的，但這個目的並不是真正的目標；他們遵從內心的驅動。當他自己準備好時，就可以模仿了，環境提供了靈感。當他看到地板上的灰塵或麵包的製作已經完成時，他就會有靈感去做同樣的事情。

行走和探索

讓我們來看看2歲的兒童對行走的需求，這方面內容是多數心理學家沒有考慮到的。兒童表現出行走的傾向是很自然的，他是在為成人做準備，人類所有的基本能力都在建構中。2歲的兒童可以走一英里或兩英里，如果他想要攀爬，也能做得更好。在行走中困難的地方是那些興趣點，我們必須意識到對兒童來說行走意味著什麼；這和我們的觀點是不一樣的。我們認為他不能走遠，是因為我們希望他按照我們的速度行

第十六章　發展和模仿

走,這就像我們把自己拴在一匹馬上,當我們累了要跟上牠的時候,牠會說「沒關係,到我後背上來吧,我們一起到那裡去」。而兒童並不想「到那裡」,他想要行走,但他的腿和我們的不成比例,和他自己的身體也不成比例,因此我們不應該讓兒童跟隨我們,應該是我們跟隨兒童,「跟著孩子走」的必要性在這裡得到了明確的展現,但我們必須記住,這是所有領域,所有兒童教育的準則。

兒童有他自己的成長規律,如果我們想要幫助他成長,我們必須跟隨他,而不是將我們自己強加在他身上。兒童在行走中使用雙腿的同時也在使用他的眼睛,是環境中有趣的事情讓他走下去。他行走的過程中,看到了一隻小羊在吃東西,他很感興趣,就坐在小羊旁邊看;之後他起身繼續走,他看到了一朵花,就坐在花的旁邊聞了聞;之後他看到了一棵樹,他走上前,繞著這棵樹轉,四圈或五圈之後坐下來看它。以這種方式,他走了幾英里,他們的行走中充滿了休息的時間,同時又充滿了有趣的信息。如果路上有像巨石一樣困難的東西,那也是他幸福的高度。水是另一個具有吸引力的東西,有時他會開心地坐下來,說「水」,而你所能看到的只是細小的水流,一滴一滴地往下流。因此,兒童概念中的行走,和照顧他的護理師的概念是不一樣的,護理師只想盡快地到達某個點,她將兒童帶到公園行走,或者放在嬰兒車裡所謂的「透氣」,卻把罩子放下來,兒童幾乎看不到什麼東西。

兒童的習慣就像地球上原始部落的習慣一樣。他們不會說「我們去巴黎」,因為他們的認知中,巴黎並不存在,他們也不會說「我們坐火車去……」,他們的認知也不存在火車。因此他們的興趣就是行走,直到他們發現有趣的、吸引他們的東西,一個可以提供木材的森林,一個可以播種莊稼的地方等等,這就是兒童前進的方式,這是一種自然的方式,在環境中移動的本能,從一種具有吸引力的事物到另一種具有吸引力的

事物，形成了自然本身和教育的一部分。

　　教育應當將行走的人看作探險家，這是童子軍的原則，現在已經得到了從教育中解脫出來的放鬆，但這應當是教育的一部分，並且在生活中更早的時候就開始了。所有兒童都應該以這樣的方式行走，受到吸引力的引導；教育也可以透過這種方式幫助兒童，在學校裡準備這些給兒童，比如，介紹給兒童不同樹葉的顏色、形狀、結構，昆蟲和其他動物的習慣等。當兒童外出時，所有這些都可以為他們提供樂趣，他學習得越多，走得就越多。他應該探索，這意味著要受到我們必須給予的知識、興趣的引導，富有智慧的興趣引導人行走並四處走動。

　　行走是一種完全的鍛鍊，並不需要額外的體育運動，他能夠更好地呼吸、消化，並擁有我們對運動所需求的所有的點。透過行走，身材更好，如果你發現有趣的東西想要去撿起來並分類，或要挖一個洞，或要揀些樹枝生火，這些伴隨著走路的行為既拉伸了手臂，又彎曲了身體，你的整體都得到了鍛鍊。當一個人研究得越多，就會有更多的興趣呼喚他，他的知識、興趣增加了他的身體活動。如果兒童能夠跟隨這些興趣，他會發現他從不知道的東西，他的知識、興趣也增長了。教育的路徑需要跟隨進化的路徑；四處行走可以讓人看到更多的東西，因此兒童的生命應當不斷得到拓展。

　　這必須成為教育的一部分，特別是今天，人們不走路，都是坐車，有癱瘓和懶惰的傾向。將生命分成兩半，透過運動活動四肢，透過讀書運動頭部，這是不好的；生命必須是一個整體，尤其是早期階段，兒童必須跟隨發展的計畫和規律建構他自己。

155

第十六章　發展和模仿

第十七章　從無意識創造到有意識工作

我們一直在研究兒童發展的一部分，並將其與胚胎部分進行比較，這種類型的發展一直持續到3歲，它充滿了事件，因為這是一個創造性的時期。然而，儘管這是一個發生最多事件的時期，它仍然可能被稱為生命中被遺忘的時期。就好像大自然做了一個分割線，在這一半什麼事都記不住，在另一半，記憶開始了。被遺忘的時期是生命中的心理胚胎期，可以比作出生前沒有任何人記得的生理胚胎期。

在這個心理胚胎期，有許多各自獨立的發展，比如語言、手臂的運動、雙腿的運動等，也有一些感官的發展，就像眼睛的發展，這些並不需要肌肉。就像最初的生理胚胎期，器官逐個形成，各自獨立，同樣在這個心理胚胎期，各項功能也是獨立發展，我們也什麼都不記得，這是因為人格還未形成整體，所有事物都在發展，一個接著一個，還沒有統一，這些可以在完整的整體中出現。

達到3歲時，彷彿生命又重新開始了，因為那時意識的生命就開始了，完整而清晰。這兩個階段——無意識的心理胚胎期，和之後意識發展起來的時期，就好像被一個非常清晰的分割線分離了。意識的記憶功能在前一階段並沒有發展，只有當意識出現後，人格完整了，才出現了記憶。

從心理學角度講，3歲前是建構和創造的階段（就像出生前的生理胚胎期），3歲之後這些創造好的功能得到發展。這條邊界線被比作希臘神話中的遺忘之河。當然，要記住3歲以前發生了什麼是很困難的，2歲以前就更困難了。精神分析學試圖用各種方法，把個體的意識帶回它自己

第十七章　從無意識創造到有意識工作

的歷史，帶到最初階段，但是沒有一個個體能正常而可靠地記住比 3 歲更早的時間。這很神奇，因為在前一個階段，所有事物從無到有被創造出來，而完成這些的個體卻無法回憶出任何相關信息，甚至連創造的產物本身，這個成人也都沒有相關的記憶。

這個潛意識和無意識的創造物 —— 被遺忘的兒童 —— 似乎從人的記憶中被抹掉，這個 3 歲來到我們身邊的兒童似乎是一個很難以理解的個體。我們與他之間的溝通好像被大自然奪走了，所以我們要麼去了解這個階段本身，要麼就要去理解自然本身。

如果我們不考慮發展的自然法則，如果兒童採取了一種背離其早期階段的生活方式，成人就必須了解之前的生命，否則成人可能會有破壞自然原本造就的生活的危險。如果這樣發展，人類因為社會的發展或文明的方式，而放棄生命的自然路徑，或將面臨巨大的危險，因為天然的供給被取走了。文明的發展對人類僅僅是生理的保護，並沒有保護到人類的心理部分，兒童覺得他自己就像在監獄裡一樣。如果文明沒有被給予關於精神發展的自然規律的必要光線，兒童很可能生活在一個充滿正常表達障礙的環境中。必須記住的是，在這段時間裡，兒童完全是由成人照顧的，因為他還不能養活自己，我們成人如果不是受到自然或科學的智慧的啟迪，將會給兒童的生命帶來最大的阻礙。

在這一階段之後，兒童已經獲得了某些特殊的能力，這些能力使他能夠為自己辯護，因為他可以為自己說話。如果他感到大人的壓迫，他可以逃跑或發脾氣。然而，兒童的目的不是保護自己，而是征服環境，並在環境中獲得發展。在這個後期階段，他必須透過在環境中鍛鍊來發展，但是他到底必須發展什麼呢？是他在前一時期所創造的。所以從 3 歲到 6 歲這段時間，是一個有意識建構的時期，兒童有意識地從環境中

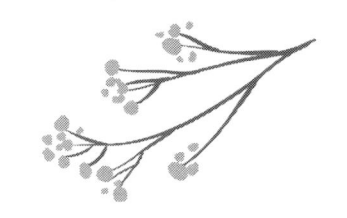

吸收，他已經忘記了3歲前的事情和事件，但是，利用他當時創造的能力，他現在可以記得了。他所創造的力量是由兒童在環境中有意識地的體驗帶來的。

這些體驗不僅僅是遊戲，也不是偶然的，它們是由工作有意識地帶來的。例如，手在智慧的指引下做著某種工作。如果在第一階段，兒童是一種沉思的精神存在，以明顯的被動狀態觀察環境，然後從環境中獲取他建構所需的東西，也就是說，在第二階段，他就會跟隨他自己的意願，建構他存在的元素。最初就好像是外在的壓力引導他，現在是兒童內在的自我引導他，顯示了手部的活動。這就好像這個以前透過他無意識的智慧接受著這個世界，現在他用他自己的雙手掌握了這個世界。因此有了另一種發展：完善之前的所得。比如語言的發展會自發地持續到4歲半，但我們已經看到，在2歲半的時候，語言的所有細節都已經完成了。現在他獲得了充實和完美。

然而，雖然這是一個完美的時期，兒童仍然保留了胚胎的能力，吸收心靈而不疲勞。心靈的吸收一直在持續，但現在他的手和他的經驗幫助他進一步發展和豐富他的所獲。雙手成為智慧的直接理解器官，因此兒童之前只能吸收世界，現在僅僅透過走出去，就可以發展他的智慧，他現在需要透過手的工作進一步發展，心理的發展也是如此。他的生存不僅僅因為他有生命，同樣還需要學會表達他工作的環境。如果我們觀察一位處於這個年齡的兒童，就會發現他樂於使用他的雙手不停地工作，令他非常開心，這被稱作「遊戲的幸福時代」！成人都注意到了這一點，儘管到最近才有相關的科學研究。

在歐洲和美國，文明發展的趨勢已經將人類遠離自然，社會為兒童的活動提供了眾多的玩具，但兒童僅僅被給予眾多無用的玩具，而不是

第十七章　從無意識創造到有意識工作

創造智慧的方法。在這個年齡，他有想要觸控所有東西的趨勢，成人會允許他觸控一些東西，其他東西禁止。他們能夠真正讓兒童觸控的只有沙子，全世界的兒童都可以玩沙子。在沒有沙子的地方，富有同情心的人會把沙子帶給富家子弟。如果沒有沙子或者只有一點點，可以用水，但不會太多，因為兒童會弄溼，水和沙子都會弄髒，大人還要清洗。

玩具和現實

當兒童玩膩了沙子，就會得到大人所使用的東西的模擬玩具：玩具廚房、玩具房子、玩具鋼琴等，但這些東西的形式對兒童來說毫無用處。成人說「兒童想要它們，他們看到我們工作，所以他們想要做相同的事」。但他們給兒童工作的東西是毫無用處的，模擬水果是石頭水果，兒童並不能去準備果盤或吃它們，這是無稽之談。兒童是孤獨的，所以大人給了兒童像人類的玩具——洋娃娃。這些洋娃娃比爸爸和媽媽更真實，它們可以有各式各樣的禮物，如衣服、珠寶等等。我們知道兒童到4歲半的時候，語言已經完善了，但此時他能夠自由對話的卻只有他的玩偶，而玩偶卻不能回答他。

在西方，玩具變得如此重要，以至於人們認為玩具可以幫助智慧的發展。當然有比沒有要好，但如果我們觀察兒童，就會發現他總是會要新玩具，他會破壞玩具，變得緊張，會有抱怨。那些研究兒童表面的人會說，他破壞玩具，看起來是從破壞和毀壞事物中獲得快感。但這是一種人為培養出來的性格，是由於環境剝奪了兒童應有的東西，他甚至不能安靜地與玩具待在一起，或者不能待幾分鐘。護理師會將玩具放在嬰兒車裡，帶兒童出去的時候會帶著它們一起，當他們到達公園的時候，

兒童對這些玩具通常並不感興趣，他們經常會不高興地看一眼這些玩具，就把它們推到了地上。那些研究現象而不研究起因的心理學家們會說，兒童有破壞的本能，他們會從另一些表面的觀察發現，兒童並不能將注意力集中在這些玩具上。這兩種對兒童的批評都是正確的，但都是表面的，對這些行為的起因他們並沒有研究。真正的問題是兒童對這些事物並不感興趣，它們都不具有真實性。

正是大人的誤解導致了兒童在這種生活中缺乏關注；這些無用的生活，是模擬、虛假的生活而不是真正的生活。兒童並不能鍛鍊自然所給予他的能量，從而完善他自己，長此以往他們的能量被浪費了，甚至比浪費還糟糕。因此，這就導致了兒童不能正常的發展，他在充滿玩具的環境裡待得越久，他越難適應真正的環境，而他的性格也逐漸扭曲。此時此地，他在認真而有意識地試圖透過模仿他的長輩們來完善自己。他的意識是在生活的經歷中發展起來的，如果這些是他所不能被滿足的，他當然是畸形的。

在那些並不發達的國家，這些玩具文明還沒拓展開，你會發現這些兒童與西方國家的兒童很不一樣。他們會更冷靜、健康、熱情。他們會從自己身邊所看到的活動中受到激發。他們都是普通人，會使用成人所使用的工具。當母親盥洗或做麵包或做糕餅時，兒童也跟著做，只要有合適的東西。這就像模仿，但這是智慧的、有選擇的模仿，兒童能在他周圍的人身上找到真正的靈感；他正在為他所生活的環境做準備。

在早期發展中明顯有兩個階段。

第一個階段：0至3歲，兒童吸收環境。

第二個階段：3至6歲，兒童透過雙手的工作了解環境。

這一事實毋庸置疑，兒童做事情必須有自己的目的。就像最近在西

第十七章　從無意識創造到有意識工作

方，玩具是按照孩子的比例製作的，這樣他就能像成人一樣活躍，兒童就會改變他的性格，變得平靜、安詳和專心。這顯示出兒童幾乎不是為了玩，但是智力上是活躍的。然而，這些活動的開展是為了滿足兒童的心理需求，而不是滿足環境的需求，這種活動從表面上是為了滿足模仿的本能，事實上不止這些。有人發現兒童並不會使用那些不常在他環境中出現的東西。為什麼呢？因為兒童的工作是為了建構適應他自己環境的個體。

一旦這被理解了，我們就不會說讓孩子玩沙子，也不會說模仿是兒童性格建構的必要，就好像把兒童當作猴子看待。這種模仿只是一種學習環境中的東西的手段，而大自然希望兒童在實現特殊事物的過程中獲得快樂。

如今的新趨勢不是給兒童玩具，而是為他們提供一個充滿事物的環境，在這個環境中，他們可以像他們種族和社區的成人一樣做同樣的事情。為了滿足活動的動機，我們為兒童提供與他們的力量和身體成比例的物體；因為我們通常在家或在土地上工作，所以兒童有自己的家和自己的土地是很有必要的。不僅要為兒童準備玩具，還要準備房子；不是給兒童準備玩具，而是要給他們提供可以帶著工具開展工作的土地；不是為兒童準備玩具，而是為他建立一個有其他兒童的社會生活；在這個環境裡，兒童不只是坐在椅子上一動不動地看教師表演，他自己也表演；在這個環境裡，他可以表演、交流，並找到智慧、創造性的活動所需要的所有的工具。所有這些取代了過去的玩具。

當這個現在正占據大眾想像力的想法第一次被表達出來時，引起了人們的震驚。美國著名教育家杜威（Dewey）教授被這一觀點所說服，開始尋找與兒童比例相稱的物體。他自己儘管是一位大學教授，也在紐約

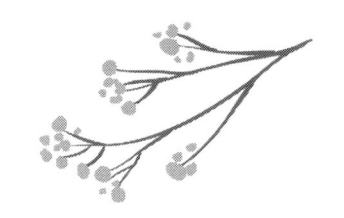

的所有商店裡尋找著小掃帚、椅子、桌子、盤子等。他什麼都沒找到，甚至都沒發現人們有製造它們的想法。那裡有數不清的各種玩具，但都是些小尺寸的房子、馬車，都是家具，兒童都用不到。

然而這些成倍增長的玩具只做一件事，玩具從非常小的尺寸一直增長，直到跟兒童差不多大，隨著玩具的增大，玩具身上的東西也在增大，它們變得越來越大，但從未達到足以讓兒童真正使用的程度，兒童幾乎要被滿足了，但這個門還未關上。成人為了讓他開心，花了很多錢，但最終給兒童的都還只是昂貴的玩具。我們說「將所有這些東西做得大一些，這樣兒童能夠根據他們的需求使用它們」。於是我們邁出了新的一步，一個新世界的曙光出現了；兒童可以有真實的房子和實物使用，以完善前三年的準備工作。一旦結果被看到，這些物品就會被到處製造，一種新的工業和新的財富來源就產生了。

杜威教授很確定，在紐約他可以找到他正在尋找的東西，但他到處找不到，他說「兒童被遺忘了」，我說「這就是一個發現」！然而，哎，兒童在其他方面也被遺忘了。兒童是一個被遺忘的公民，生活在一個萬物皆有，唯獨他自己除外的世界裡；成人提供給他的只有玩具、沙子。他漫無目的地遊蕩著，發脾氣地哭著，破壞別人給他的玩具，只是在尋找能夠滿足他心靈的東西。而站在他面前的成人並不能看到這個兒童的真正狀態。

一旦這種障礙被打破，虛幻的面紗被撕開，一旦兒童獲得了真實的東西，我們就期待著幸福，隨時準備與這些東西互動，但這並不是唯一發生的事情，我們發現兒童顯示出完全不同的個性。第一個結果是獨立的行為，就好像他在說「我想要自我滿足，不要你的援助」，這是自由的兒童所給予的啟示之一。兒童在玩玩具時，並不會因為得到更大的玩

第十七章　從無意識創造到有意識工作

具而感到更富有，他變成了一個追求獨立的人。所有他身邊的人，護理師、母親、教師，對此都很驚訝，他拒絕幫助，想要獨自一人。沒有人想像得到他的第一個行為竟然是拒絕幫助，在他工作的時候，護理師和母親都只能是觀察者。

這種環境不僅是按比例建造的，而且他還成了其中的主人。社會生活和性格的發展是同步發生的。我們的目標不是讓兒童獲得幸福，而是讓他成為人類的締造者、功能獨立的人、環境的創造者和主人。

這是個體意識生活的開端所照耀出來的光。

第十八章　新教師

　　鄉村教育所面臨的問題，這樣的工作開始的原始環境可能與我開始工作時發生的事情相似，會讓所有人都感到非常驚訝。我相信，如果不是某些特定的環境，我們有幸目睹的這些事實是不會發生的。世界上的其他人也不會注意到它們，因為，比如說，如果杜威教授在紐約找到了他所尋找的那些東西，能夠為兒童的活動建立一個小房子，那麼什麼都不會發生，就像在那些捐贈豐厚的學校裡，什麼都沒有發生。如果物品都很充足，那麼什麼都不會發生。重要的不僅僅是缺少物品，還有一些特定的東西阻礙了兒童真正的個性發展。我們無法預計會發生什麼，因為兒童所需要的是自由而不是財富，而那樣的自由除非我們真正經歷了，否則是無法理解的。若不是在我的實驗中創造了必要的情境，那麼沒有人能夠看到這些。它們是：

　　(1)極度貧困和極度困苦的社會情境。

　　我們工作的群體不是勞動階級，他們比我這裡的兒童的父母更富有。這種極端貧困是一種有利情境。極端貧困家庭的兒童可能會缺少食物，但他會生活在自然的情境中。既然我們已經知道兒童的發展主要由自然法則引導，我們就會發現那些更多生活在自然環境中的兒童，比那些生活在富裕的、人造的環境中的兒童，有更多的機會去展示他的內在財富。

　　(2)這些兒童的父母不識字，因此不能在學習方面給他們的孩子以幫助。

第十八章　新教師

(3)這些教師並不是教師。

如果他們是真正的教師，就不一定能得到這些結果了。在美國，他們從來沒有如此成功，因為他們尋找的是最好的教師。什麼樣的教師是好教師呢？這意味著這個人已經學習了所有對兒童沒有幫助的內容，這樣的教師對兒童充滿偏見和固有觀念，這些會阻礙兒童的自由。就像在案例中，一個「好」護理師認為她應該幫助兒童做所有事，因此這些教師認為他們必須幫助兒童的心智發展，正是這種教育，這種教師的定位，阻礙了兒童的發展。

誰會想到採用上述的三種情境，卻保障了實驗的順利完成呢？一般情況下想到的都會是提供相反的情境。

我們取得的巨大成功，是在印度類似嘗試和實驗的良好預兆，因為人們抱怨的一個問題是缺乏優秀的教師。我們要善於使用普通人。在印度的村莊，父母也可能是文盲，對兒童來說反而更好。至於貧困，它是公認的發展精神特質的首要條件。我們很難讓所有人都放棄他們的財富，這可能行不通，但所有國家的宗教領袖都放棄了世界，尋求貧困。我們不需要推崇貧窮，但也不應使我們害怕，因為如果我們接受貧窮，這是我們所能找到的精神發展的最有利條件。

如果我們想要開展為兒童提供自由的實驗，貧困地區是最好的。如果想要簡單的試驗，確保成功，那就應在貧困兒童中進行。我們將為他們提供物品以及他們從未擁有的環境。科學創造的物品提供給什麼都沒有的兒童，將會喚起他們強烈的興趣，讓他們精神集中和冥想。42年前這一事實引起了巨大的震驚。3歲兒童的專注力從來沒有被發現過，但它卻是一個基本因素，因為它意味著緊緊抓住環境，一個專案、一個專案地探索，並關注每一個專案。在通常不滿意的情境中，孩子的注意力

會從一樣轉移到另一樣，不會專注於任何東西，但這並不是他的特性，因為這是不滿意的環境強加給他的。

同樣，在3歲兒童體內，那位激發他工作的神奇的教師仍然在激勵他，當我們提到一個自由的兒童（內在自由），我們所說的是兒童能夠自由地遵循他內在的天性指引，這些引導是非常智慧的，引導兒童尋求精確的、所有的成就。遵循自然指引的兒童能夠關注到所有的細節（比如揮去桌子的表面、邊上、底端以及所有的細槽裡的灰塵），這是我們所想要的成功的教育，但所有的教師希望的，是兒童能夠將全部的注意力都關注到教師所做的，因此兒童才能夠精確地執行相應的指導，並能夠完整地完成，這是任意一位教師所能想到的實現成功的最大可能。但當兒童自由時，他們天性的行為給我們的啟示是相當令人震驚的。兒童在沒有教師的干擾下，有充分的自由時，能夠全神貫注地、完整地完成工作。在3歲的年齡層，他並不會接受別人的東西，因為他正在自我建構。

許多教師都傾向於在兒童面前放置很多東西，不斷地打擾他、指導他，而不是讓這些兒童自己去鍛鍊。因此，遵循自然的引導、透過自己的工作發展的3歲兒童，並不是以教師的教育這樣的方式發展。而且，教師的目標是成功（這裡的成功是指兒童做教師認為重要的事，服從他/她），並認為兒童應該從易到難，從簡單到複雜，逐步發展，如果兒童從難到簡單，或跨大步，這樣的情況下教師就不會幫助兒童，而多數教師都會這樣，因為他們就是這樣被訓練的。這樣，教師和兒童之間就會有不可避免的衝突。這些教師的另一個偏見是關於疲勞的，如果兒童對一件事感興趣，他會一直持續做，不會感到疲勞。然而教師會讓他隔幾分鐘停歇一下，去「休息」，教師認為會感到疲勞。就像體育活動的完整週期會給幼小的兒童增加力量，同樣，對於年長一點的兒童來說，心理活動也是如此。

第十八章　新教師

　　這些偏見在受過普通培訓院校訓練的教師中根深蒂固，要想消除它們，太難了，沒有一種心理的新觀點能夠消除。社會中同樣也有類似的偏見，只有血腥的革命才會對此有所改變。現在的多數學院仍然都持有這樣的偏見，認為靜心設計的教學計畫都應該每隔45分鐘或半個小時休息，而且休息是必須的。這導致受教育的人群都是被一樣地對待，會產生極度的冷漠。興趣和熱情能產生有價值的東西，而這些東西會自動被扼殺。現代教育學是以一種膚淺而錯誤的觀點來看待事物的，因為它沒有注意到內在生命，對心理活動的引導完全被忽視了。而且教育世界（或者它所引導的）所遵循的是人類邏輯，然而人類邏輯是一回事，自然邏輯又是另一回事。

　　人類邏輯認為我們必須將心理活動和體育活動區分開，思考工作的時候，我們必須安靜地坐在教室裡，而體育活動時，心理功能都是不需要的，這將兒童分成了兩半。當他思考時，他不會用到他的雙手，而他使用雙手工作時，大腦是不參與的。這樣就會出現有時是有頭沒有身體，有時又是有身體沒有頭的狀態。對於教師來說，這些造成了多種問題和困擾。但大自然顯示兒童並不能在沒有雙手勞動的情況下思考，雙手是智慧的器官，物品必須使用到雙手並且喚起思想的興趣。我們的經驗告訴我，當兒童思考時，他一直在活動。的確，偉人往往會在散步、沉思時給我們留下他們的思想。從事哲學研究的人會怎麼做？他們會去修道院，獨自在樹下散步數小時冥想。在3歲到6歲的階段，我們已經清楚地發現，動作和思想是相伴而生的；然而，許多人認為，讓兒童在學校裡學習並不停地走動是不可能的。

　　由此我們可以意識到，一個準備充分的教師（在通常意義上）是孩子最糟糕的教師。在我們的教學方法中，最大的努力就是試著讓教師從他或她可能擁有的偏見中解放出來，而最大的成功也是讓教師把自己從這

些偏見中解放出來。因此，如果教育的量很大，而教師的數量短缺，我們所能說的是「謝天謝地！」，這是最好的情境之一。

在普通百姓中找到的新教師必須懂得某些基本知識，然而這些並不難。在我的第一個實驗中，我讓「教師」（公寓看門人的女兒）拿一些東西，以某種方式呈現給兒童，然後讓兒童單獨和它們在一起，不要干預。儘管她沒有受過教育，她卻能做到這一點。一個羽翼豐滿的教師可能做不到這一點。

首先，他可能會認為這低於他的智力，而且，即使他這麼做了，他也不會這麼簡單地做到。他會對課堂上的解釋展開冗長的攻擊，而任何超出必要和充分的解釋都會導致注意力分散和混亂。我那沒受過教育的教師，完全按照教師說的去做了，令她和我都感到驚訝的是，兒童不斷地擺弄這些物品，並取得了驚人的效果，她非常驚訝，以為是天使或一些神靈在工作。她沒教兒童怎麼寫字，兒童卻一窩蜂地開始寫作，當訪問者過來問這些兒童「是誰教你們寫字的」，她會敬畏地補充一句「不是我教他們寫字的」。她會來問我，有點震驚地說「夫人，這個兒童昨天兩點開始寫字的！」她不明白他怎麼能在兩點鐘的時候寫字，怎麼能用漂亮的筆跡寫出完美的句子，而他以前從未寫過任何東西，甚至到一點的時候還沒寫過。我們給他們的是草書，我們考慮是不是給他們印刷體的字母，他們可能會閱讀得更容易，但在我們準備好這些字母之前，兒童已經在閱讀了，不需要它們了。

現在，42年過去了，我們知道了這些爆發期的發生，也能理解它們發生的原因。然而這些事件是在我們理解它們產生的原因之前出現的。現在我們知道，兒童天生具有從環境中汲取知識的吸收能力，因此，如果適當地準備和介紹文化，就可以輕而易舉地把它當作母語。唯一需要做的就是建構一種素材，科學精確地讓兒童可以掌握。之後，很多文化

第十八章　新教師

專案可以追溯到 3 歲到 6 歲的階段。

經驗顯示，教師應當做得越來越少，因此那些訓練這些教師的人員的任務就很簡單，只需告訴他們「什麼都不要做，僅僅需要為兒童準備好，他們自己會做」。這將一個偉大的真理變成事實——「捨己能夠帶來真理」。我們的任務就是教這些教師什麼情況下也不需要干預。我們將這部分工作稱作「不干預的方法」。教師必須衡量什麼是需要做的，什麼是被限制做的，就像一位服務員為顧客準備喝的，他會讓顧客自己完成相應的事情，比如喝掉它。他不會強迫顧客去喝，這不是他的業務。他的工作只是準備，這也是教師應當為兒童所做的。讓教師跟隨好的服務員去學習，可能會比較好，這樣他們會學會謙恭；他們便不會強迫兒童，能夠一直比較謹慎地為兒童準備好一切，放在兒童周圍，讓他自己去做。

負責管理這個年齡層兒童的人，應當為兒童的心理需求服務。並不需要太科學地理解。如果我們對一位母親說「將 1 歲的嬰兒一直帶在身上，這樣他就能看到這個世界，將他帶到人們交流的地方，這樣他就能聽到自己的母語」，這位母親能夠理解，教師也能很容易地去解釋。同樣，教師也要能告訴母親，當兒童足夠大，已經可以自己走路的時候，就不要再抱著他了，如果兒童自己想拿重物，不要擔心，放心讓他自己拿。在沒有偏見的情況下，所有這些都是非常容易理解的。

想要理解這些行為背後的心理原因可能會有點難，但實踐本身並不難理解，就像將種子放進土裡，照料植物成長，這些並不需要像在大學裡學習蔬菜生物學。我們必須區分自然的實踐，和人類圍繞這種實踐建立起來的科學。實踐是簡單的，一切了不起的成績總是來自兒童自主的精力消耗，而這種精力在普通學校裡通常是受到阻礙的。

讓我們來看看父母是文盲的情況，文盲會帶來其他的忽視情境，因

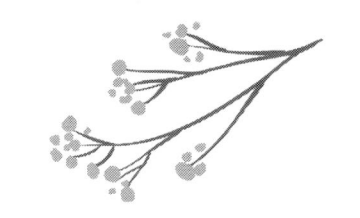

此當兒童回到家,展示他如何自己洗手時,他的母親會想:「他多聰明啊!」兒童會感覺受到了鼓舞。如果兒童的父母都不會寫字,當他寫下第一個單字時,他們羨慕的狀態也會給兒童鼓舞,然而那些富裕家庭的父母可能會說:「哦!啊!是的!但是,他們在學校裡教你繪畫了嗎?」兒童會萎靡並失去興趣。或者,如果兒童在擦拭灰塵,那些身處較高階級的母親會扼殺兒童的樂趣,因為她會說這是清潔工的工作,她送兒童去學校不是學這個的。或者如果他學了數學,她會擔心兒童的腦袋會發燒,並希望他停止相應的工作。因此,兒童要麼形成自卑情結,要麼形成優越情結,因為他認為他沒必要做某些事情。真正的問題在於那些受過教育、有教養的父母,如果他們自己是教育者,那就更糟糕了,因為他們會認為自己對教育瞭如指掌。

一個社會問題的解決

因此,我們所認為對實驗較差的情境,恰恰是好的情境。成功並不會對兒童設限,但是會影響父母。在我的第一個「兒童之家」的實驗中,當她們開始真實生活的實踐鍛鍊時,她們對細節非常感興趣,她們會回家告訴他們的媽媽,不能將她們的裙子弄髒,也不能潑水。「你是這樣做的」,因此母親們會細心打理她們的裙子和容貌。這顯示了兒童對環境的感染力,可能也只有兒童才會引導那些文盲群體進行自我教育。我第一個「兒童之家」的父母來找我學習如何閱讀和寫字,因為他們的孩子已經會了。與這個年齡層的兒童打交道,就好像手握影響社會生活的魔法棒。首先是兒童自身的變化令人驚嘆;其次是令人感動的奇蹟(它激發了情緒),兒童能夠比人們所期望的做得更多,這在成年人的心靈上引起了一種對兒童心靈的敬畏,因此這實現了一種轉變和成人的教育。

第十八章　新教師

　　如果一個人設想一個大規模的社會改革，並按照舊的方法計劃，那麼他必須制定一個持續多年的計畫（「薩金特計畫」為期40年）。如果一個人想要讓全世界所有這些有心理偏見的教師做好準備，我們可以預計要持續多長時間才能夠將他們訓練好，這些教師從兒童7歲開始教育他們，此時的兒童已經度過了敏感期，面對這種沉重的負擔（這些兒童不再具備小孩子對同樣事情天生的熱情），他們一再強迫，而兒童也感覺越來越無聊。

　　這個兒童之前至少還有一點自由，現在發現他自己一直被教師壓迫著，告訴他做這個、做那個，還有其他的。這將需要四十年、八十年、一百年、或許兩個世紀才能完成這項工作。相反，如果我們認為這些心理事實是很容易去實踐的，那麼事情就不會這麼難，因為我們依賴並使用自然的力量，這些力量一直存在。我們只需要理解不同年齡層的兒童，實踐就會完成了。例如，小孩子的記憶力比大孩子的好，這樣的事實使事情變得相當簡單。

　　我們發現兒童比使用以前的方法學得更好，整個教育都向下移，從8歲到4歲。因此，這麼多年都節省下來了，在這個年齡層的人具有吸收知識的頭腦和敏感，這意味著他們對所有事情都充滿興趣和熱情，繼續下去的願望是存在的，不需要強制教育。

　　教師做什麼呢？當兒童這麼做的時候，他需要持續很長的時間陪著兒童一起工作，但卻以一種非常不同的方式。一旦教師以這種狀態成為一名好教師，他是開心的。有一次，一位美國的記者去看望他的表姐，一位蒙特梭利教師，發現她躺在躺椅上，以為她在度假。她請他保持安靜，不要打擾到孩子們。他沒看到或聽到任何一個兒童的聲音，透過窗戶看過去，他發現他們都在開心地工作，沒有一點噪音。透過這種方式

教育兒童，將會非常有效，即便教師遲到或離開都沒有關係，以這種方式進行大規模改革的可能性要快得多，也容易得多。

在我的第一個實驗中，我曾經會每週給這些教師一些指導，十個月之後，有了寫字的熱潮。今天我們的觀察並不能讓我們了解這些奇蹟是如何發生的，當它們出現時，我們並不知道原因，也不需要知道。如果我們將植物種進泥土裡，我們必須知道需要多少土、多少水，之後經常澆水。之後某一天，我們會看到它開花。我們並不需要知道花的解剖結構或土壤的酸度等。我們只需要耐心地等待，靜待花開。因此對於兒童的教育而言，所需要的只是簡單而善良的成人。

在所有兒童以簡單而自然的方式生活的國家，也就是所謂的落後國家，教育似乎是最大的問題，然而我們早期實驗的偉大奇蹟將很容易重複，一個重大而緊迫的問題將得到解決。簡單的教師可能比其他人更好，所有這些兒童將領導世界上的其他人。那些已經受到這項工作吸引的人，一定不要害怕這項任務：必須牢記的是，困難的不是我們所給出的理論，而是在這些理論發展起來，那些最初的實驗設想。

第十八章　新教師

第十九章　基於文化和想像力的創造

　　3 歲到 6 歲的階段是最有趣的，這個階段緊跟在心理胚胎期之後（0 至 3 歲），這兩個階段之間並沒有明顯的斷裂。通常人們只考慮一個階段，即 0 至 6 歲的階段，但它確實被分成了兩個部分。第一階段與精神生活的創造相關，第二階段是一個完美或固定的階段。在第一階段發展出的特定的功能已經形成了，同樣在第一階段有無意識的部分，而第二階段是意識引導發展。因此，這並不只是一個固定的階段，更是一個趨於完美的階段，我們不再有嬰兒，而是一個不斷完善他自己的人。

　　第二階段顯示了一種特殊形式的活動，因為意識依賴於對世界的掌握，在這種掌握和征服中，之前不清晰的變得清晰而完美。兒童不只是從環境中吸收，還意識到他自己。在這個階段，有意識的個體自發建構起來了。這同樣也是個創造的階段，來自成人心理上的外部影響，試圖強壓或直接轉移到兒童身上。因此，兒童不能以世界上平常的方式被教師教育，而應當遵循自然的基礎。這個年齡層的發展的自然法則要求兒童能夠在環境中使用雙手，不僅在文化方面，同時也在其他方面，這是從虛無到生命的過渡。直至最近這才被知曉，之前孩子的整個精神生活都被埋葬在人類對他的冷漠之下。現在那些不知道它的人突然知道了。

　　最先引起大眾注意兒童精神生活的是書寫的爆發。不僅僅是書寫的爆發，書寫就像是從管道中噴出的煙，真正爆發的是兒童內在的自己。真正的爆發被比作一座堅固聳立的，看起來沒什麼不同的山，但其中卻隱藏著火。某一天，它爆發了，火噴了出來。這些爆發出來的火、煙以及其他不知道的物質，經過一些人的研究，能夠告訴我們地球到底包含

第十九章　基於文化和想像力的創造

了一些什麼。我們這些爆發是相似的，它發生的原因，正如我前面章節中所揭示的，顯然是最不利於展示出來的。這些展示也是基於許多「不存在」的基礎上。貧窮和忽視、缺乏合適的教師、制度和規則都是最基本的「不存在」。我們發現正因為什麼都沒有，心靈才能自己膨脹。

那些障礙被移出了，但（那時候）沒有人知道什麼是障礙，這很好理解，因為在兒童身上蘊藏著一種巨大的能量，一種潛在的宇宙能量，對於我們來說，知曉這一點非常重要，因為如果我們知道存在這樣的能量，我們就會等它自己發光，於是我們就在成功的路上了。並不是教育的方法導致了這些爆發，因為當這些爆發的時候，並不存在什麼方法。後續的心理學以及建立的方法都是基於兒童身上火山爆發似的展示而提出來的。這些爆發是發現的結果，並不是什麼教育方法的結果。媒體從一開始就把它說成是對人類靈魂的一種發現。由此產生了一門新科學，由兒童的展示而受到啟發。

我將稍微解釋一下這些現象。它們是事實，不應歸因於直覺，而應歸因於感知，我所描述的是我看到的。新學科的基礎是這些被觀察到的事實，這些事實可以在我之前的書裡找到。

在這些啟示中有兩組事實很重要，一個是兒童的心靈能夠在某一階段掌握文化，而沒人認為這個階段可能會做到的，但兒童可以透過他自己的活動掌握。文化並不能從他人那裡獲得，只能透過自己的工作逐漸被意識到。現在，我們意識到3歲到6歲的兒童具有吸收力的心靈的力量，我們知道了很年幼的兒童就有吸收文化的可能。另一組重要的事實與性格的發展相關。性格的發展一直是教育的重點，但所有的教育者都認為，3歲到6歲不是系統地影響性格的年齡，沒有人會考慮為這麼小的兒童制定真正的規則，在這之後才會考慮規則的執行。

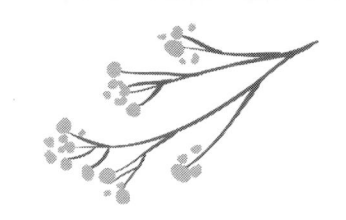

同樣，人們認為兒童的性格應該是受到成人的影響，而改惡為善是一個永恆的問題。其實這種觀點是錯誤的：3歲到6歲是一個發展性格的時間段，兒童必須遵循成長的法則發展他自己的性格。我們已經看了大量的關於心靈是如何形成的討論，討論的具體內容以及針對這個階段的心靈進行的工作非常有趣，在另一章節我們將探討性格的形成。

　　兒童尤其對這些事情感興趣或關注在這些事情上的時候，他就已經在心靈方面做好準備了，他在前一階段已經吸收了，對於已經被征服的事物有一種保留的傾向，並對它念念不忘。正因如此，比如，書寫的爆發是源於特殊的感覺，以及對語言的征服。在5歲半到6歲的時候，這種感覺停止了，因此能夠快樂地享受書寫只能在這個年齡之前實現，而大一些的兒童，6歲或7歲的兒童就不能這麼做了，即便書寫，也不會有相同的愉悅感。

　　因此，我們的方法是基於對兒童的觀察，基於觀察的事實。我們發現兒童已經在之前準備好了書寫的必要器官，所以，間接地準備被作為這種方法的一部分。因此，這種方法的特定基礎已經形成。我們知道大自然在胚胎期就做了間接做準備，只有當它知道個體擁有服從的器官時，它才會發出命令。這就是為什麼兒童除了模仿和服從，其他什麼也做不了；自然應當也提供兒童必須服從的手段，這些觀察的事實對心靈和性格都有幫助。

　　以前人們認為成人的榜樣和兒童的善意就是所需的，但是成人卻缺乏自然所擁有的智慧，也就是說必須為服從命令做好準備，而這不是直接做的。頻繁地接受指令並不會創造服從，服從只有在內部做好準備時才能被間接獲得。服從成人的任意指令並不會獲得成長。兒童自身就有這樣一個智慧的泉源來引導他，很明顯，成人頻繁地、毫無根據地干預

第十九章　基於文化和想像力的創造

不會對他的發展有幫助，反而會阻礙他的發展。為兒童提供一個有準備的、組織良好的環境，並能夠讓兒童自由地擴展心靈，這樣的必要性現在非常明顯。

正如我們所發現的那樣，如果兒童為了在第二階段中加以闡述，而重新開始第一個階段的征服，那麼第一階段就可以為第二階段提供一個指導，這個指導遵循同樣的發展方法。以語言舉例，在第一階段我們發現兒童遵循的方法多數是語法的——他先後吸收和使用聲音、音節、名詞、形容詞、副詞、連詞、動詞、介詞等。我們便知道了在第二階段也要遵循相同的語法方法來幫助兒童。最先教的就是語法。以我們通常的思維方式來看，從3歲就開始教語法，在一個人還不知道如何讀或寫之前，學習語法，這些似乎很荒謬。

然而，如果我們不這麼想，如果語言建構的基礎不是語法，那又會是什麼呢？當我們（包括兒童）講話時，我們都是有語法的。因此，如果在4歲時給兒童語法方面的幫助，他會在他的語言結構以及詞彙量方面更加完善，我們提供了真正的幫助。透過教授語法，我們允許他更完美地吸收周圍的語言。經驗顯示當兒童對語法感興趣的時候，就是教給他語法的最佳時機。在第一階段（0至3歲）這種獲得幾乎是無意識的，現在透過有意識的鍛鍊，已經有意識地更加完善了。

我們注意到的另一件事，便是這個年齡的兒童掌握了大量的單字，他們對詞語有獨特的敏感度和興趣，他會自己吸收許多新單字。許多實驗的開展都發現，所有兒童都會在這個年齡層拓展他們的詞彙，兒童所掌握的詞彙當然是所在的環境中經常使用的，因此有文化的環境會給孩子學會更多單字的機會，但是在任何一種環境中，本能都是希望能吸收最大量的詞彙，兒童在尋求詞彙。在有文化的環境中，兒童可以學會成

千上萬的詞語。在他這個年齡給他很多是一種幫助。如果沒有他人的幫助，他會在沒有命令的情況下努力吸收，幫助包括減少努力和下達命令。

另外一個根據觀察所創造的方法，就是教授他們許多單字。在我們最初的實驗中，那些沒有文化的「教師」注意到這一事實，他們已經給兒童盡可能多地寫下他們所知道的單字，但他們後來對我說，他們已經給出了有關衣服、房子、街道、樹木名稱等的所有單字，但兒童還想要更多的單字！因此我們考慮，為何不給這個年齡的兒童一些文化所必需的詞語，如他們在感覺器官中接觸過的所有幾何圖形的名稱，多邊形、梯形、平行四邊形等。不出意料，這些兒童在一天內就都學會了！所以我們又告訴他們如科學儀器、溫度計、氣壓計等單字。之後又告訴它們植物學中的名字，如萼片、花瓣、雄蕊、雌蕊等，他們全都愉快地學會了。

「你們沒有其他詞彙了嗎？」他們問。教師們帶著兒童散步回來時會抱怨，兒童知道所有汽車的牌子，而我們卻都不知道。對文字的渴望是無止境的，獲取文字的力量是無窮無盡的，但在接下來的階段，情況並非如此。那時兒童發展了其他功能，在後一個階段記住一些奇怪的詞彙變得困難。我們發現如果兒童早期有機會學習這些詞彙，他們之後在學校裡，8歲或9歲，甚至12歲或14歲，再看到這些單字的時候，會很容易就回憶起來，而如果在後期第一次學習這些詞彙，就會很難記住它們。

因此可以得出結論，如果想要學習科學詞彙，最好在3歲到6歲這個年齡層學習。當然，這些單字並不是被機械地提供的，而是有特定準備的，因此兒童學習這些詞彙是基於理解和經驗的。對我們來說，外國

第十九章　基於文化和想像力的創造

人的名字又長又複雜，很難記住，而那些外國兒童會很輕易地就說出了他們自己的名字。對於其他國家的人而言，義大利語裡有很多奇怪的名字，但對於義大利兒童而言，這些詞語就像三角形一樣，和其他詞語並沒有多大差異。

為了滿足兒童對詞彙的強烈需求，我們為他們提供了植物學、動物學、地理學等各學科中不同分類的詞，如葉子的不同部位、花的不同部位、地理特徵等。它們都很容易在環境中表現出來，並且很明顯。他們學習起來沒有任何困難，真正遇到困難的是不認識這些單字的教師，他們很難記住哪個是哪個。

在科代卡納爾，我曾經看到一群在普通學校學習的14歲的孩子，他們對一朵花的某個部分名字感到很困惑，一個3歲的小男孩說「雌蕊」，就跑去玩了。這個年齡層的兒童不會把文字當作普通的、容易的東西來看待；這就像一盞燈照亮了這個兒童，他對此非常感興趣。我們給七八歲大的兒童看植物學書上的樹根分類，一名兒童進來問一名大一點的孩子牆上的新圖表是什麼，並被告知了相應的內容。後來我們發現花園裡的一些植物被拔了出來，因為兒童對這些小植物非常感興趣，想看看這些植物有什麼樣的根。當我們看到他們感興趣時，便告訴了他們這些知識，之後家長們抱怨說，兒童把花園裡的植物都拔了出來，洗了洗，說他們想看植物的根。

兒童學習詞彙的限制是多少？我不知道！那麼兒童的思想是否會受到他所能看到的物品和事實的限制？答案是不會的，兒童有一種超越具體限制的思想——想像的力量。這種能夠看到並不在眼前呈現的事物的能力反映了一種更高級的思考能力。去了解我能看到的東西會比較簡單，但如果我要自己想像就變得很難。

如果人類的思想僅僅局限於能夠看到的東西，那麼將會受到很大的

限制。人類能夠不用看而看到；文化並不是由所有看見的知識組成的。以地理學為例，如果我們沒見過湖或雪，我們需要想像，想像必須發揮作用。兒童能夠想像到什麼程度？我們並不知道，因此我們面向6歲的兒童開展了一些實驗。我們發現他們並不像我們想像的那樣。我們以為他們會對大的事物感興趣，但他們卻對細節感興趣。我們拿了個地球儀；他們知道世界，他們已經聽了很多。「世界」是一個沒有感官影像對應的短語，但兒童卻形成了它是什麼的概念，這顯示出他擁有想像抽象事物的能力。

我們準備了一些特殊的小地球儀。我們用「塵土」覆蓋了土地，用深藍色和明亮的藍色覆蓋了海洋。兒童開始說「這是土地」、「這是水」、「這是美國」、「這是印度」。他們都非常喜歡地球儀，地球儀成了班級裡最受歡迎的物品。3歲到6歲兒童的思想不僅僅是與具體事物的智慧功能相關，也與想像力、直覺力相關。這意味著這個年齡的智力必須具有一種巨大而生動的能力，而不僅僅是透過感官的吸收。這種更高級的想像的力量，能夠讓個體「看到」他看不到的東西。與這個年齡的兒童相比，這似乎有點誇張，但如果我們想一想，我們就會意識到這並不是那麼誇張，因為心理學家總是說這是一個想像的時期。即使是最無知的人也會講童話故事給兒童聽，而且兒童都很愛聽，好像他們急於運用這種強大的想像力似的。

他們稱桌子為房子，稱凳子為馬等等。所有人都意識到兒童喜歡想像，但他們僅有故事和玩具的幫助。如果兒童能實現一個童話，想像一個童話世界，他就不難想像美國等。一個具有美國大致形狀的地圖，而不只是模模糊糊地聽到有關美國的情況，會對他的想像力有具體的幫助。想像力在努力尋找事物的真相，而事實往往被遺忘。如果在兒童的環境中，「美國」或「世界」的詞彙從未被任何人提及，那麼兒童很難對

第十九章　基於文化和想像力的創造

它感興趣，正因為他經常聽到這些詞彙，他知道了它們，才能更容易想像。心靈不是你想像的那種被動的實體，人的心靈是火焰，吞噬一切的火焰，它永遠不會靜止，它總是活躍的。

當6歲的兒童正拿著地球儀討論的時候，一個3歲半的兒童進來說：「讓我看看！這就是地球？」「是的。」大孩子們回答。3歲半的兒童有點驚訝地說：「現在我知道了，因為我有個叔叔已經繞了地球三圈了？怎麼會是圓的？他怎麼走的？現在我知道了。」同時他也理解了這只是一個模型，真正的地球很大，他已經從周圍人的談話中理解這些了。

我們曾經看到一個4歲半的小孩子緊盯著地球儀看，還問那些大孩子一些問題。那些大孩子們正在討論美國，並沒有注意到他。突然，這個小孩子打斷了他們：「紐約在哪裡？」這些大孩子有點驚訝，指給他看，之後他又問：「荷蘭在哪裡？」他們更驚訝了，也指給了他看。之後，他摸了摸藍色的區域，說：「那這是大海。」

這些大孩子們很好奇，小孩子說，我爸爸每年都要去兩次美國，他待在紐約。每次他出發後，媽媽會說「爸爸在大海上」，過幾天她又會說「爸爸在紐約」，再過段時間，她說「爸爸又在大海上了」，之後某一天她說「現在爸爸在荷蘭，我們去阿姆斯特丹見他吧」。他聽了很多關於美國的事情，當這些大孩子們在討論美國時，他就非常想知道，他在想「我想要看看美國」。這對他來說一定是一種休息，因為他一直努力在精神環境中找到一個方向，就像他過去在物質環境中所做的那樣。為了展示他這個年齡的精神世界，他不得不聽取成人的言語，並想像成畫面。這是事實。

玩玩具以及透過童話故事想像，反映了這個特殊生命階段的兩種需求：一種是將自己與環境建立直接的連繫，掌握環境，透過這種活動，兒童的心理得到了較大的發展。另一種反映了想像力的增強，他便轉移

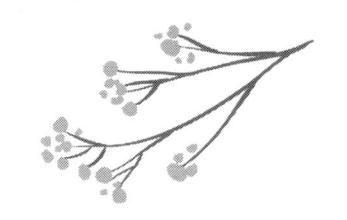

到他的玩具上。如果我們提供給他們真實的想像的東西，這將為他提供幫助，這也會使他與他的環境建立更加密切的連繫。

在這個年齡層，兒童經常想要知道各種信息。為了知道更多事物的事實，他們會問很多問題。我們都知道兒童是好奇的，經常問各種問題。如果所有的這些問題累加起來，就意味著兒童需要知識。如果你不認為兒童所提的問題是討厭的東西，而是一種尋求信息的心靈的表達，你會發現兒童所提的問題同樣也很有趣。這個年齡層的兒童不理解很長的解釋，所以我們並不會向他非常冗長地解釋什麼是地球，而會給他地球儀。但通常，人們會很疲憊地解釋。一個兒童有一次問他的父親，為什麼葉子是綠色的。這位父親覺得他的孩子很聰明，因此他對葉綠體、葉綠素和太陽的藍光等做了長篇解釋。不一會兒，他聽見孩子在喃喃自語，他聽到孩子說：「哎，我為什麼要問爸爸呢？我想知道葉子為什麼是綠色的，不是所有這些葉綠體和太陽！」

玩、想像和問問題是這個年齡的三大特徵，所有人都知道這三點，但也都誤解了。有時候，這些問題很難回答，比如，「媽媽，我從哪裡來的？」但這個兒童已經提出了這個問題。有位智慧的女士之前就猜到，她的孩子在將來的某天會問這個問題，她決定告訴他事實，當他 4 歲的孩子問起這個問題的時候，她回答「孩子，我創造了你」。這個回答很簡潔、簡短，孩子立刻安靜了。差不多一年之後，她跟他說「我現在創造了另一個孩子」，當她去護理師之家的時候，她說會帶著她創造的另一個孩子回來。當她回家的時候，她說：「這是你的弟弟，就像我創造了你一樣，我也創造了他。」此時這個孩子已經 6 歲了，他說：「你為什麼不能真正地告訴我們是怎麼來到這個世界的？我現在長大了，為什麼不告訴我真相？上次你告訴我你在創造小孩的時候，我一直看著你，你什麼都沒做。」可見，即便是講述事實也不是那麼容易的事，這需要家長和教

第十九章　基於文化和想像力的創造

師的特殊智慧，幫助孩子發揮他們的想像力。

　　教師需要做特殊的準備，因為我們的邏輯並不能解決問題。在我們觸及的任何一點上，我們的邏輯都沒有幫助，我們必須了解孩子的發展，擺脫我們先入為主的想法。對於一個 3 歲到 6 歲的兒童來說，必須要非常機智、體貼地照顧他們的心靈，然而成人卻很少有這種能力。慶幸的是，相比於教師，兒童從環境中吸收得更多。我們必須知道兒童的心理，好在我們能幫助他們的地方為他們服務。

第二十章　幼兒的個性和不足

　　性格教育是以前教育學中最重要的內容之一，這是它的主要目標。然而關於什麼是性格，卻並沒有清晰的定義，也沒說如何去教育。老的教育學僅僅說心智教育不充分，實踐教育不足，性格是需要的，但這是未知的內容——X。這些古老的教育家對此有一些直覺，因為他們真正的意思是實現人的價值，但當你去看這些價值時，它們又不是很清楚。就像在許多教育領域的其他方面，都是空白的。某些方面被賦予了價值，比如美德：勇氣、恆心，比如對應該做的事情的確定性，與鄰居的道德關係。在性格問題中，道德教育發揮著重要作用。

　　我們發現全世界在這方面都是空白的。這個問題應當從另一個角度去看，相比於性格的教育，我們更應當說性格的建構，透過個體的努力實現性格的成長。我的第一所學校的孩子們，展示了這種積極創造性格的表現，而不是從外部教育它。讓我來說明這種結構的一些要點，給教育提供一種新觀念。

　　從生命的角度來看，我們可以將性格的一切都看作人的內部行為。就像我之前所提到的，0 至 18 歲的個體生命可以被分成三個階段：0 至 6 歲（本書所涉及的內容），6 至 12 歲，以及最後一個階段 12 至 18 歲，每個階段又被分成兩個子階段。在考慮這些群體時，每個人所代表的心理類型是如此不同，以至於他們可能看起來屬於不同的人。

　　正如我們所看到的，第一個階段是創造的階段，可以發現性格的根基，儘管兒童出生時還未擁有性格，因此 0 至 6 歲是與性格相關的最重要的階段，因為性格是此時形成的。所有人都意識到在這個年齡層，無

第二十章　幼兒的個性和不足

法透過外部榜樣或壓力給兒童施加影響，因此應該是兒童內部的天性形成了性格的基礎。這個年齡層的兒童並不理解也不感興趣什麼是好的還是壞的，他生活在我們的道德視角之外。我們意識到這一點，是因為我們從不會稱這個年齡層的兒童壞或者惡，只會說他淘氣，表明這些行為是幼稚的，因此在這本書裡我們不會說道德方面的善或者惡，因為這些詞語在這個年齡有其他的含義。

我提到這一點，因為人們會提出各式各樣的問題，比如前人的好榜樣的作用、愛國主義的作用等，這些很重要，但它們和這個年齡並不相關。在第二個階段（6至12歲），兒童出現了關於善還是惡的問題的意識，不僅僅是他自己的行為，還包括其他人的行為。關於善和惡的問題出現在兒童的意識之中，是這個年齡層的獨特的特徵，此時，道德意識開始形成，之後會形成社會意識。在第三個階段（12至18歲），兒童會有愛國主義的感覺，屬於一個群體的感覺和這個群體的榮譽感，我提這些只是為了說明這些都與0至6歲的兒童無關。

儘管我前面也提到了，每個階段的性格都很不一樣，就好像屬於不同的人，然而每個階段都為下一個階段做準備。為了下一個階段正常發展，人類在前一個階段必須很好地生活。就像毛毛蟲和蝴蝶，這兩者看起來非常不同，牠們的習性也如此不同，但完美的蝴蝶是透過毛毛蟲蛻變過來的，而不是透過模仿其他蝴蝶形成的，因此為了更好的將來，必須過好當下。就需求而言，人在這個階段過得越充實，下一個階段才會越成功。

生命從個體的受孕開始，如果懷孕是由兩個純粹的個體帶來的，而不是由酗酒者或吸毒者等帶來的，那麼由此產生的個體將免除一些遺傳問題，胚胎的正常成長依賴於受孕。至於其他方面兒童可以受到的影響，只能是受到環境的影響，即在懷孕期間受到母親的影響。如果環境

有利，這就會是一個強壯、健康的胎兒。值得探討的事實是懷孕和妊娠對兒童的神經系統都有影響（這就是如果發生休克或意外，他可能會變成白痴的原因），所以出生後的情況相當程度上取決於懷孕期，因此生命最初最重要的事情是受孕，然後是妊娠，最後是分娩。我們已經提到出生時所帶來的巨大的震撼，可能會導致兒童退行；退行的症狀比較嚴重，但還都不如酒精中毒或遺傳性疾病（如癲癇等）嚴重，這顯示出，隨著個體的成長，障礙的威脅越來越小，但性格一直是精神方面的，它們會在退行的方面或獨立的方面對個體產生影響。

　　出生之後就是我們所研究的最重要的三年。這兩到三年裡的影響可以改變一個兒童，改變他今後生活的性格，例如，如果兒童在這段時間裡受到了一些驚嚇或遇到了太大的障礙，可能會產生恐懼症，或者我們可能會有一個膽小或膽大的兒童。因此，在這一時期，性格的發展與障礙或從障礙中獲得的自由相關。如果在受孕、妊娠、分娩的這段時間內，兒童都得到了科學的對待，那麼在他3歲時，兒童應該是一個模範個體。但是這種完美的個體是永遠都不可能實現的，由於其他原因，兒童在成長中會遇到很多事故。在三年中，我們遇到了五十萬或一百萬個有著不同特徵的兒童。不同的經歷產生不同的結果，而這些不同的性格，根據經驗的嚴重性而具有不同的重要性。如果這種性格是因為出生後遇到的困難導致的，它們沒有那些妊娠期的嚴重，而這些妊娠期的問題反過來又沒有受孕期的嚴重。如果是產後的，在3歲到6歲之間就可以治癒，因為那時缺陷得到調整，可以達到完美。

　　然而，如果這些缺陷是由於出生時或出生之前的休克引起的，那麼它們就很難被糾正。因此，可能會出現某些缺陷，但如果有一個積極的完善期，某些先天的缺陷是可能被消除的，但那些可能是遺傳問題導致的白痴、癲癇、癱瘓等，是無法透過任何幫助來治癒的。有趣的是，我

第二十章　幼兒的個性和不足

們知道所有這些器官方面的困難是可以治癒的，但如果這些在 0 至 3 歲之間形成的缺陷，不能及時得到糾正、治療，那麼到 3 至 6 歲時，它們不僅會存在，還會因為 3 至 6 歲的錯誤治療導致問題加劇。之後，到 6 歲的時候，兒童在 3 歲以內形成的缺陷得到了加強，同時還新增了 3 至 6 歲遇到的新困難，這些反過來又會對第二階段，以及善惡良知的發展產生影響。

所有這些缺陷都會對心靈和智慧產生影響。如果兒童在前一階段沒有能夠很好地發展的條件，那麼他們將很難學習。因此，一個 6 歲的兒童的性格是累積的，這些性格可能不是他自己的，而是在環境的影響下獲得的。如果一個兒童在 3 歲至 6 歲時被忽視，他可能沒有 7 歲至 12 歲時發展起來的道德良知，也可能沒有正常的智力，然後我們就有了一個沒有品德、沒有學習能力的兒童，更多的麻煩接踵而來，他是一個因經歷過困難而傷痕累累的人。

在我們的學校（還有許多其他現代學校），我們儲存每個兒童的生物學方面的細節紀錄，以便了解如何對待兒童。如果我們知道了他們在不同時期所遇到的麻煩，我們就可以明白他們的問題有多嚴重，學會如何對待他們。因此，我們詢問父母是否有遺傳病，我們詢問父母在兒童出生時的年齡，巧妙地詢問母親在懷孕期間的生活情況，她是否跌倒等等。如果是正常分娩，嬰兒是否健康或窒息。還有一些問題是關於兒童的家庭生活的，父母是否嚴厲或者兒童是否受過打擊。如果我們有問題兒童或頑皮的兒童，我們會從兒童之前的生活中尋找原因。當他們在三年後來到我們這裡時，幾乎所有的人都表現出一些奇怪的特徵，但他們是可以被治癒的。我們可以簡要地考慮一下這些偏差的常見類型。

所有這些錯誤的、不正常的表現，都進入了通常稱為性格的領域。

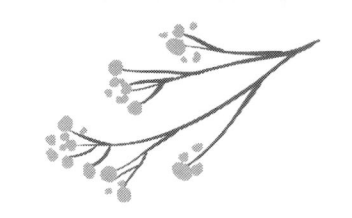

所有的兒童都是不一樣的，一般會認為每個兒童都需要有一個不同的治療來治癒他的缺陷，但我們主要區分為兩組性格缺陷，一組屬於堅強型的，兒童會抗爭並克服障礙，另一組相對較脆弱，兒童會屈服於不利的環境。

堅強型兒童的缺陷

他們會暴力地發脾氣、憤怒，有反抗和攻擊的行為。其中一個最常見的特徵是不服從，另一個是破壞性。還有對財產的需求；會產生自私和嫉妒（後者不是被動地表現出來的，而是試圖擁有其他孩子所擁有的）；反覆無常（在兒童中很常見）；注意力不集中；無法協調雙手的動作，因此會掉落或打碎東西；混亂的頭腦和強大的想像力。他們還經常大喊、尖叫、製造巨大的噪音；他們打斷、戲弄、折磨他人，常常對弱者和動物很殘忍，他們也常常是貪吃鬼，這是他們的一些問題。

脆弱型兒童的缺陷

他們屬於被動型，具有懶惰、惰性、哭求東西、要求別人為其做事等消極缺陷；他們想要被逗樂，很容易感到無聊，他們對所有的事物都感到害怕並依附於成人。他們也有說謊（一種被動的防禦形式）和偷竊（一種被動的搶奪他人財產的形式）的過錯，以及很多其他方面的過錯。

伴隨這些困難而來的還有某些生理特徵，也就是說，這些生理缺陷有心理根源，但容易與真正的生理疾病相混淆。其中有一種是拒絕進食和食慾不振；相反的缺陷是暴飲暴食導致的消化不良；兩者都是精神性

第二十章　幼兒的個性和不足

的。還有噩夢，害怕黑暗，焦慮不安的睡眠，這些反過來影響身體健康，然後導致貧血。某些形式的貧血和肝病是由心理因素引起的，也有精神官能症，所有這些都有一個精神性的根源，因為沒有藥物可以治癒。

所有這些特徵都涉及所謂的道德問題和行為。很多這樣的兒童（尤其是堅強型的）在家庭中不被認為是一種福氣，父母試圖擺脫他們，把他們交給護理師或學校，雖然父母健在，但他們卻成了孤兒。雖然身體健康，但他們卻生病了。這導致了他們對生命的沮喪，被稱為「淘氣」，他們有問題，他們的父母想要知道怎麼做。

有些人提問，有些人盡力解決他們自己的問題。一些人堅信如果立刻制止他們，他們就會被治癒，他們認為盡快檢查出這些缺陷，問題就不會再發展。所有的手段都使用了：搧耳光、責罵、讓他們不吃東西睡覺。但是結果卻發現他們變得更凶猛，更壞，或者發展成被動的、類似的缺陷。然後，我們會嘗試說服他們，我們會利用他們的感情，問他們「你為什麼要傷害媽媽」，或者不關注整件事，不管他們。討論開始了：「我姐姐的孩子做他們喜歡做的事，看看他們什麼樣！」、「你的孩子怎麼這樣？」、「哦，我告訴他們的父親，誰打他們了。」、「他們好嗎？」、「哦，不，他們就和他們的父親一模一樣！」

還有一些人不去管他們的孩子，這些孩子通常屬於被動型，他們什麼都不做，而母親認為她的孩子又乖又聽話，當他纏著她時，她說他有多愛她；他非常愛她，沒有她，他就睡不著覺。但不知怎麼的，她發現他行動遲緩，說話遲鈍，走路也很虛弱。「他是健康的，但他有時如此地敏感，他害怕所有事情！他還不想吃東西；他是一個注重精神的孩子，因為為了讓他吃飯，還得給他講故事，他應當是個聖人或詩人！」

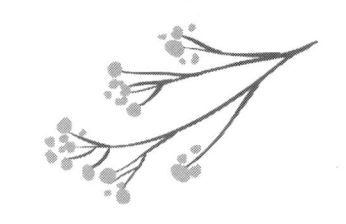

最終她認為他生病了，醫生幫他開藥，這些精神疾病讓這個醫生賺了一大筆。

如果我們了解人格建構所必需的活動週期，所有這些問題都可以被理解和解決；如果我們意識到兒童需要傾聽人的聲音，看到人的行動，並實踐他們自己的經驗。我們知道這些問題都是前期處理不當造成的；他們在精神上受到了驚嚇，他們的頭腦是空虛的，因為他們沒有辦法建構它。

這些缺陷的主要原因是缺乏思考（心理學現在非常關注這一點），另一個原因是，缺乏由我們已經研究過的兒童的建設性衝動引導的自發活動。幾乎沒有任何兒童能夠找到充分發展所必需的條件。他們被隔離在人群之外，整天被強迫睡覺；成人為他們做了一切；他們無法不被干擾地完成整個活動週期。他們無法觀察物體，因為當他們拿起物體時，物體就被拿走了；他們只是看著它們，卻無法持有它們，這讓他們想要擁有它們，所以當他們真的抓住一朵花或一隻昆蟲時，他們就把它們扯開，因為不知道該怎麼處理它們。而被動的兒童則形成了惰性。

恐懼也可以追溯到早期。如果當一個小孩從樓梯上摔下來時，大人們都衝過去幫助他並大驚小怪（他們通常都會這樣做），他會感到害怕，而不是大笑，我們的行為往往是導致孩子們恐懼的原因。

我們學校引人注目的一個重要事實就是讓這些缺陷消失，這歸因於一件事：這些兒童可以在環境中自己實踐，而這些實踐滋養了他們的心靈，這就是為什麼這些常見的缺陷消失了。圍繞對活動的興趣，他們會反覆實踐，並能從專注的一個階段移到下一個階段。當兒童達到這個階段，能夠集中精力，圍繞著一種興趣工作時，缺陷就消失了；無序者變成有序者，被動者變成主動者，搗亂者變成幫助者，這是一個不可思議

第二十章　幼兒的個性和不足

的事實，這些缺陷的消失使我們明白，它們是後天習得的，而不是真正的特徵。兒童沒有什麼不同，一個說謊，另一個不聽話。所有的麻煩都來自同一個原因：兒童缺乏必要的精神生活手段。

那麼，我們能給母親們什麼建議呢？告訴他們要給兒童工作和有趣的事情；不要在不必要時幫助他們，如果他們已經開始採取任何具有智慧的行動，也不要打斷他們。甜、苦、藥都不發揮作用。兒童正遭受精神飢餓。如果有人遭受肉體上的飢餓，我們不說他愚蠢，不打他，不為他感傷；那樣做沒有什麼好處；他需要的是吃東西，這個問題也是如此，無論是強硬還是溫和，都不能解決問題。人天生是智力動物，他需要的精神食糧幾乎超過物質食糧。與動物不同，人類必須建構自己的行為，而生命就是為了這種需求而存在的。所以，如果在這條路上，他能夠建構生命賦予他的行為，那麼一切都會很好。身體疾病消失，噩夢消失，沒有暴食，消化正常。因為心理正常，他變得正常了。

這並不是道德教育的問題，而是和性格的發展相關。缺乏性格，錯誤的性格，在不需要說教或以成人為榜樣的情況下就會消失。並不需要威脅或承諾，只需要生活的情境。

第二十一章　兒童的社會貢獻：標準化

上一章節所描述的所有的性格特徵，都可以從堅強型和脆弱型兒童的行為中顯示出來，但大眾並不認為這些是惡的行為，有些還被認為是優點，那些表現出被動性格和依附於母親的兒童被認為是好的。其他的特質仍然被認為是優越的象徵；兒童總是忙忙碌碌，非常健康，想像力豐富。他們的思想經常從一件事轉移到另一件事，但父母認為兒童很聰明。

因此我們可以認為世界上有三種類型的兒童。

1. 需要糾正的兒童。
2. 作為榜樣的好的（被動的）兒童。
3. 天才兒童。

後兩種類型的兒童被認為是優秀的，父母也為他們自豪，即便當他們跟兒童（最後一種類型的兒童）在一起的時候感到不舒服，他們仍然會引以為豪。

我曾經專注於這一點以及上述分類，所有這些特點在最近幾百年來都受到了關注，除了這些特點，人們並沒有關注到其他。然而在我最初的學校以及其他學校裡，一旦兒童對他手裡的工作感興趣並專注其中，所有這些特點就都消失了。所謂的優點、缺點或是超常之處，都消失了，只剩下一種類型的兒童，沒有上述我所描述的任何一種特點。這意味著迄今為止，世界上並沒有關於好的、壞的、優越的標準，我們所認為的，其實並非如此。這使我想起一句這樣的話：「上帝啊，除了你，沒

第二十一章　兒童的社會貢獻：標準化

有什麼是對的；其餘的都是錯誤的。」在我們學校裡的兒童，展示出兒童真正的目標是不停地工作，而這一點以前從來沒見過。就連這種自發選擇的工作，沒有教師的引導，也從未見過。這些兒童遵循內部的引導，從事不同的工作（每個人都不相同），每個人都冷靜而開心，之後在兒童的小組裡出現了以前從未出現的自由的規則。

這給人們帶來的震驚遠超書寫的爆發，這種自由的規則，看起來解決了之前從未解決的問題。解決方法是：掌握規則，給予自由。這些兒童尋找自由的工作，每個人都專注於一項工作中，而整個小組呈現了完美的規則。我們將回到兒童最終獲得的真正的天性問題上，但同時我們將描述發生在兒童身上的變化。

所有的兒童，如果都處在允許有序活動的環境中，都會出現這一新的現象，因此在所有人中都有一種心理類型，迄今為止都被外部特徵所掩蓋了。兒童身上的這種變化，讓他們看起來就像是一個整體，並不是逐漸出現的，而是突然出現的。這種變化經常出現在兒童專注於一項活動時，因此如果是一個慵懶的兒童，我們不鼓勵他工作。我們只是在準備好的環境中促進了與發展方法的接觸。一旦他找到工作，所有的困難就消失了。和兒童講道理是無法發揮幫助的；而是兒童自身的某種東西在發揮作用。

人類個體（尤其處於建構階段的）是一個整體，同時也在建構整體，當手在工作時，心靈在引導。我發現如果手和心靈沒有結合，個體就不是一個整體，就會出現人們看到的「壞的」、「好的」、「優越的」。這個結論是基於我對兒童的觀察得出的，而並不是我的先驗想法。這是人們所意識到的一個新觀點，而且可能是最難以理解的，這可能是因為我們生活在一個充滿美德和缺陷（這種美德和缺陷會受到獎賞或懲罰）的世界

裡，因為他們沒有機會表達其他任何東西，所以他們總是表現出上述特徵。不需要成人的指導或成人作為指導者，只需要給兒童提供工作的機會，而這一點之前一直是沒有做到的。

從表面的到正常的特徵，通常需要手和心靈共同合作出具有智慧的活動才能實現。在圖 8 的一邊用射線表示了我們通常所知道的，兒童所有不同的特徵，數量眾多。中間粗的垂直線象徵著集中在一點上，這是一條正常的線。當兒童能夠集中注意力時，中間這條線右邊的所有線都消失了，只顯示出左邊的線所代表的特徵。所有表面特徵的喪失不是由成人實現的，而是由兒童帶著他的整個人格沿著功能的主線傳承下去的，然後達到正常狀態。

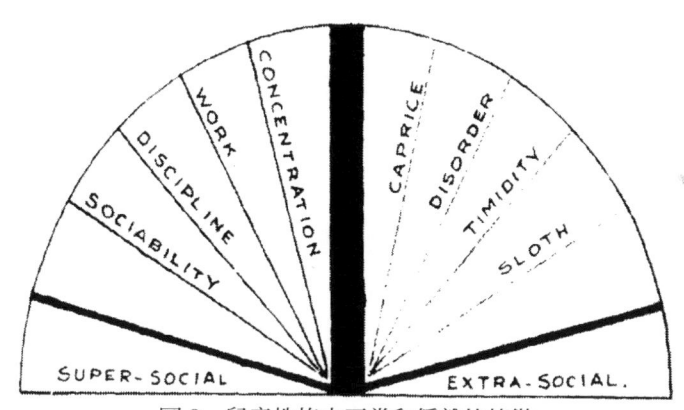

圖 8　兒童性格中正常和偏離的特徵

我將舉一些在非常見情境的最初學校裡發生的例子，來自世界各地的人們都來上我的課，當他們回去之後，在他們自己的城市建立了學校。這些學校多數都是面向富家子弟的，他們有更多的缺陷，因為他們有許多僕人，他們恢復正常功能的機會更少。我從學生那裡收到的最初的信件都是很沮喪的，信裡有大量的缺陷，他們很詳細地描述了所有常見的缺陷，包括：

第二十一章　兒童的社會貢獻：標準化

1. 一名兒童將手中的材料當作飛機或者火車來玩，他大聲地講話、開玩笑，並打擾其他小孩（原始的表面類型）。
2. 另一個兒童比較勢利，對設備有優越感，也很懶惰。
3. 有一名兒童依附於他的哥哥，哥哥拿什麼他就拿什麼，哥哥起床他就起床等等。
4. 其他兒童多數都有恐懼症，比如怕水等，有一個 3 歲半的兒童還不會講話。

有許多兒童都像這樣，他們給教師帶來了極大的困擾。有一位教師說他們把布料扔在地上，在上面跳舞。那些以為兒童是降臨的小天使的教師們，感到非常失望。

過了幾個月之後，這些信件的表述開始發生改變。我們稱之為「常態化」的轉變已經發生了。那些互相之間並沒有連繫的教師（有些在紐西蘭，有些在羅馬、法國、美國或英國），所有人都在講述同樣的事「這些孩子都找到了工作，他們自己產生了改變」。那名到處都跟著他哥哥的兒童，有一天自己拿了一塊粉色的毛巾，並把注意力全部集中在上面。當他哥哥到另一間房間的時候，這名兒童並沒有跟著他，他哥哥非常震驚，甚至用一點驚奇的語調問：「這是什麼？我在隔壁房間畫畫的時候，你在玩這個粉色毛巾？」這名兒童發現了他自身的價值，不再需要他哥哥的精神支持。

另外一個孩子沒有媽媽的陪伴就不肯來學校，也不肯待在學校，這位母親要一直待在學校的某個角落，並答應孩子不會離開，否則一旦她嘗試溜走，孩子立刻大哭。某天，這個孩子對洗桌子非常感興趣，媽媽想這是一個很好的溜走的機會，但她猶豫了，如果不事先告訴孩子，他之後發現她不在那裡時，孩子會尖叫起來的。因此，她跟孩子說「我走

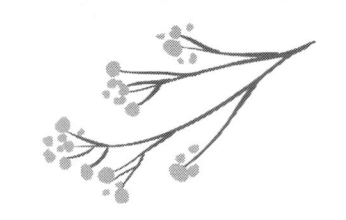

了」。結果，這個孩子說「好的，媽媽再見」。從此，再也沒有需要他媽媽陪他來學校或者待在學校裡。這些依附於他們母親或哥哥的兒童，還沒有獲得獨立或自由，因此他們自己不能獨自做一些事，而需要有些人一直幫助他們完成相應的功能。一旦他對工作感興趣，並且心靈可以引導手的動作，他們就會實現自身的獨立，並能夠自己實現相應的功能。

那位將物品當作火車和飛機的嬉鬧的兒童，對幾何插圖產生了興趣；他繞著那些形狀和框框，閉著眼睛也能把它們填對，他的那些胡亂的思想消失了，他會說「這是發動機」、「這是架飛機」等等，他還會說「這是一個四邊形」、「這是一個八邊形」等等。他現在與現實相連繫，而不是幻想；他的雙手之前會扔掉所有東西，現在工作起來變得非常小心、精細。他變得冷靜，並對所有的材料都很認真。如果有人驗證這些，可能會說這個生活在幻想世界裡的兒童，之前並沒有物品真正能夠吸引他的注意力，所以他只能依靠手邊所能找到的東西；他的雙手沒有任何機會抓住什麼或有什麼真正的目的。心靈之前只能幻想，手上沒有東西可以操作，如今，雙手可以操作真實的東西，心靈可以為之引導，就突然出現了整合的個體，這項真實的工作反過來也滋養了心靈。

那名怕水的兒童，尤其害怕倒水（很可能因為玩水而受到過粗暴的責罵），最終對重量板很感興趣。她非常開心，當她完成的時候，她又做了一些其他工作。之後她突然意識到她不再害怕潑水了，當她看到一些兒童在玩有顏色的水時，她感到很開心，她立刻跑過去幫他們把小罐子都裝滿了水，並認為這是她的一項特殊任務。

有一名兒童有個特點，從來不坐，即便很累也不肯坐。我們嘗試找出在她早期生命中發生了什麼事件，導致出現了這一現象。她的母親說，她從來都沒有因為她坐下來而責備過她，之後她的父親回憶起來一

第二十一章　兒童的社會貢獻：標準化

件事。在這名兒童大概 1 歲半的時候，她穿了一件新裙子，坐在了一個剛油漆過的工具上，她母親突然吼起來：「小心！不要坐在那！看看你弄得一團糟！」這就是她害怕坐的原因，問題是怎麼治癒她。我說「不要關注她，讓她自己找到她的興趣」。過了一段時間，她對某些工作產生了興趣，並帶著極大的興趣不停地重複相應的活動。為了繼續玩，她無意之中拽了一張椅子坐了下來，從此以後，她不再害怕坐下來了。

有一名 3 歲半的兒童一直不說話，家人帶她去看醫生，醫生沒有檢查出什麼器質性的問題阻礙她講話，經過電擊治療也沒有用。她到學校來之後轉了幾圈，什麼也沒做，當然也沒講話。最後她對某項工作產生了興趣，我們可以看到她的臉都在發光。當她完成工作的時候，她跑到教師旁邊說「來看看我做的」，她說出了她最初的詞彙。

此外，消化不良、噩夢和其他問題也消失了，兒童在家裡也變得平靜了。有一名兒童經常怕黑，但對學校裡的工作產生了興趣，某天晚上在家裡，當她媽媽需要從昏暗的屋外拿點東西時，她說「媽媽，我去拿吧」，她不再怕黑了。

過度順從、被動的兒童也發生了變化，透過集中的自發活動，被動和過度順從都消失了。

我們必須重申，這不是一種偶發現象。這在全世界的所有我們的學校裡都發生了，因此我們意識到這種冷靜、安詳、無所畏懼的兒童是真正的、正常的兒童，呈現了兒童時代的真正的行為和特點。之後我才完全理解這究竟意味著什麼，那便是兒童必須自己建構心理，就像我在之前的章節以及我們其他書中所描述的，如果環境不允許，正常化就會消失，但是一旦環境能夠建構相應的心理，正常的類型就出現了，因此我們稱這些在我們學校裡成長的兒童為「標準化」的兒童，而其他兒童為偏離的兒童。

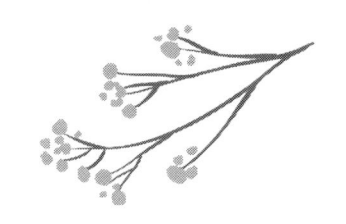

其中有一個最重要和最有趣的因素是標準化兒童的特殊規則，每個兒童都在自己選擇的工作中從事自己的工作。記者說「如果這是真的，那真是不可思議，但它是令人難以置信的」。所有參觀這些學校的人都嘗試尋找我使用的是什麼手段，他們確定這應當是個圈套。有人說這應該是我使用了催眠術導致的結果，但我說「這在紐約發生的，而我當時在羅馬」。其他人認為兒童提前接受了教師的安排，教師們會透過眼神表示同意或不同意，但誰會費這麼大的力氣去證明一些以前從未見過的東西呢？

在巴拿馬運河開放的時候，在舊金山舉行的世界博覽會也證明了這些現象的真實性。在教育展覽中，建造了一個小的玻璃幕牆的蒙特梭利教室，這樣大眾可以從外面觀看，而不會打擾孩子們的工作。道爾頓計畫後來的發起人海倫·帕克赫斯特（Helen Parkhurst）當時還是一名教師。晚上，教室的門是鎖著的，鑰匙留給看門人。有一天，看門人出了意外沒有來，所以人都在外面等著，孩子和他們的教師也一起等著，教師說：「我們今天不能進去工作了。」，但一個孩子看到了一扇開著的窗戶，便說：「把我們舉起來，我們可以從窗戶進去工作。」窗戶的大小正好適合孩子們，所以教師說：「你們可以進去，但我進不去。」孩子們回答說：「沒關係，反正你也都不工作的，你可以和其他人一起坐在外面看我們。」我所倡導的不是一種理論原則，而是全世界所見證的事實。

曾經在義大利發生了一場地震，破壞了墨西拿這座城市，地震發生之後，許多兒童都失去了父母，他們經歷了重大的創傷，很明顯需要政府的幫助，他們被送到了一所孤兒院，其中六十位最沮喪、年齡適宜的兒童被挑選了出來，採用這種新方法給兒童一些特殊的安慰。很顯然他們是最難照顧的，因此為了幫助他們獨立，我們創造了一個特殊的環境。這是一個非常漂亮、明亮的環境，可以開展許多實踐生活的練習。

第二十一章　兒童的社會貢獻：標準化

幾個月後，他們在花園裡擺桌子準備吃午飯時，高興得蹦蹦跳跳，外面的人很疑惑發生了什麼。實際情況是這樣的：在實踐生活的練習中，許多複雜的因素結合在一起，並且有非常精確的細節。在幫助他們的人當中有貴族，他們教給兒童許多在貴族圈子之外不為人知的社會禮儀的細節，這些細節和精確要求引起了兒童的興趣，他們開始了新生活。外面的人說這些兒童不僅是完美的紳士和女士，還是完美的僕人，正是細節的數量和準確性引起了人們的注意；在一個粗鄙的行為上，心靈是不會停留的，它必須停留在精確的細節上。一位美國女作家朵洛西·坎菲爾德·費雪（Dorothy Canfield Fisher）去看望這些孩子，之後她寫了《蒙特梭利的母親》（*A Montessori Mother*），這本書至今仍在印刷。對這些兒童來說，他們的憂鬱症得到了治癒；由於兒童受到過打擊，生活已經到了最低點，現在生活再次熠熠生輝。

根據這些我們可以得出結論，兒童最初的心理需求是要根據他自己的心理法則生活。活動帶來的個人的標準化行為，因為這不僅是像成人那樣的普通活動，這也是生命的需求。兒童應當不斷成長、生動地趨向獨立，心理與手是連繫在一起的。如果沒有遵從自然的法則，無數的困難就會出現，如果遵循了自然的法則，困難就會消失。因此，如果能夠在一個準備好的環境中，雙手能夠根據自由選擇拓展第一階段的活動，並不斷地完善，在3歲到6歲的時候，所有困難可能都會被克服。這些事實很簡單，但它們是生命的事實，世界各地在之前的四十年裡都觀察到了這一現象。基於這些事實，新的特點出現了，新的學校組織建成了；在這些學校裡，兒童是主動的，而教師大多是被動的，透過環境間接地發揮作用。

這種性格的變化並不會在所有的兒童身上發生，出生前所形成的特定的器官損傷或疾病的狀態，我們沒辦法幫助或治癒。在前面圖中左邊角度呈現的就是這些。他們是先天的、精神上的和道德上的缺陷，長大

後他們會成為我們社會中的白痴和罪犯，他們是人類群體中一個很小比例的群體，但是現在，這些罪犯、白痴和瘋子的比例卻增長了，因為那些在 6 歲前本可以被治癒的兒童，並沒有得到幫助。因此我們開始有點理解社會的問題。比如，在美國，統計數字顯示，每年精神病院的新入院人數為十萬；每一個人都瘋了至少十年，你就會明白在美國有多少瘋狂的人，還有多少人正在瘋狂，這是不自然的，大部分都是可以被幫助的，但只能在 6 歲之前。監獄也滿員，因此還專門為年輕人建造監獄，這是另一個悲劇。

圖 8 右邊的小角度也代表了那些我們不幫助的人；他們是社會上的聖人和天才，不需要我們。標準化適用於大多數人，而不適用於任何一方的少數例外，那些聖人和天才因為有偉大的人格，而不需要規範化，也有些人因為先天缺陷而無法得到幫助。我們希望透過理解，可以幫助很多人，這樣精神病和罪犯的數量就可以大大減少，但學校和社會生活必須改變，因為他們要為大部分的麻煩負責。因此，我的第一個學校是重要的，我們要感謝這第一批兒童，因為沒有他們做例子，我們不可能了解這一切。

兒童是偉大的公民，他向我們展示了改善社會的道路，簡單和獨特的道路都是兒童的貢獻。只有透過工作，重組才能實現，但必須是給予人歡樂的工作，而不是強加於人於生活法則之外的工作。

第二十一章　兒童的社會貢獻：標準化

第二十二章　性格：征服而非防禦

在前一章節中我們提到，如果兒童在 6 歲之前有適當的環境，出生後產生的缺陷就會消失。這些缺陷的消失並不是由於被逐個攻擊的普遍做法；而是當兒童的興趣集中在一項活動上時，它們都突然以同樣的方式消失了。之後出現了一系列連續的現象。所有正常兒童的行為方式都是統一的，比如他們會專注於一些事，安靜地工作。這在當時是令人驚訝的，因為以前從未在兒童身上發現過。他們還表現出一種在成人和兒童身上從未見過的特殊特徵：他們以最大的努力在工作，並繼續活動，直到任務完全準確地完成。

即使是成人，能準確地完成一項任務的情況也是罕見的；兒童做到了極限，因為他們曾經已經完美地完成了自己的工作，他們重複了很多次，以至於在我們看來通常很荒謬。他們會磨光銅器數十次以上，或者重複四十次，甚至二百次。很顯然，兒童的工作並不是根據外部目標，因為他們所擁有的目標不是外部的，而是由天性支配的。這些重複和集中的活動通常具有同一個特徵，那便是思想和手是一起工作的。我們必須意識到這一點，並嘗試理解它。這些兒童正在建構作為人的特徵，他們在培養作為一個被人欣賞的人的內在特質：果斷、持之以恆。

這些特質並不是在受引導或根據榜樣發展起來的，我們必須以一個積極的角度研究這種特質：性格是透過多年的持久地、不斷地練習才能獲得。這是在 3 歲到 6 歲的階段形成的，這種品格的建立是沿著自然為人類性格的形成所建立的路線進行的。在 0 至 3 歲之間，那些習得的東西是精細的（例如語言），所以在這裡，精細性格的建立是按照自然的指

第二十二章　性格：征服而非防禦

導來實現的。兒童0至3歲所有的獲得都是透過有吸收力的心靈實現的，僅僅透過與他人生活在一起，就能夠吸收語言等，但3至6歲的兒童必須以一種積極的方式建構他的性格。

性格的建構與工作連繫在一起，因此到6歲時，心理特質和性格的建構已經基本完成了。如果我們認真思考這一問題，就會發現我們並不能教育性格的建構，也不能在3歲到6歲正常兒童建構他性格的時候干擾他。如果我們進行了不必要的干擾，就會打斷這種建構過程。因此對這個年齡層兒童的教育並不是引導他們，幫助這種性格自發發展的方法只有一個，那就是為他們的發展準備好環境，然後尊重他們的智力活動，不打擾他們。我們並不需要為他們樹立榜樣，一個原因是他們可能會比這些榜樣做得更好，另外引導他們也是沒必要的，這就像對牛彈琴，即便是普通人也理解這一點，這就是為什麼他們打兒童，是因為他們知道跟兒童說話是沒有用的。

兒童的啟示為我們指明一條道路，就是要把這一部分教育建立在科學的基礎上。在以後的年齡層，我們可以直接接近兒童的思想，我們可以透過說教和勸勉進行干預。只有在6歲之後，人們才能掌握兒童的道德；在6歲到12歲之間，兒童意識覺醒，能夠看到什麼是對的，什麼是錯的。還有更多的成功可以在兒童的12歲到18歲之間實現，此時兒童開始感受到諸如愛國主義和社會觀念等方面的理想。然後我們可以成為兒童和成人的教育家。宣講的教育活動通常是在成人中進行的，所以我們有充足的時間來進行宣教工作。唯一的問題是，在6歲以後，兒童不能自發地發展品格，而教育家自身也不完美，他們的困難在於他們只能嘗試對煙而不是火採取行動。

教育家們哀嘆說，他們可以教授科學、文學等，但是這些年輕人沒有性格，如果沒有性格，就缺乏生活的推動力。只有那些經歷了環境所

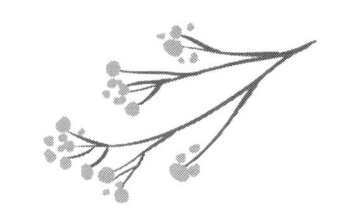

帶來的風暴和錯誤，仍然能夠挽救部分或全部這些特徵的人，才有性格。錯誤在於，在他們 6 歲之前，我們沒有給他們機會，讓他們可以透過正常的、不受我們干擾的活動來塑造自己的性格。如果這些年輕人缺乏集中注意力的能力，我們就無法讓他們集中注意力。如果我們告訴他們要堅持不懈地工作，並且全神貫注，但是若他們沒有這方面的能力，又怎麼能做到呢？這就好像有人說「直走」，而我們並沒有腿可以走路。

這些能力只能透過鍛鍊獲得而不是透過要求實現。即便是被要求或期待完成，我也不會彈鋼琴或維納琴，因為我並沒有這方面的能力，所以已經喪失了機會。在兒童創造性的階段丟失的東西也不會被再創造。我們又能做什麼呢？社會普遍會說「要對年輕人保持耐心，我們要盡己所能和發揮榜樣的力量」，我們耐心地思考，時間會帶給我們收穫，但我們什麼也得不到，並且隨著時間的流逝，我們變得越來越老，但我們什麼仍沒創造出來。僅僅依靠時間和耐心，是不會有收穫的；如果你在創造性的階段不能把握好、運用好那些機會，你就永遠只能耐心地等待。

如果我們看看人類，就會明白另外一點，人類其實是一群擁有未開發的、混亂的頭腦的人。每個人都會說「所有人都是不相同的」，但是這些不同的個體可以被分類成不同類別。如果我們能成為精神之鷹，從高處俯看，我們就會看到這些類別。似乎就像孩子一樣，這些成人有不同的缺陷，但都有一些深刻而內在的東西，他們都有共同之處，但卻深藏不露。在所有的人身上，都存在著一種精神，即追求自我完善的趨向，雖然這種趨向有時是模糊的，是下意識的。的確，這些針對性格缺陷的行為，後來會對性格產生刺激性的改善。個體和社會的共性就是不停地努力。這是個事實，無論是從外部還是從內部來說，就是在人類的潛意識裡有一盞小燈，指引人類走向美好。換句話說，人的行為不像其他動物那樣固定不變，而是可以進步的。因此，人有這種進步的衝動是很自然的。

第二十二章　性格：征服而非防禦

在圖9中，我們看到圖中心是一個紅色的圓圈，這是一個完美的中心，在它周圍是一個藍色的圓圈，代表著更強的正常人類。白色的圓圈代表了大量的不同程度的不健全人群。在邊緣是兩個黑線之間的一個小棕色的圓圈，代表正常人類之外的人，即極少數的非社會或反社會的人（非社會的人是低能兒、瘋子，而反社會的人主要是罪犯）。罪犯和瘋子不能適應社會，其他所有人都能夠在較大或較小程度上適應。因此，教育的問題主要是面向那些在某種程度上能夠適應的群體。

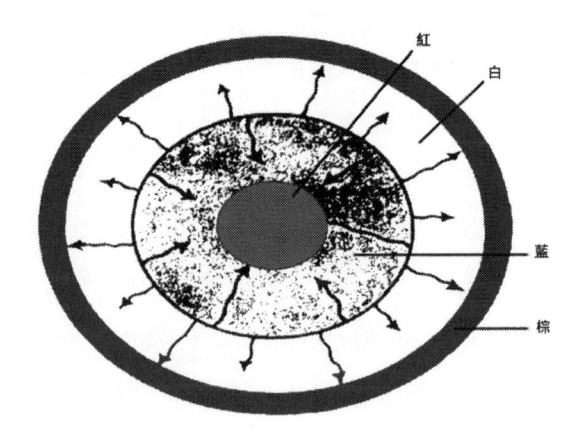

圖9　向高級或低等的吸引力之圈

適應環境是6歲以下兒童的工作，因此這是人類性格的起源。能不能找到可適應的環境，這是一個很大的問題！有些人或多或少地適應了環境，或多或少地滿足了社會的需求，他們就是白色圓圈代表的人。藍色圓圈所代表的人更接近完美，更強壯，因為他們有更多的精力或者可以找到更好的環境，而其他人的精力少一些，或者遇到了許多挫折。

在社會上，那些在藍色圓圈裡的人被認為有更堅定的性格，其他人的性格則稍弱一些。中間的完美對藍色圓圈裡的人，有一種天然的吸引，而在白色圓圈裡的人更容易被末端和外圍吸引。因此，有一類人被

反社會和非社會的環境所吸引，並且正在往下滑，就好像他們在艱難地攀爬，然後滑了下來。他們遇到許多誘惑，如果他們不能不斷努力，他們就會滑下來；他們感到自己低人一等。

我們必須在道德上堅持這些，這樣他們就不會在誘惑中滑落。它不是一種愉悅的吸引力，因為沒有人喜歡滑向犯罪或精神錯亂；它就像一種不可抗拒的吸引力，涉及持續不斷地抗爭。這種抵制下滑趨勢的努力被認為是一種美德。事實上，美德可以防止我們跌入道德的深淵。這樣的人被告知要小心，不要進監獄，他們要贖罪；他們要為自己的生命制定規則，使自己不致跌倒；他們會對比自己更好的人產生依戀；他們會向神祈求幫助他們抵抗誘惑。

越來越多的人披上了美德的外衣，但這是一種非常困難的生活。懺悔不是生活的樂趣；這是一種攀登懸崖時緊緊抓住某樣東西，不至於掉落懸崖、粉身碎骨而做的努力。青年受到這種吸引力的影響，教育者們也試圖用榜樣和勸誡來幫助他們。他們自身以榜樣的形式存在，儘管有時他們和年輕人一樣感受到這種吸引力。多少次他們說：「我必須成為一個榜樣，否則我的學生該怎麼辦？」他們感受到了榜樣身分的束縛。學生和教育者都屬於善良的人——白色圓圈所代表的那一類人；這就是當今品格與道德教育的環境，它被認為是唯一的教育。因此，大多數人經常都屬於白色的圓圈，人類一般都認為這才是真正的人，他們不斷地在為自己辯護。

藍色圓圈裡的人更強壯，他們受到的是一種接近完美的真正的吸引力。這通常或許是一種沒有可能達到完美的渴望，但在任何情況下，他們會自然地、幾乎不費力氣地去實現它。他們不是因為害怕警察而沒有成為小偷，也不是因為害怕擁有而做出努力的人；他們不是受暴力吸引

第二十二章　性格：征服而非防禦

的人，而是因美德而克制暴力的人；他們不會被周圍人的財產所吸引，也不會有暴力傾向。他們覺得只有一種吸引力，那就是完美的中心，他們覺得這已經成為他們生命的一種特質。同樣，他們並不需要美德，因為他們很少受不完美的力量的吸引。他們討厭不完美。當他們走向完美的中心時，他們並不覺得這是一種犧牲，而是他們最熱切的願望——他們想變得完美。

讓我們做一個身體上的比較，並考慮素食者和非素食者的問題。許多吃肉的人，在一週的某些日子裡不吃肉，還在大齋節裡禁食四十天，不吃肉，也不吃別的東西。對他們來說，這往往是一個漫長而沉悶的懺悔期，但他們覺得自己很高尚。過了這段時間，就會有一種反應，他們會狼吞虎嚥地吃各式各樣的肉。在大齋節期間，他們受誘惑時會說：「主啊，幫助我！」這些人都是品行端正的人，遵守他人和領袖的規則。他們是純潔的，但在藍色圓圈裡的是神聖的人，是素食者，他們沒有受到吃肉的誘惑，也會避免吃肉。派一個反對吃肉的人到素食主義者那裡是沒有用的，因為他們比他更擅長觀察不吃肉的人。

讓我們再舉一個例子：身體強壯的人和身體虛弱的人（例如患有慢性支氣管炎的人）。後者需要溫暖的包裹和許多羊毛衣物來保護肺部；或許他也需要透過洗澡和按摩來緩解血液循環不良。這些人看起來很正常，他們沒有住院，但他們會照顧自己。他們的消化能力可能不好，他們需要在特定的時間以特殊的方式吃特定的食物，從而保持健康。所有這些人都生活在正常人中，但他們都非常小心，關注細節，對醫院和死亡的恐懼始終縈繞在他們周圍，他們需要與醫生、護理師、家人經常保持聯繫，他們經常會喊「幫幫我」。

但看看那些身體健康的人，他們想吃什麼就吃什麼，不在乎什麼規

則。他們在冷天出門，因為他們喜歡；他們會跳入冰冷的溪流中洗澡，而其他人甚至都冷得不敢出門。極限挑戰者們認為挑戰非常快樂，他們不用擔心身體不舒服。在美德的白色圓圈也需要苦行僧和先行者，以及各式各樣的精神導師，否則就會墮入誘惑的深淵。但在藍色圓圈的人並不需要這些，他們擁有其他人做夢也想不到的快樂。

那麼，讓我們努力把品格建立在事實的基礎上，再來研究這個完美的循環。什麼是完美？也許是在最高的程度上擁有所有的美德，然後為了達到什麼目的呢？在這裡，我們也必須探討一些可能的和事實的東西。我們所說的性格是指人類的行為，這種行為被敦促（即使許多人潛意識地）朝著進步的方向發展。人類和社會必須進化，這是大勢所趨。有些人感覺到上帝的吸引力，但是，讓我們暫時只考慮一下所謂的人類完美的中心，那就是人類的進步。有些人發現社會就是在這條線上進步的。在精神領域也是如此，個體達到了一定的高度，並推動社會的發展。

從精神上說，我們所知道的一切，從肉體上說，我們所看到的一切，都是某個人獲得的結果。如果學習地理或者歷史，我們會看到不斷的進步，因為一直以來，總有人在紅色的圓圈中畫出一個趨向完美的點，這是一種吸引，但只有在藍色圓圈的人，他們肯定自己，不需要規則或懺悔。他們不必花費精力對抗誘惑，因此他們可以用同樣的精力，去實現那些為了遠離誘惑而掙扎的人不可能做到的事情。所以伯德上將會受到一個只想要賺錢的人的羞辱？去南極探險，把自己暴露在極地探險的境地之中，對此他一點也不感到痛苦，他只受到那紅色的完美中心的吸引，他想達到某種尚未達到的狀態。

總結一下，我們可以說，從性格的角度來看，白色圈內的人過於富

第二十二章　性格：征服而非防禦

有，藍色圈內的人過於貧窮。有太多的人需要外在的輔助才能使他們避免誘惑；如果世界繼續將教育聚焦在這個水準上，就會把人民的生活保持在這個水準上。

想像一下，一個來自白色圓圈的教育者來到藍色圓圈的孩子面前，告訴他們放棄吃肉，否則就會墮落，這類兒童可能會說「我不會墮落的，我從來都不想吃肉」。或者另一個教育者說「你必須穿好衣服，否則你會感冒的」，兒童可能會說「我不需要穿衣服，我不怕感冒」。我們意識到，在教育中，這種來自白色圓圈的導師，往往會把所有的孩子推到這個水準（即使只是為了反抗），而不是為了向完美的中心邁進。

如果我們看一看所有的教育大綱，就會發現它們所提供資訊的稀缺性和枯燥性。它羞辱了今天的教育，帶來了一種自卑情結，並人為地削弱了人類的力量。它透過自己的組織來做到這一點，它限制了知識，限制了人的水準。這是一種錯誤的教育，建立在人的劣等品格上，而不是建立在人的優越品格上。正是由於人類自身的努力，人類才成為一群更卑微的人。他們在6歲以前還沒有建立起自己的性格。我們必須努力重建真實的水準，盡量讓孩子發揮他的創造力；也許藍色圓圈不是完美的，而是受到完美的吸引，不是為了抵抗，而是為了征服，這將會入侵整個白色圓圈。如果人的一生中只有一個時期可以在精神上建構自己，如果這個建構不是在那個時候完成的，或者是因為一個錯誤的環境而建構得很差，那麼我們自然會得到大量未發展的個體。然而，假設我們允許性格按照本性發展，並給予建設性的活動機會，而不僅僅是勸誡，那麼世界將需要另一種類型的教育。

去掉人為的限制，把偉大的目標擺在人類面前。我能讀懂所有的歷史和哲學，但仍然是一個笨蛋，但是為了努力而給出的方法，將使結果

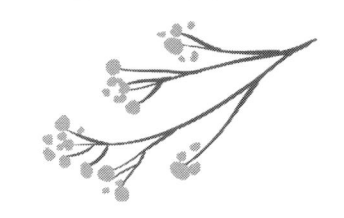

不一樣。為了做到這一點，我們必須堅持在人身上找到相應的回應。我們可以鼓勵的性格，是在創造性時期建立起來的性格，如果我們不允許它們自己建立起來，那麼它們以後就不會存在，說教和舉例也是沒有用的。

　　這就是新舊教育的不同之處：我們希望在適當的時期幫助人類自身的建構；幫助所有實現一些偉大事情的可能性，以便現在可以真正地做一些事情。社會已經築起了高牆和障礙，我們必須摧毀它們，展示出地平線。新教育是一場變革，但是是非暴力的變革。在那之後，如果它成功了，就不可能是一場暴力變革。

第二十二章　性格：征服而非防禦

第二十三章　自制力的昇華

　　在對一般現象略知一二之後，讓我們詳細觀察發生的事實和我們對它們的解釋。由於孩子們的年齡和他們表現出來的熱情，這些事實呈現出來非常令人驚訝和引人注目，但更因為孩子們表現出來的性格和人類崇高特質之間的關係。

　　如果有人研究發生的所有現象，就可以在建構的過程中看到全部。這個建構的過程可以被比作特定階段的毛毛蟲的行為，牠們不再像以前那樣在許多樹枝上爬行，而是待在一個地方，變得非常活躍。過了一會兒，你會看到一團幾乎看不見的絲線，它們是如此得透明，但這是一個堅固的繭的開始。對於毛毛蟲，我們關注到的第一個現象是專注。我們學校的3歲半的兒童專注力是驚人的，環境中有許多其他的刺激，但不可能會破壞兒童的專注。類似程度的專注力可以在一些成人身上被觀察到，但只會出現在特殊的人物中，比如阿基米德（Archimedes），他非常專注於他的幾何問題，雖然敵軍已經攻進了他的城市，並進入了他的房子，他只是說：「不要打擾我的圓！」他沒有意識到城市已經被敵軍占領。

　　人們知道詩人會持續他們的創作而不會注意到外面行軍的吵鬧。但只有天才才能注意到成人的這種專注力。在3歲半兒童身上的這種現象並不是相同的。兒童的專注力是由天性給予的，當我們看到不同國家的不同兒童都在重複這個的時候，我們認為這是建構模式的一部分。就像指南針一樣，在做任何事情之前，固定一個點是必要的，但一旦固定了，任何設計都可以畫出來，因此，在孩子的建構中，固定注意力是第一階段。必須要一直注意同樣的事情，但除非是固定在上面，否則建構

第二十三章　自制力的昇華

就不會開始。就好像個體發現了一個中心，一旦這個中心被找到了，就能達到他實現的。因此如果我們想要組織，就必須把能夠與手頭工作相關的所有工作集中起來。缺乏這種專注力的兒童會受到所有刺激的引導，但一旦獲得了這種專注力，孩子就擁有並控制了環境。

在成人的世界裡，當發現有人經常改變他的興趣，我們會說他的性格是不能持之以恆的，這類人也不能承擔起生活中的任何責任，而當我們看到一個人有深刻的目標，能夠將他的注意力、精力集中在安排給他的事情上，我們就會覺得這樣的人會在這個世界上有所作為。我們會深思這類事情，並要求年輕的學生集中注意力在他們的學習上，然而我們自己卻並不能做到如此，這就意味著，它不在普通教育手段所能給予的範圍之列。因為這很難從年齡較大的孩子（大學生和高中學生）那裡得到，他們可能會想，是否可以從3歲半的孩子那裡得到？當班級裡有其他人在跳舞或做其他事的時候，任何一位教師想喚起班級剩餘學生的注意是不可能的，也更不可能喚起整個班級學生的注意，然而這樣的事情，卻在我之前章節裡提到的墨西拿孤兒的班級裡發生了。他們有六十個人在一個大房間裡工作，有上百名學生進來，沿著牆排隊，但這些兒童都沒注意到有人進來，也都沒抬頭。

這一現象表明自然建構了人類心理的某些重要專案，從這一點，我們也理解了正在建構人類意願的組成要素。兒童並不是透過已經存在的意志的力量實現的這種專注，而是靠天性，天性透過這樣的方式進行建構。在此之後，所有的旋轉和偏差都消失了，性格形成了。這件事之後發生了什麼呢？我們看到的恆常性沒有外在目標（重複鍛鍊），因此有內在目標；這種恆常性是兒童的特點，而我們成人並不具備。我們可以持續做一項長期的工作，但並不能重複相同的工作。

兒童的這種重複是一種性格訓練，成人也可以做到，但兒童卻能建構這種性格。有些成人並沒有耐心看兒童重複所有這些精確的練習，而兒童經常這麼做。兒童並沒有堅持的意志，他只是出於天性，但透過這種鍛鍊，他形成了成人的意志，這個意志是完成某項任務所應擁有的。如果我們看大自然是如何經常地分別鍛鍊，我們就會發現，要從那些沒有這些練習和發展意志要素的年輕人那裡，獲得任何恆心或意志是多麼不可能，那些缺乏恆心、意志力的人也不應當被批評，因為他們沒有建構它們的機會。

　　在最初的專注力形成之後，另一件事發生了，那便是兒童行動的覺醒，他們將付諸行動。在我們的班級，可以自由選擇他們工作的兒童，鍛鍊這種行動的決心。這同樣也是透過日復一日、年復一年的練習實現的。我們經常發現身邊的成人難以決定自己需要什麼，我們說他們缺乏意志力。有很多人都是這樣的，如果有人能夠準確地表達他需要什麼，我們需要什麼，我們則認為他擁有堅強的意志，並具有行動的決心。

　　兒童根據自然法則決定他們的行為，成人根據心理反應。成人喜歡在兒童人生的每個階段，都去告訴他應該做什麼，很顯然，如果要鍛鍊這種行動決心的力量，必須要能夠從成人那裡獲得獨立，因為這種決心來自內部的發展和內在力量。如果有一個當前更強大的人篡奪了內在的引導地位，那麼這個孩子既不能培養決心，也不能集中注意力。因此如果我們想要發展這些性格，首先就要讓兒童從成人那裡獲得獨立。如果我們觀察任何地方的兒童的生活，就會發現他們最強烈的本能是擺脫成人的束縛，所有物種都是如此。

　　當一個人看到結論時，會發現它是多麼合乎邏輯！但兒童並不是根據邏輯這樣做的，他是根據天性，因此大自然給了特殊的設計，兒童必

第二十三章　自制力的昇華

須遵循。這表明了人的性格發展與動物行為的相似之處，因為動物必須遵循某種模式，並透過將自己從其成年物種中解放出來而做到這一點。成長和建構有特定的自然法則，如果個體想要建構他的性格、他的心理，就必須遵循這些法則。

我們可以在每個事件和元素中見證心靈的建構。人的性格不是教育的結果，它是一個宇宙的事實；這是天性使然。它不是我們強加的結果，不是教育的結果，而是創造的事實。

讓我們看看那些消失的缺點。不能正常發育的兒童最常見的缺陷之一就是占有欲強烈。會出現「想要月亮」這樣的表述。如果這不是本能的衝動，又將是什麼呢？在正常兒童中，他們有可能對任何物體產生興趣，而最終引導他們進入一個階段的不再是這個物體，而是兒童對它的了解，之後這種占有發生了變化。

一個奇怪的事實是，想要擁有某物的兒童，過了一段時間就會把它弄丟或打碎。占有的缺陷往往與破壞的缺陷一起出現，如果我們已經對一件物品失去了興趣，這就可以理解了。它僅僅引起了一段時間的興趣，之後就被擱置一邊。

舉一個手錶的例子，它的真正價值是顯示時間。對一名兒童來說，他不認識時間，所以並沒有對手錶的真正的興趣，很快，他就會把手錶破壞了。另一個大一點的兒童可能會想知道手錶是什麼樣的構造，他會開啟它，觀察裡面的所有齒輪是如何工作，從而顯示時間的。這個複雜的機器讓兒童對它的功能產生興趣，而不是其他外部的目標。人們對手錶功能的興趣是如此強烈，因此產生了強烈的興趣。歷史給我們提供了案例。

法國路易十六（Louis XVI）對手錶的功能有著極大的熱情，他花了很

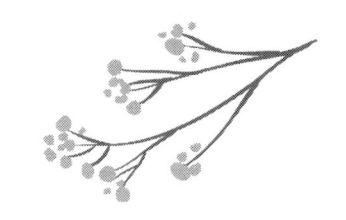

多時間在一個手錶實驗室裡。統治歐洲大部分地區的查理五世（Charles V）也有這種興趣。他有 12 隻手錶，他試著讓它們精確地報時，但他沒有能讓它們一起準確地報時，因此他說「如果我連 12 隻手錶都統管不了，又怎麼能統管整個歐洲呢？那我最好退休了」，於是他出家為僧，這是占有的第二種類型——對工作原理感興趣。

我們可以在其他領域也看到這種現象，兒童為了擁有花而掐斷它們，結果破壞了它們。通常物質的擁有和破壞都是一起出現的。我們現在也經常能看到這一現象。如果兒童知道花的各個不同組成部分、葉子的種類、莖幹的脈絡等，便不會出現為了擁有它而破壞的現象。他會感興趣，對植物產生富有智慧的興趣或智慧地去占有。兒童如果僅僅是為了擁有昆蟲，他會傷害蝴蝶，但如果他的興趣在昆蟲的生命和功能上，他會專注地觀察蝴蝶，不會想去占有或破壞。這種智慧的占有展示出巨大的吸引力，我們可以稱之為愛，它使兒童以一種優雅的方式來照料這些東西。

因此我們可以說，這種由智慧的興趣所產生的占有欲，上升到了一種更高的水準，智慧的興趣將鼓勵兒童持續一生的學習。不同於占有欲的本能，從這個更高水準上，我們看到三件事：去了解，去愛，去服務。當占有欲上升為愛時，不僅要儲存物品，還要為它服務。這樣，一種本能衝動得到了昇華。以同樣的方式，好奇心也昇華為科學的研究。好奇心變成了學習的動力，由此產生了學習的力量和吸引力。觀察到這一點很有趣：當兒童成為某一事物的鍾愛者和崇拜者時，他就會熱衷於維護所有的事物。我們第一節課講的是兒童的轉變，展示了兒童是如何從占有到更高級的愛和服務。他們的抄寫本填滿後，既沒有出現狗耳朵，也沒有汙點，甚至沒有裝飾。

第二十三章　自制力的昇華

　　如果我們觀察偉大的人類，就會發現在歷史和進化中，實現這種昇華是人類的本能。他試圖進入每一個領域，保護和改善它，所以他透過對生命法則的智慧滲透來幫助生命。農民一生都為他的植物和動物服務；科學家熱愛他的顯微鏡和鏡頭，並透過極其小心和細緻地操作來表達他的愛。人類開始於用雙手攫取和破壞，而結束於用智慧去愛和服務它們。偶爾我們會遇到逆轉，比如在最近的戰爭中，大量的鉛落在城市上並摧毀了它們，但這些只是偶然事件。

　　一般來說，規則是服務和愛。人的本性是可以被激發出來的，那些把植物從花園裡拔出來的兒童，現在注視著植物的生長，數它的葉子，量它的側面，它不再是我的植物，而是植物本身。這種昇華和愛是透過知識和心靈的滲透所給予的，說教不能克服破壞性；兒童仍然想把它留給自己，不讓別人得到。如果我們試圖透過打他耳光、說教或利用他的情感來糾正他，他可能會改變五分鐘，之後又回到了原來的起點。只有工作和專注先給予知識，然後再給予愛，才能實現轉變。認識、愛和服務反映了人類精神的啟示。它只來自自己的經驗和發展，而不是透過說教。只要智慧的注意力集中在細節上，愛就出現了，渴望知道一切細節，這樣我們才不會不知不覺地受傷。

　　所有文化都在宣揚認識、愛和服務，但兒童才是我們精神的建造者；他揭示了大自然對我們的行為或性格做出的計畫，一個由年齡、功能和需要決定的周密計畫，根據生命自身的法則，我們需要自由和一定強度的活動。透過在智力和體育鍛鍊中反覆練習；收穫的不僅僅是物理、植物學或清潔鞋子，同時還建構了意志和精神的元素。成人可以利用兒童建立起來意志，因此兒童是我們所有人精神的建造者。作為成人，我們的發現往往是由我們自己決定的（就像最近的戰爭一樣），因為我們忘記了兒童所塑造的靈魂，或者更常見的是，阻止他正常地塑造靈魂。

第二十四章　社會化發展

　　兒童要做的第一件事是找到集中注意力的方式和方法，這為性格奠定了基礎，為社會行為做好了準備。這立即顯示了環境的重要性，因為沒有人能夠集中注意力或從外部組織兒童，他必須自我組織。我們學校的重要性在於，兒童有機會找到能讓他集中注意力的工作。封閉的環境（學校或教室）有利於集中注意力；我們知道這一點，是因為當人們想要集中注意力時，他們會建造寺廟或神龕。透過在一個封閉的環境中促進專注的活動，於是性格形成了，個人的創造也實現了。

　　在普通學校，大多數兒童在5歲以後才被錄取，此時他們已經完成了第一個也是最重要的成長階段，或者，如果他們沒有機會這樣做，至少已經錯過了這個年齡，而我們的學校是一個保護性的環境，在那裡性格的第一要素可以形成，並獲得其特殊的重要性。正因為如此，當我們第一次向世界宣布建立教育環境的問題時，就引起了人們極大的興趣。

　　藝術家、建築師和心理學家聚集在一起，精心準備房間的大小和高度，以及學校的藝術元素，這引起了人們的興趣，因為這是我們第一次有了學校的概念，它不僅僅是一個庇護所，而是旨在幫助兒童集中注意力的場所。這不僅僅是一個保護環境，這是一個精神環境。在這個環境中，它的形式、大小等並不重要，重要的是它所包含的物質，因為只有當一個兒童擁有一個物品時，他才會集中注意力。這些物品不是隨意挑選的，它們是特殊的物品，由我們與兒童的經歷決定。

　　第一個想法是用許多物品來豐富環境，讓兒童在這些物品中自由選擇他們想要的東西。我們發現兒童只選擇某些特定物品，而其他物品則

第二十四章　社會化發展

沒有使用，於是我們就把它們從環境中清除了。我們現在決定的對象是由兒童自己選擇的，我們並不是只在一個國家進行試驗，我們在全世界都進行了試驗。有些東西是所有兒童都選擇的，我們把它們作為基本的東西放進去；有些東西是所有國家的兒童都很少使用的（儘管成人認為他們會使用它們），我們會去除掉。只要有正常的兒童和選擇的自由，這種事就會發生。

這讓我想起昆蟲，牠們只會去而且總是去牠們需要的花朵那裡。在這裡，兒童需要某種刺激。兒童選擇那些幫助他們建構自己的東西。起初有許多玩具，但兒童不使用它們。講授色彩的物品有很多種，兒童只選擇了一種：我們現在使用的彩繪板。在所有國家都發生類似這種情況。同樣，物體的大小和顏色的濃度，都以兒童的選擇作為決定因素。這就在我們的方法中產生了對象的確定和限制的系統。這一原則也影響到社會生活。如果為一組三四十個兒童準備太多的物品或一套以上的材料，就會產生混亂。因此，雖然兒童很多，但使用的對象卻很少。

在一個有許多兒童的班級中，每個物品只有一個複製品。如果一個兒童想要使用一個已經在使用的物品，但他不能這樣做，如果兒童遵守規範，他會等到另一個兒童使用完這個物品。例如，兒童知道他必須尊重別人使用的物品，而不是因為有人告訴他，他只是必須這樣做，這是他從社會經驗所發現的事實。他們有那麼多人，卻只有一個物品，唯一能做的就是等待。多年來這種現象每時每刻都在發生，這種尊重和等待的經驗進入每個人的生活，並隨著時間的推移而逐漸成熟。

因此，一種轉變和適應發生了，這是什麼，只是建設社會生活？從根本上說，社會不是建立在愛好上的，而是建立在各種必須協調一致的活動上的。透過這些兒童的經歷，我們培養出了另一種社會美德：耐心。這種耐心是對衝動的一種克制。因此，我們稱之為美德的品格的特徵是

自發形成的。沒有人能把這種道德教給 3 歲的兒童，但經驗可以。由於兒童在其他環境中無法實現正常化，這種情況將得到更大的緩解。在外面的世界裡，這個年齡的兒童會搶東西，而我們的兒童已經會等待。人們說：「在這麼小的兒童身上，你們是如何掌握這類規則的？」這是一個準備好的環境和蘊含自其中的問題，因此一些特質出現了，通常它們不會出現在 3 至 6 歲的兒童身上，也不會出現在 25 至 30 歲的成人身上。

　　成人對這種社會行為的干預通常都是錯的。比如有兩個兒童沿著一條線走，有一名兒童搞錯了方向，看起來不可避免地要回頭。成人可能有要把這名兒童調轉一下方向的衝動，但兒童自己會解決他的問題，他們每次都會解決問題，雖然他們不會一直都用相同的方式解決，但方法通常是有效的，其他領域的活動也有許多類似的問題。問題不停地出現，兒童在解決這些問題的過程中發現了巨大的快樂。如果成人參與協調，兒童會感到緊張，但如果讓他們獨自解決，他們會解決得很平和，這同樣也是一次社會經歷的鍛鍊，如果這些問題能夠平和地解決，便會得到更多的社會環境的鍛鍊，而這個是無法由教師提供的。

　　通常來說，如果教師干預了，她的觀點與兒童的非常不同，會打破班級的社會和諧。如若存在這樣的問題，無一例外的，我們應當只管自己的事，讓兒童獨自處理，因為這樣做，我們能夠看到兒童是如何解決這些問題的，也能觀察兒童如何掌握兒童時期的行為，這些是成人完全不知道的行為，透過這些日常經驗社會建構發生了。但通常教師沒有耐心，會實施干預。事實上，這是一種本能的反應。在我開始工作的最初幾天，教師們實在抑制不住這種衝動，我說：「把自己綁在柱子上。」而其他教師則用念珠代替，每次他們有衝動想要干涉兒童，有人（或者他們自己）就要移動一顆珠子。他們經常發現不干涉是更明智的做法，而且他們都能數出自己克制了多少次想要干預的衝動。

第二十四章　社會化發展

　　普通的教育者不理解我們是為社會生活而工作；他們認為蒙特梭利學校迎合了課程的主題，而不是社會生活。他們說：「如果兒童自己工作，那麼社會生活在哪裡？」但什麼是社會生活，不就是解決問題、規規矩矩、制定適合所有人的計畫嗎？他們認為社會生活就是坐在一起聽教師或其他人講課，但這根本不是社會生活。事實上，在日常生活中，社會經驗僅限於短暫的或偶爾的短途旅行，而我們的孩子一直在一個社區生活和工作。

　　如果班級裡的學生很多，就會呈現出不同的個性和不同的經驗。但如果班級的學生很少，這一現象就不會出現。事實上，透過豐富社會經驗，兒童可以更完美。

　　現在讓我們對這個兒童社會的構成做一些思考。它是偶然發生的，但卻是一個明智的機會。在封閉的環境中我們發現在一起的孩子年齡各不相同（從 3 歲到 6 歲），通常這在學校裡是看不到的，除非大一點的孩子智力遲鈍。

　　孩子們通常是按年齡劃分的，只有在少數的學校，我們在一個班級裡發現了這種垂直分組。然而，正是這些孩子讓我們發現很難把文化傳授給同齡和相同能力的孩子。一個母親可能有六個孩子，但她的家庭運轉得很順利。如果這些孩子是雙胞胎、三胞胎或四胞胎，那麼困難就開始了，因為對母親來說，處理四個孩子同樣的事情是很累的，有六個不同年齡孩子的母親也比只有一個孩子的母親生活得更好，一個孩子總是很難。真正的困難不是因為他被寵愛，而是因為他沒有社會生活，因此他比其他孩子遭受更多的痛苦。家庭通常會對第一個孩子的撫育感到困難，但對後生的孩子則不會；他們認為這是由於他們有了更豐富的經驗，但實際上是因為孩子有了社會生活經驗。

　　社會之所以有趣，是因為組成社會的人的類型不同。老人之家或老

婦之家是最致命的東西。把同年齡的人放在一起是最不自然、最殘忍的事，這也是我們對孩子做的最殘忍的事情之一──它割斷了社會生活的主線，社會生活就沒有了養料。在大多數學校裡，先按性別分，然後按年齡分班。這是一個導致各種錯誤的基本原因；這是一種人為的孤立，讓孩子無法發展出社會意識。我們一般對兒童實行男女同校。男女同校其實並不重要，男孩和女孩可以去不同的學校，但班級裡應該有不同年齡的孩子。我們的學校已經表明，不同年齡的孩子互相幫助，小的看到大的做什麼並詢問，大的給出解釋，這才是真正的教學，5歲孩子的解釋和教學與3歲孩子的理解是如此接近，小孩子很容易理解，而我們則達不到這樣的智力，他們之間有一種和諧的思想交流，這在成人和孩子之間是不可能實現的。

與成人社會相比，我們就能看到這一點。一個大學教授替文盲演講，文盲什麼都不懂，所以請大學教授在工作中幫助文盲是不明智的，他們很難找到方法，水準應該不會相差那麼大。這就是成人教育如此困難的原因。當羅馬第一所大眾大學成立時，所有知名大學教授都想提供幫助。其中一個試圖向這些沒受過良好教育的窮人傳授衛生知識，他的實驗對象是鼠疫，他展示了細菌的照片。學生問：「什麼是桿菌？」他回答：「你可以在這張幻燈片上看到他們。」然後有人問他：「什麼是載玻片？」他回答說：「它是放在顯微鏡下的玻璃薄片。」下一個問題是：「顯微鏡是什麼？」等等。因此，這位教授放棄了在這所大眾大學擔任教授的職位。在教育群眾的問題上，不應該去請教那些偉大的教授，而應該去請教那些有基本知識的善良的人，他們能用簡單的語言進行講解和傳播。

我們教師無法使一個3歲的孩子明白的事情，一個5歲的孩子卻可以使他明白；他們之間有一種天然的心靈滲透。3歲的孩子也可以對5歲

第二十四章　社會化發展

的孩子所做的事情感興趣，因為這和 3 歲的孩子沒有太大的不同。大一點的孩子都成了英雄和教師，小一點的孩子都成了崇拜者。小的去大的那裡尋找靈感，然後自己工作。在有同齡孩子的普通學校裡，的確，那些能力更強的孩子可以教其他孩子，但教師通常不允許這樣做。他們只是要求給出正確答案，當別人不能給出正確答案時，因此產生了嫉妒。對於年幼的孩子來說，他們不會感到嫉妒，他們不會因為被年長的孩子教導而覺得受到羞辱，因為他們知道自己比他們小，並且覺得當他們長大後也可以做同樣的事情。

在新的學校裡，既有愛和讚美，也有真正的兄弟情誼。在舊的學校裡，達到更高水準的唯一途徑是競爭，這意味著這裡有嫉妒、仇恨、羞辱和一切壓抑生活與反社會的東西。聰明的孩子會變得自負，並聚集力量凌駕於他人之上，而 5 歲的孩子和 3 歲的孩子卻覺得自己是保護者。很難想像這種保護和讚賞的氣氛在它的行動中增加和加深了多少：班級成為一個因愛而鞏固的群體。孩子們開始了解彼此的性格，彼此欣賞。在普通學校，他們只知道：「那個傢伙得了第一名，那個傢伙得了零分。」兄弟情誼不能在這些條件下發展，然而這是一個根據環境建設社會和反社會特質的時代；這個特質從這個年齡就開始了。

人們擔心，如果這個 5 歲的孩子總是教小孩子，他是否能學到足夠的知識。首先，他並不總是在教學，他有他的自由，這是受人尊重的。除此之外，在教學中，他固定自己的知識，因為他必須分析和重新處理它，以便於教學，所以他看得更清楚。大一點的孩子也能從這種交流中受益。

3 至 6 歲孩子的班級和 7 至 9 歲孩子的班級也沒有嚴格地區分開，所以，6 歲的孩子從下一個年齡層的班級中獲得靈感。我們所設定的牆

只有一半，從一個班到另一個班總是很容易的，因為所有的孩子都可以自由地從一個班到另一個班。如果3歲的孩子去上7歲到9歲孩子的課，他不會待很久，因為他看不到任何對他有用的東西。因此，這是有限制的，但沒有分離，所有的群體都在交流。

這些團體有他們自己的環境，但他們不是孤立的，有可能進行一次理性的行走。一個3歲的孩子可以看一個9歲的孩子在開平方根，就問他在做什麼，如果答案不能給他靈感，他就會回到他自己的班級，那裡有他靈感的對象，但6歲的孩子會對此感興趣，會從那裡找到靈感。有了這種自由，我們可以看到每個年齡層的智力的局限，這就是我們如何發現8歲和9歲的孩子（當時）理解12歲和14歲的孩子所做的開平方根，因此，他也明白這個孩子在8歲的時候，就對代數感興趣並有相應的能力。因此，年齡不僅是帶來了進步，而且也帶來了行動的自由。

智力的高低才是重要的。在社會上，你會發現各種年齡的人，在整個歷史中，我們沒有發現任何社會按年齡劃分的例子。在按年齡劃分的普通學校裡，沒有任何東西是具有社會意義的，儘管它有種種主張。這種不同年齡的孩子之間的交流帶來了和諧和快樂，因為年齡稍大的孩子發現他們是真正的教師，即使他們沒有上過師範學院，也不是正規的教師。但這些孩子確實在教書，而且從考試成績來看，顯然正規的教師不會教書！

到處都有動畫，沒有自卑情結。小一點的孩子是活潑的，因為他理解大一點的孩子做什麼，大一點的孩子是活潑的，因為他把已經掌握的可以教給小一點的孩子。因此就有了力量的增強，精神力量的增強。

這些和其他一些事實表明，所有這些看起來很不尋常的現象，其實並沒有那麼不尋常，它們只是服從自然規律的結果。

第二十四章　社會化發展

　　所有這些精力都在普通教育中被浪費了，如果從今以後它們不再被浪費，就會有新的精神財富留給新一代，這並不需要花費太多：只需要更少的教師，同時還要把這些為數不多的教師綁在桿子上！

　　透過研究這些孩子的行為和他們在自由氛圍中的交流活動，社會的真正祕密才得以揭示，它們是精細的事實，必須用精神顯微鏡來檢查，但它們是最有趣的，因為它們揭示了人類固有的本質。因此，這些學校被認為是心理學研究的實驗室，儘管這不是真正的研究，而是進行的觀察，但這一觀察結果很重要。

　　有一些事實是非常重要的，例如，兒童只解決自己的問題。如果我們不加干預地觀察他們，便會注意到一個重要的事實，那就是兒童並不像我們這樣互相幫助。我們看到兒童背著重物，沒有其他人去幫助他們，或者他們在複雜的鍛鍊後把所有的器具都放好，但沒有人幫忙。他們尊重每個人，只有在別人需要幫助的時候才去幫助，這給了我們很大的啟發，因為他們顯然有一種直覺，尊重兒童的基本需求，不讓兒童得到無用的幫助。

　　曾經有一名兒童，他把所有的幾何卡片都鋪在地板上，上面全是幾何插圖。突然音樂響起了，有一支隊伍經過，所有的兒童都跑過去看，只有那個帶著所有幾何卡片的小傢伙除外。他沒有去，因為他做夢也不想把所有的幾何卡片就那樣丟在那裡，它們應該被收起來，可是通常沒有人會幫助他，所以他的雙眼含有眼淚，因為他也想看遊行，其他人意識到緊急情況，都回來幫助他。成人並不能辨識出何時是提供幫助的最佳時機，他們經常在沒有必要的時候幫助別人。

　　紳士會有禮貌地將椅子放在桌子邊上，幫助女士坐下來，雖然她在沒有幫助的情況下，也能夠自己獨立坐下來，或者在下樓的時候沒有他

人的攙扶，也能自己走下來，但如果他失去了財富，也就沒有人會去幫助。需要幫助的時候沒有人幫助，而不需要幫助的時候所有人都去幫助！所以這一點成人是不會教兒童的，因為他自己和兒童一樣並不知道正確的方式。我想，兒童的潛意識可能還保留著他的記憶，渴望和需要做出最大的努力，這就是為什麼他本能地不幫助別人，因為他可能會成為一個障礙。

另一個有趣的特點是兒童處理打擾者的方式，這個打擾者可能是一個剛進學校的兒童，尚未習慣那裡要求的行為。他會打擾教師和其他兒童，這是一個真正的問題。教師一般說：「那很調皮。這是不好的。」有時會說：「你是一個壞孩子。」但兒童的反應是有趣的。一名兒童對新來的兒童說：「你很淘氣，但是別擔心，我們剛來的時候和你一樣淘氣。」淘氣被認為是一種不幸，那名兒童試圖安慰淘氣的那個人，讓他成為一名真正的男孩，他同情他。

如果作惡的人能引起人們的同情，我們努力去安慰他，那社會將會發生多大的變化啊！這意味著就像他生病時，我們對他同情一樣，我們對他作惡產生同情。錯誤的行為通常是由於不利的環境、不利的出生條件或一些類似的不幸，而造成的精神問題，它應該喚起人們的同情和幫助，而不僅僅是懲罰。這將使我們的社會結構變得更好。對於我們的兒童來說，如果發生意外，比如一個花瓶掉了下來，碰掉花瓶的兒童往往感到傷心，因為他們不喜歡破壞，而且這代表了自卑，他們並不能扛起自卑。

成人的本能反應是說：「你看它壞了，我告訴過你不要碰這些東西，你為什麼還要碰呢？」或者至少他們會讓他收拾殘局，因為他們認為孩子必須清理事故的後果，這樣他才會更認真地吸取教訓。但是兒童會怎

第二十四章　社會化發展

麼做呢？他們跑來跑去地幫忙；用微弱的聲音說：「沒關係！我們可以再買一個的。」他們中的一些人會撿起碎片，另一些人會擦去地板上的水，所以有一種本能吸引他們用鼓勵和安慰來幫助弱者，這是社會進化的本能。事實上，我們社會進化的很大一部分是在社會去幫助弱者的時候發生的。我們所有的醫學科學，都是在這一原則的基礎上發展起來的，因此，從這一本能中，我們不僅幫助了那些被同情的對象，而且幫助了整個人類。鼓勵弱者並不是錯誤，這是正確的事情，它推動了整個社會的發展。正常的兒童都會表現出這些情感，不僅是對彼此，對動物也是如此。

　　所有人都認為兒童對動物的尊重是被成人教會的，他們認為兒童傾向於殘忍地對待動物。事實上並非如此，他們有保護動物的本能。我們在戈代加訥爾的學校裡有一隻山羊幼崽，我曾經每天都去餵牠，把食物舉得高高的，這樣小山羊經常需要用兩條後腿站起來。看到幼崽這麼做，我很感興趣，好像小山羊也很喜歡這麼做。但是有一天，一名幼兒帶著焦急的表情過來了，他用雙手把小羊壓在他的身體下面，因為他認為動物幼崽不應該僅僅依靠他的後腿站立，這是一種非常微妙的情感。

　　我們學校裡的另一種表現是對比自己強的人的崇拜。兒童對比自己強的人，不僅一點也不嫉妒，還會產生由衷的欽佩和快樂，這就是著名的書寫爆發事件所帶來的情況。對於第一個寫出來的字，兒童一陣歡呼和笑聲，他們欽佩地看著書寫的人，然後，突然激發了他們的靈感，他們寫道：「我也能做到！」一個人的成功鼓舞了整個團隊。字母表也引發了同樣的熱情，全班同學組成了一個用字母作為旗幟的隊伍，大家歡快地大叫，手舞足蹈，人們從樓下上來（我們在屋頂上），看看大家是玩什麼這麼開心。「他們對字母表感興趣。」教師說。

很明顯，兒童之間有基於高度情感的交流，所以在群體中他們可以團結。從這些例子中，人們意識到，如果是正常兒童，在一種高度情感的氣氛中會感受到一種吸引力。年長的兒童會被年幼的兒童所吸引，年幼的兒童會被年長的兒童所吸引，同樣，正常兒童會被非正常的（新）兒童和惡習所吸引。

第二十四章　社會化發展

第二十五章　社會凝聚力

我想講述我的另一段難忘的經歷。有一天，我想講授一門本身並不吸引人的課程。我教孩子們如何擤鼻涕，他們顯然對我生動的演示非常感興趣。我向他們展示了不同的人是如何擤鼻涕的，有些人炫耀地開啟手絹，發出很大的聲音，而另一些人，那些受過良好教育的人，在這麼做的時候幾乎隱藏了所有必要的動作，甚至用最細微的聲音來擤鼻涕。讓我印象深刻的是孩子們一本正經地認真地聽著。沒有一個人笑起來。當我講完的時候，令我吃驚的是，觀眾席上的孩子爆發出熱烈的掌聲，我從未見過這樣的表現。據我所知，在世界歷史上，從來沒有出現過小孩子們聚集在一起為演講鼓掌的先例。

不僅僅是兩歲或三歲的孩子這麼做，所有的孩子都一起開心地用他們小小的雙手鼓掌，完成相應的「工作」。我像往常一樣走了出去，在小路上走了一會兒後，我回過頭來，驚奇地發現所有的孩子都一直在跟著我。他們看起來真像一群蜜蜂，只是他們移動得很安靜，我都沒有注意到他們，多麼神奇！如果行人看見一個女人走在大街上，後面跟著四十五個孩子，他們會怎麼說呢？我轉向他們，平靜地說：「現在，你們所有人都跑回學校去，但要輕一點，小心別撞到門柱上。」我這樣教導他們，是因為我知道，這樣的孩子，對正確的行為非常感興趣。他們全都背對著我，踮著腳尖跑掉了。當他們走到門口時，拐了個大彎，避開了拐角，從大門的中間進去了，之後一起消失了。

「為什麼他們這麼熱情？」我想。也許我碰巧談到了一個他們十分敏感的社會問題。事實上，所有的孩子都因為鼻子髒而受到過羞辱。在

第二十五章　社會凝聚力

義大利，粗俗的人會叫這個孩子「鼻涕蟲」，而不是「孩子」。孩子的鼻子總是很髒，他們的母親有時會用安全別針把手帕繫在孩子的衣服前面，顯然孩子覺得這是一種讓他們自卑的恥辱表現。也許這就是我的授課成功的原因，我沒有蔑視他們，而是替他們上了一課。現在他們獲得了知識，這使他們得到了救贖，提高了他們的人格尊嚴。我的行為在某種程度上類似於一個受歡迎的領袖，一個試圖提高和捍衛民眾尊嚴的革命者。

這個小插曲確實令人驚訝，但最主要的事實是，這些兒童的感覺和行為表現就像一個集體。他們真的形成了一個兒童社會，他們由一種神祕的紐帶連線在一起，像一個獨立的人那樣行動。這種連繫是由每個人的共同情感所形成的。雖然他們是「獨立的個體」，雖然他們並不依賴彼此，但他們都被同一種衝動所感動。

這樣的社會似乎更接近於有吸收力的心靈，而不是意識。

我們所觀察到的結構線，似乎與我們透過顯微鏡觀察細胞如何構成有機體時所觀察到的結構線類似。顯然，社會也有一個胚胎階段，在兒童的成長過程中可以觀察到它的最初形成。

他們慢慢地意識到這樣一個群體的形成，觀察這一過程是如何進行的是很有趣的。他們似乎意識到自己屬於一個群體，並為這個群體的活動做出貢獻。他們開始感興趣，幾乎可以說，他們也在用自己的精神去鑽研。當他們達到這個階段時，他們就不再機械地行動，他們以成功為目標，並且特別考慮群體的榮譽。這是邁向完整社會意識的第一步，我稱之為「家族精神」，與原始人類社會相比，在原始社會中，個人已經將愛、捍衛和欣賞他們的群體價值作為個體的活動目標。

最初這種現象表現也使我們感到驚奇，因為它們是並未受我們的任

何影響而獨立出現的。它們接連不斷地出現，呈現出發展的事實，就像到了一定年齡，牙齒就會鑽出牙齦一樣。這種連繫是由自然的驅使所導致的，由自身的一種內部力量所引導，由一種社會精神所激勵，我稱之為「有凝聚力的社會」。

我是由於孩子們的一些自發的表現而產生這個想法的，這使我們非常吃驚。讓我舉一個例子：我知道一些重要的美國客人第二天要來參觀學校。然而，我不可能在那裡接待他們。臨走前，我滿懷信心地對孩子們說：「明天會有一些人來參觀學校。如果他們說『這是一所擁有世界上最好的孩子的學校』，我會感到非常幸福。」我不加思索地說出這句話，幾乎是身不由己的，並不認為會有什麼後果。

第二天當我回到學校時，我發現教師很興奮，她流著淚跟我說：「你真該看看這些孩子！他們每個人都在工作，充滿了熱情。他們很有禮貌地迎接來訪者。看到他們每個人都展示出最棒的狀態，我真的很感動。有人導演過他們嗎？這一定是那些神聖的天使們自己做的！」他們顯然感到了家族榮譽，而且表現得比服從命令式的要求更令人印象深刻，他們能夠感覺到一些超出他們個人需要的東西。

類似的經歷經常重複出現，當阿根廷大使希望參觀這所四五歲的孩子獨立學習、自發讀寫、不受教師權威約束的著名學校時，他真的非常難以置信。他並沒有宣布他的來訪，而是想出其不意地參觀。不幸的是，他來的時候正好放假，學校關門了。這所學校被稱為「兒童之家」，建在公寓裡，在這裡兒童和他們的家人一起生活。當大使來的時候，一名兒童正好在庭院裡，當他聽到大使失望的表達時，他理解了這是一位訪客，並告訴他：「沒關係，學校雖然關了，但門衛有鑰匙，我們都在家。」門開了，所有的兒童來到他們的教室開始工作。他們感受到了一

第二十五章　社會凝聚力

種要為他們家族榮譽而表現好的責任。沒有人想從中獲益，也沒有人想要突顯自己，所有人都為他們這個群體而工作。教師第二天才聽說這件事。

這種社會情感並沒有透過任何教育灌輸，完全不同於競爭情感或個人興趣，就像一種天生的禮物。然而，這絕對是這些孩子們透過自己的努力所取得的成就。正如科格希爾所說：「自然決定行為，但行為是透過環境中的經驗發展起來的。」自然顯然為人格和社會的建構提供了設計，但這種設計只有透過兒童，將其變為現實的服從活動才能實現。這樣做的過程揭示了發展的連續性。這種瀰漫於具有凝聚力的社會中的家族精神，與現代美國心理學家和教育家沃什伯恩（Washburne）所稱的「社會融合」極為一致，他認為這是社會改革的關鍵，應該是整個教育的基礎。當個人認為自己是所屬群體的一員時，社會融合就能得以實現。擁有榮譽的人考慮的是群體的成功，而不是個人榮譽。

沃什伯恩試圖透過比較牛津和劍橋的划船比賽來解釋他的概念。「那裡的每個人都在為團隊的榮譽做出最大的努力，同時也清楚地意識到，他個人不會從中獲得任何利益或榮譽。如果每一個社會企業都是這樣，從全國性的企業到工業企業等，如果所有企業都被整體成功的欲望所激勵，每個企業都是整個社會的一部分，那麼整個人類社會就會得到重生。在學校裡，應該培養這種個人與社會融合的感覺。」他補充說：「因為，這是到處都缺乏的，會導致社會的失敗和毀滅。」

這個社會融合的例子可以這麼理解：這個兒童凝聚的社會是由一種神奇的自然力量實現的。

我們必須在它真正被創造出來的地方考慮它並珍惜它，因為性格和情感都不能透過教育來給予：它們是生命的產物。

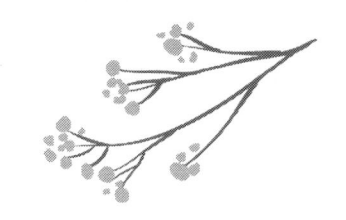

然而，有凝聚力的社會不同於支配人命運的有組織的社會。這僅僅是兒童進化的最後階段，幾乎是一種社會胚胎的神聖而神祕的創造。

有組織的社會

到了 6 歲，兒童進入另一個象徵著轉變的發展階段時，對新生的社會胚胎來說，另一種自發的社會生活形式就非常明顯地呈現。它顯示了一個有組織的聯合，這種聯合能讓人充分意識到自己。之後，兒童尋找由人類自己建立的原則和法律，他們找一個能指揮群體的領導人。顯然，服從規則和領導的人連線了這個社會。我們知道，這種服從是在這一發展階段之前的胚胎階段就準備好了的。麥克杜格爾（McDougall）描述了這種六七歲的兒童已經開始形成的社會，他們屈從於其他年長的兒童，就好像是受到一種本能的驅使，他稱之為「社交本能」。現在，經常被忽視和遺棄的兒童組織了幫派──這些團體聯合起來，特別反對成人的原則和權威。然而，這些往往導致叛逆態度的天性在童子軍運動中得到了昇華，這滿足了社會對發展的真正需求，而這蘊含在兒童和青少年的天性之中。

這種「群居本能」不同於以兒童作為社會基礎的凝聚力。這些不斷發展，直至進入成人社會的連續社會，都是有意識地組織起來的社會，它們都需要人為的規則和領導者的指導。

因此，社會生活是一個固有的事實，屬於人類的天性。它是作為一個有機體發展的，在自然演化過程中具有不同的特徵。我們會把它比作布料的製造──家紡布料的織造和紡紗，而這是印度家庭手工業的重要組成部分。毫無疑問，我們必須從頭開始，首先考慮棉花種子周圍的白

第二十五章　社會凝聚力

色絨毛。因此，當我們希望考慮人類社會的建設時，我們必須從兒童開始，並在他出生的家庭周圍看著他。對棉花所做的第一件事，也是甘地鄉村學校的第一件工作，就是對從棉花植物上摘下的棉花提純。棉籽殼在棉花裡留下的黑色小塊必須剪掉。第一個活動對應於我們把孩子們從他們的家庭中召集起來，糾正他們的偏差，幫助他們集中精力，使他們自我正常化，然後是旋轉。

　　甘地把紡紗作為實現印度解放和重生的手段，在印度人民面前樹立了一個偉大的象徵。在我們的比喻中，旋轉對應著兒童透過工作和社會經驗完成的性格建構。個性的發展是一切的基礎。如果棉線紡得好，織成的布也會一樣結實，布料的品質取決於它。在這個象徵意義上，聖雄甘地堅定地說：「我只考慮那些紡紗的人。」這是很正確的。這的確是需要考慮的主要問題，因為用那些沒有經受阻力的線織成的布是沒有價值的。

　　接下來的階段是把這些線放在織布機上，即放在一個有限的框架上。這些線被拉起並向同一個方向拉伸，然後固定在織布機兩端的桿子上。這些線都是平行的，長度相等，彼此分開不接觸。它們構成了一塊布的緯線，但不是布。然而，沒有這種布就不能編織。如果線斷了或沒有固定在同一方向，線軸就不能穿過線。這種緯線與有凝聚力的社會相一致。在人類社會的胚胎準備階段，它依賴於兒童的活動，他們在有限的環境中按照自然的衝動行事，就像織布機一樣。最後他們聯合起來，每個人都趨向於同一個目標。

　　真正的編織過程是把線軸穿過這些線，然後把它們連在一起，透過把橫向的線緊緊地壓在緯線上，把每一條線牢牢地固定在一起。這個階段對應於一個真正有組織的人類社會，這個社會由規則所固定，在一個

公認的領導者的指導下，所有人都服從。只有這樣，我們才有一塊真正的布，即使從織布機上拿下來，它仍然完好無損。它獨立於織布機而存在，一旦取下就可以使用。可以無限數量地生產。人類形成社會，並不是因為每個人都朝向環境中的某個目標，並為了自己的利益而集中精力於這個目標，就像有凝聚力的兒童社會所發生的那樣，但人類社會的最終形式取決於組織。

然而，這兩件事是相互關聯的。社會不僅要靠組織，還要靠凝聚力。後者實際上是兩者中更基本的一個，並作為構造前者的基礎。好的法律和好的領導者不能使群眾團結在一起，也不能使他們行動起來，除非個人本身已經朝著修正他們的方向前進，並使他們成為一個群體。反過來，群眾的強大和活躍程度，也取決於構成群眾的個體的個性發展程度。因此，社會的組織不僅取決於環境和事件，而且首先取決於個人人格的形成及其內在取向。

在中世紀的歐洲歷史中，我們看到了這個飽受戰爭蹂躪時代的領導人徒勞地試圖實現的東西：當時確實存在著歐洲聯合國。這是怎麼發生的？這一成功的祕密在於，所有國家和歐洲帝國的個人都信仰同一種宗教信仰，這種宗教信仰形成了一股強大的凝聚力。然後我們真的看到國王或君主根據自己的法律統治人民，但他們都服從並依賴於基督教的力量。然而，凝聚力並不足以建立一個實際的以智慧和勞動為手段創造文明的社會。在我們這個時代，我們看到猶太人被一種延續千年的凝聚力團結在一起；但他們沒有被組織起來，也不作為一個國家力量存在。

然而，有凝聚力的社會是一個自然的事實，必須自發地由自然的創造驅使所指引。沒有人能代替自然，誰要是在社會上試圖代替自然，他就會變成一個魔鬼，就像一個成人，他的驕傲會壓制兒童個性中的創造

第二十五章　社會凝聚力

力。成人的凝聚力也依附於宇宙指令，依附於高於組織機制的理想。

應該有兩個相互交織的社會，其中一個，我們可以說，植根於潛意識和有創造力的潛意識，另一個則取決於有意識地行動的人。我們同樣可以按照如下表述：一個從童年開始，另一個則被成人所疊加，因為，正如我們在本書的開頭所看到的，正是兒童的具有吸收力的心靈展現了種族的特徵。這就是它所展現的特徵，就好像它實現了另一種只在人類中發現的遺傳形式；遺傳不取決於隱藏的基因，而來自其他創造性的中心，是兒童嗎？兒童所展現的特徵顯示他作為一個精神胚胎生存，既不是智慧的發現，也不是人類勞動的結果，而是作為具有凝聚力的社會的一部分。他──這個孩子，聚集了它們，使它們擁有人格。透過這些特徵，他建立了自己的個性。因此，他成為一個擁有特定語言、特定信仰和特定習俗的人。在一個不斷變化的社會中，什麼是固定的，什麼是基本的，就是它的凝聚力的部分。

當我們讓孩子去發展，把他從生命孕育之初，直至培養為一個成人時，我們就能了解那些我們個人和社會力量所依賴的祕密。

與之相反的是，我們只要環顧四周就能看到，如今人們只能透過社會有意識的、有組織的部分來判斷、行動和調節自己。他們希望加強和保護本組織，彷彿只有他們才是它的建立者。他們沒有考慮什麼是該組織不可或缺的基礎。他們只遵循人類的方向，並渴望發現一個領導者。

多少人希望出現一個新的彌賽亞（Messiah），一個具有征服和組織能力的天才！第一次世界大戰之後，有人提議建立培養領導人的學校，因為人們認為，那裡的領導人缺乏培訓，不適合指揮世界大事。確實有人試圖透過智力測試找出哪些是超常的人，哪些是讀書時最聰明的年輕人，以此來培養他們的領導才能。但是，如果沒有好的領導者，沒有教

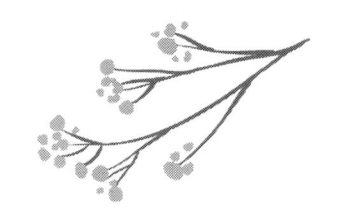

師領導者，誰又能訓練他們呢？

缺乏的不是領導人，或者更確切地說，問題並不局限於這個細節。這個問題要大得多，對於我們現代文明的社會生活中，廣大民眾本身才是完全沒有準備的。因此，問題在於訓練民眾，重新塑造這些個體的品格，以收穫每個人身上隱藏的財富，發展他們的價值。沒有一個領導者能做到這一點，不管他是多偉大的天才。

就像一個偉大的文學天才，即使他有無限的能力，也不足以使幾百萬文盲成為文人，因為這幾百萬文盲，每個人自己必須學會讀書寫字（這個僅可以透過兒童實現），因此在這個更大的問題上也是如此。

這是我們這個關鍵時代最現實、最緊迫的任務。事實是，人類大眾並不能達到他們本可以達到的水準。我們在兩種引力的圖解中看到了它，一種來自中心，另一種來自外圍。教育的偉大任務必須直接在於試圖挽救正常，而正常本身往往是趨向完美的中心。

相反，我們現在所做的一切，主要面向那些人為的虛弱和異常的人，傾向於精神疾病的，需要不斷地照顧他們、進行美德上的培植，以確保他們不會落入邊緣，一旦落入，他們就會成為社會的邊緣人。現在發生的這件事，實際上是一種危害人類的罪行，它對我們每個人都會產生影響，甚至可能會摧毀我們。覆蓋了半個地球表面的大量文盲並不真正影響社會，真正有影響的是我們對人類創造的一無所知，是我們對自然給予每一個兒童的財富的踐踏，甚至都沒有注意到它，可這才是智慧和道德的泉源，能夠將整個世界提升到一個更高的水準。我們在死者面前哭泣，我們渴望把人類從毀滅中拯救出來，而不是從危險中拯救出來，擺在面前最重要的事是提升自己，這才是我們每一個人的命運。折磨我們的不是死亡，而是錯過的天堂。

第二十五章　社會凝聚力

人類最大的危險在於我們的愚昧無知，愚昧的人尋找牡蠣中的珍珠，尋找岩石中的黃金，尋找地下的煤，卻忽略了精神的萌芽創造的星雲，而這些都隱藏在兒童身上，他們降臨到我們的世界準備革新人類。

如果在普通學校允許這種自發的組織，可以從一個班級到另一個班級輕鬆隨意地移動，那將會帶來很大的改善，因為在普通學校人們是從相反的角度出發的。他們認為兒童在學習上不積極，所以他們透過敦促、鼓勵、懲罰或獎勵來培養兒童的積極性。他們還將比賽作為一種鼓勵，激發兒童的努力。人們似乎總是熱衷於在任何存在的事物中尋找邪惡，以便與之鬥爭，成人的態度是尋求邪惡來壓制它，那麼惡毒地批評和判斷是必要的。

但是糾正錯誤會帶來恥辱和沮喪，然而這確是普通學校教育的基礎，整個教育的基礎是降低生活水準。不允許抄襲，所以不允許聯合，在學校裡幫助成績差的學生是一種罪過；幫助不知道自己功課的學生被認為和接受幫助的學生一樣有罪，因此一種道德被強加在學生身上，降低了學生的水準。同時，我們還一直都會聽到這些表述，「不要坐立不安」、「不要提示」、「不要幫忙」、「沒有提問時不要回答」。所有都是不可以，所有都是否定。在這種情況下我們該怎麼辦？即使一般的教師確實試圖改善他的班級，他也會採取與學生相反的方式。他說的最多的話可能是「如果有人比你強，不要嫉妒」或「如果有人讓你難過，不要尋求報復」。對普通學校教育的理解顯然離不開否定。

一般的觀點是，每個人都是錯的，我們必須幫助他們改正錯誤。但是孩子們會做教師想不到的事情；他們會羨慕比他們強的人，而不僅僅是「不嫉妒」。然而，一個人不可能博得對手的欽佩，所以教師是有限的。她能做什麼呢？如果精神領域並不存在某些態度，那麼它們就不能被命令。

然而，如果存在並且是本能的（就像它原來存在），那麼持有和鼓勵它是多麼重要。法律也是一樣：不要尋求報復。孩子經常把傷害他的人或把取代他受到關注人的當作朋友，但這不可能透過命令實現。一個人必須對那些真正行惡的人懷有同情心和愛心，但透過命令是無法實現的。一個人必須幫助那些無能的人，但也不能透過命令實現。因此，在孩子的心靈中，有一種情感是不能被命令控制的，但它卻是自然存在的，應該被鼓勵。不幸的是，一般來說，學校裡的所有工作都被扼殺在圖9（見213頁）的白色區域，它被拉向反社會和非社會的邊緣。

首先教師認為孩子是無能的，必須讓他變得有能力，然後他接著說「不要做這個或不要做那個」；換句話說，不要下滑到外圍區域。所有的努力都是讓下滑者不要下滑，僅此而已。但一直以來，正常兒童都在向我們展示一種對善的誇大，而不是強調避免惡。按作息時間表規定的時間中斷工作，安排相應的休息也是消極的。「不要在一件事上太努力，否則你會累的」，而孩子明顯表現出盡最大努力的願望。普通的學校永遠不能幫助孩子們創造本能，因為孩子們的活動被誇大了。誇張的活動，大量的工作，認為所有的工作都是美好的，安慰受苦的人，幫助弱者，這些都是孩子的本能。

為什麼會這樣？如果在整個受教育的過程中都鼓勵仇恨、競爭，我們怎麼能指望在這種氛圍中成長的，在二三十歲時就變得優秀呢？我說，這不可能。在精神上，沒有一個感官器官準備去說教，即使準備了，也必被毀壞，說教就消失不見了。

創造性本能才是重要的，而非說教，因為它們反映了一個事實，兒童遵循天性行動，而不是因為教師教他們這麼做。善應當由互幫互助產生，由精神的凝聚力的團結產生。這個由兒童所揭示的凝聚力而構成的

第二十五章　社會凝聚力

社會是一切組織的基礎；這就是為什麼我堅持認為，3 歲至 6 歲的兒童並不是我們所能教的。

我們可以用一種克制的方式觀察，看看每天、每小時的鍛鍊是如何實現發展的。大自然所給予的是透過不停地鍛鍊而得到發展。大自然提供了一個嚮導，但它也揭示出，要在任何領域發展任何東西，持續的經驗和努力都是必要的。若沒有這樣的機會，說教也是枉然。成長來自活動，而不是來自智慧的理解，因此，兒童教育非常重要，特別是對 3 歲至 6 歲的兒童，因為這是性格和社會形成的胚胎時期（就像從出生到 3 歲是心理胚胎期；以及產前期，即生理胚胎期）。兒童在 3 歲至 6 歲之間所做的事，不是憑教條，而是由自然給正在建構的精神的神聖指示，它們是行為的萌芽，只有在自由和有秩序的適當環境下才能發展。

第二十六章　錯誤及其控制

當我們說我們學校的孩子們是自由的，那就必須進行組織，一個比其他學校更詳細的組織，這樣孩子們就可以自由地工作。孩子在一個有準備的環境中進行實驗，完善自己，但是一定數量的儀器和空間是必要的。一旦孩子變得專注，他就會在許多活動中繼續集中注意力，而當他變得越來越活躍時，教師的作用就會變得越來越少，直到她幾乎被拋到一邊。

我們已經提到，透過在自由情境中的重複練習，兒童在一個特殊的社會中結合在一起，而這個社會比我們的社會高尚得多，它激發了一種願望和信念，即兒童應該享有自由，不受干擾。它是一種生命現象，像微妙的胚胎生命一樣，不能被觸及，這些情境存在於我們的任何一種材料之中。

在這種環境中，教師和兒童之間有一種明確的關係。教師的任務已經確定得很詳細，在另一章中詳細闡述了，但她所不能做的事情是干涉、讚揚、懲罰或糾正錯誤。在大多數教育家看來，這似乎是一個錯誤的原則，當我們發現他們反對我們的方法時，他們總是反對這一點。他們說：「如果我們不糾正錯誤，我們怎麼能提高兒童的工作呢？」在普通教育中，根本任務是在道德和智力方面都糾正，否則教師就覺得沒有做好她的工作。

教育是兩條腿走路的，一條腿給獎勵，一條腿給懲罰；但是，如果給予一名兒童獎勵和懲罰，這意味著他沒有精力引導自己，是教師在變相地引導、指導他。在我們的學校裡，它們自動消失了，因為不需要它

第二十六章　錯誤及其控制

們。獎賞和懲罰來自外界，因此當它們被給予時，精神的自發性就消失了。因為這是一種自發的方法，所以給予獎勵或懲罰是沒有意義的。這是如此難以理解，甚至在所謂的蒙特梭利學校，他們同樣被給予；我有多少次被邀請去參加這樣的蒙特梭利學校的頒獎！然而，如果兒童獲得自由，他們對獎品就會完全漠不關心。

在我的第一個實驗中，教師，我提到過，是管理員的女兒，也有這種獎勵和懲罰的想法。畢竟，它是如此普遍，無論是在家裡還是在學校，它幾乎深入每個人的靈魂裡。我當時是反對的，但到目前為止還沒有辦法，我只好容忍，因為那個可憐的教師有事可做。她用金紙或銀紙做了一個巨大的「軍事」十字架作為獎勵，用絲帶把它們別在被獎勵的孩子的胸前。我對這個主意不以為然，但還是算了。一天，我來到學校，發現一個孩子獨自坐在教室中央的椅子上，戴著一個很大的十字架。我問：「你們給這個孩子獎勵了？」教師說：「不，他是在受罰；所以他才獨自坐著。」事實上，十字架是給的另一個孩子，但當他工作時，十字架擋住了他，所以他把十字架給了站在中間的那個孩子，那個孩子並沒有得到十字架，但十字架不會影響他的工作。而中間的那個孩子對十字架和懲罰都漠不關心！我們還發現，糖果和類似的獎勵並不受歡迎。

取消獎金可能不會激起多少困擾，因為這畢竟意味著經濟。在任何情況下，只有少數人能得到，並且是在年底。但懲罰是另一回事，全年每天都會發生這種情況，而且修正的頻率也更高。例如，在抄寫本中，這種修正是什麼意思？這意味著以 A、B、C 或 10、0 標記。打 0 分的怎麼去修正呢？然後教師會說：「你總是犯同樣的錯誤。我講的時候你不聽，考試的時候你肯定考不過。」所有這些書本上的批改和教師的指責都導致了學生們的精力和興趣的下降。說「你很壞」或「你是個笨蛋」是丟臉的，這是一種侮辱，一種冒犯，但不是一種糾正，因為為了糾正自

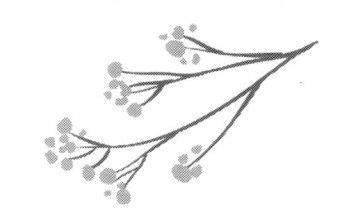

己，一個人必須變得更好，如果一個孩子已經落後，我們還進一步羞辱他，他怎麼能變得更好呢？

從前，教師常把驢耳朵貼在笨孩子的耳朵上，打不會寫字的孩子的手指尖。即使他們用世界上所有的紙來做驢耳朵，甚至把手指打成漿糊，他們也什麼都糾正不了。只有經驗和練習才能糾正錯誤，而能力的獲得則需要長期的練習。如果一個兒童缺乏紀律，他會因為在一個有凝聚力的社會中工作，與他人交往而變得遵守紀律，而不是透過訓斥他不守紀律，他就可以遵守紀律的。如果你告訴一個兒童做不到某件事，他會很容易地告訴你：「你是在告訴我嗎？我知道我不能。」這不是糾正，而是陳述事實。只有當兒童能夠在足夠長的時間內自由地自己練習時，才能糾正和完善自己。

孩子們可能會犯錯，他們自己不一定能看到，但教師也可能犯了錯誤，卻不知道自己犯錯。不幸的是，教師通常一開始就把自己當成一個完美的人和榜樣，所以如果她犯了錯誤，她當然不會告訴孩子。她的尊嚴建立在永遠正確的基礎上。在普通的學校裡她必須是絕對正確的，所以整個教育都是建立在錯誤的基礎上的。

讓我們來考慮一下錯誤本身。我們必須承認我們都會犯錯，這是生活的現實，承認它本身就是我們的一大進步。如果我們要走在真理和現實的道路上，我們必須承認我們都會犯錯，否則我們應該是完美的。因此，最好的辦法是與錯誤友好相處，這樣它就不會再嚇到我們，而是會友好地生活在我們中間，履行它的任務，因為它有一個任務，人生中有許多錯誤是可以自動糾正的。一個1歲的兒童走直線，走得不穩，會翻滾、跌倒，但最後還是走對了，他透過成長和經驗改正錯誤。我們有一種錯覺，以為自己在人生的道路上，永遠朝著完美的方向前進，但我們總是犯錯，卻不去糾正它們。我們不認識它們，所以我們完全脫離現

第二十六章　錯誤及其控制

實，生活在幻象中，擺出完美姿態，卻沒有意識到自己犯了錯誤的教師不是好教師。無論我們看向何處，總能發現君子犯錯！如果我們踏上了通往完美的道路，我們必須仔細觀察錯誤，因為透過糾正錯誤，完美才會到來。我們應該藉助燈光找出錯誤。我們必須知道就像生命存在一樣，錯誤一直存在，就像生命一樣是真實的。

精確的科學（數學、物理、化學等）已經引起了人們對錯誤的注意，因為這些科學讓錯誤脫穎而出。對誤差的科學研究始於實證科學。實證科學被認為是沒有誤差的，因為它們能準確地測量誤差，並能了解誤差。因此人生有兩件事：①達到一定的精確性；②在精確性中了解錯誤。無論科學給出什麼，都是一個近似值，而不是絕對值，這個近似值會和結果一起考慮。例如，抗菌劑注射在95%的情況下是確定的，但重要的是要知道有5%的不確定性。同樣，在測量時，它也要精確到千分之一英寸。在科學中，除非有可能出現誤差的指示，否則不會給出或接受任何數據，而對數據的重要性在於誤差的計算。沒有數據被認真考慮過，除非給出了可能的誤差值並附加到結果上，這與結果本身一樣重要。所以，如果它對精確的科學如此重要，那麼它對我們的工作又有多重要呢？這時，錯誤就變成了一種有趣而重要的東西，如果要糾正或控制它，對它的了解是必要的。

於是我們得到了一個科學的原則，這也是一個真理的原則，即「控制錯誤」。在學校裡，無論是教師、兒童或是其他人所做的事，一定有錯誤，這必然是學校生活的一部分，沒有外界的糾正，只有獨立的個體對錯誤的控制，才能告訴我們是正確的還是錯誤的。我必須知道我的工作是否正確，因此錯誤對我來說變得有趣，而以前它是膚淺的。在普通的學校裡，犯錯的人是不自覺的、無意識的、漠不關心的，因為意識到錯誤的不是我自己，而是教師讓我意識到犯錯的。這離自由的領域得有多

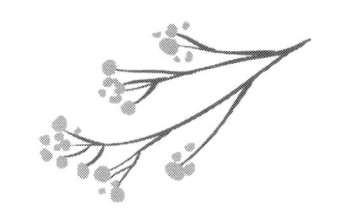

遠啊！如果我不能控制自己的錯誤，那我只好求助於那些可能不比我懂多少的人。

相反，如果一個人知道自己在犯錯並且能夠控制它們，這是多麼重要啊！精神自由實現的最偉大之處之一，是意識到我們可能會犯錯，並能夠控制它，並在沒有幫助的情況下辨識和控制錯誤。導致性格優柔寡斷的一件事是，沒有別人的幫助，我們無法控制任何事情。當一個人不得不依靠別人來告訴自己哪裡做錯了的時候，他會有一種自卑、氣餒和缺乏自信的感覺。因此，對錯誤的控制就變成了嚮導，告訴我們是否走在了正確的道路上。我們有一種追求完美的本能；我們想要自己知道我們是否走在正確的道路上。

假設我要去某個地方，我可以開車，但我不認識路；這在生活中經常發生。為了確保我走對了，我拿了一張地圖；我還看到幾個標誌告訴我，我在哪裡。我可能一直看到「離艾哈邁達巴德 2 英里」的標誌，但如果我突然看到一個標誌上面寫著「到孟買 50 英里」，我就知道我在哪裡走錯了。地圖和路標幫助了我，如果我沒有地圖，我將不得不詢問他人，並被告知許多，他們的建議可能相互矛盾。如果沒有指導或控制，我就不可能繼續走下去。

因此，在實證科學和實際生活中所必需的東西，也必須從一開始就包括在教育中，即控制錯誤的可能性。因此，隨著教學和教學材料的發展，必須去控制誤差。前進的道路擁有自由和可靠的方法，並能在犯錯的時候告訴自己。當這一原則在學校和實際生活中得以實現時，教師或母親是否完美就無關緊要了。成人的錯誤會變得有趣，孩子們也會同情他們。它變成了有趣的東西，但又完全脫離。它成為一個固有的事實，它在孩子的心中激起了我們都會犯錯的情感認知，它也成了另一個影響母子關係的因素。我們都會犯錯，這一事實使我們更友好。

第二十六章　錯誤及其控制

　　兄弟情誼是在錯誤的道路上出現的，而不是在完美的道路上。如果一個人是完美的，那麼他就不能再改變了，兩個「完美」的人在一起通常會吵架，因為改變和相互理解是不可能的。如果一個人在成長過程中沒有犯過錯誤，那就不可能有進步，也不可能有幫助，因為無法助力完美。因此，如果我們認為自己是完美的，我們就不在真理的領域裡。一個人被眼前完美的幻想誤導，但從來沒有實現過。

　　讓我們做一個幾何上的比較：我們可以把一個正方形疊加在另一個正方形上，就像我們的兒童描畫正方形的練習一樣。隨著我們繼續將正方形畫到越來越接近的程度，我們逐漸縮小最後一個正方形與之前那個正方形之間的差異。如果我們認為這是為了逐漸減少正方形之間的「誤差」，那麼就會發現，無論差異最終變得多麼小，我們都無法完全消除誤差。

　　讓我們來看看兒童最早做的一項練習。我們有相同高度的圓柱體，但直徑不同，並匹配有相應的插孔板。意識到它們的不同是第一種進步，用三根手指握住它們是另一種進步。兒童開始將他們放到插孔板上，但當他完成時，發現自己犯了一個錯誤，剩下一個較粗的圓柱體，但卻只有一個細孔，而其他放置好的圓柱也是鬆動的、搖搖晃晃的，所以他看看這些圓柱，比以前更仔細地觀察它們。兒童知道他可能會犯錯，如果他犯了錯誤，有一個圓柱體是裝不上的，如果沒有這種錯誤的可能性，就不會有同樣的興趣，這使他一遍又一遍地重複練習。所以材料有兩個要求要滿足：①完善孩子的感官；②提供控制錯誤的可能性。

　　上面提到的材料對誤差的控制是非常實際和可見的，所以一個 2 歲的兒童就可以使用它，並在通往完美的道路上獲得控制錯誤的知識。透過每天這樣的練習，兒童獲得了控制錯誤的能力，並變得自信。肯定自

己並不意味著完美，但它意味著知道自己的可能性，從而能夠做一些事，他可能會說：「我並不完美，我不是萬能的，但我知道這件事和我的力量，我也知道我可能犯錯並能控制它們，所以我對我的道路很有把握。」他們的話裡有謹慎、確定性和經驗。這些都趨向完美，而不是像有些人所說的，一個人只能是這樣，或是那樣，或是其他。換句話說，要達到這種確定性，並不像我們所設想得那樣簡單；趨向完美的道路也不是那麼簡單。告訴任何人他是愚蠢的、勇敢的、好的或壞的，是對人性的背叛；一個人必須自我肯定，並且有必要為此提供發展和控制錯誤的方法。

讓我們稍後再來看看這樣訓練的兒童。有一些數學練習，例如乘法和加法，為了求和，就有了乘法表，它是用來控制錯誤的。兒童如果沒有自信，就不可能確定自己是否正確；所以我們不讓教師糾正，而是讓兒童養成自己控制錯誤的習慣，這種對錯誤的控制比練習本身更有吸引力。所以在閱讀的時候，兒童有一個寫卡片的練習，把這些名字的樣本放在一起，然後在卡片下面寫名字來控制他的工作。練習的吸引力在於找出他是否正確。

如果在學校生活的實踐中，有這種不斷控制錯誤的練習，兒童會逐漸趨於完美。追求完美的興趣和對錯誤的控制，對兒童來說是非常重要的，所以進步是有保證的。出於天性，兒童傾向於精確，因此這種控制使他非常感興趣。在我們的一所學校裡，一名兒童閱讀到一條命令，上面寫著：「出去，關上門，回來。」兒童學習並開始執行，然後她去找教師說：「你為什麼這樣寫？這是不可能做到的。如果門已經關上了，我怎麼回來呢？」於是教師說：「是的，是我的錯。」並重新寫了指令，孩子笑著說：「是的，現在我能做到了。」

第二十六章　錯誤及其控制

友愛產生於對控制錯誤的興趣。錯誤會使人分裂，但是控制錯誤卻是友愛的手段。無論在哪裡發現錯誤，克服錯誤已成為一種普遍的興趣，錯誤本身變得有趣，它成為一種連繫，當然也成為所有人之間，特別是兒童和成人之間的一種凝聚手段。發現成人的一個小錯誤，並不會導致成人失去尊重或降低尊嚴，錯誤會從人身上被分離出來，分離出來之後才能夠被控制。

簡單的步驟可以成就偉大的事業。

第二十七章 服從的三個等級

　　在普通的品格教育中，主要關注的是意志和服從，在那些關注這兩種思想的人的心目中，這兩種思想通常是對立的。其中一個主要目的是抑制孩子的意志，用成人的意志來代替，並要求他服從。

　　我想澄清的這些觀點，不是基於我自己的觀點，而是基於我的經驗。首先，我們必須承認，在這些問題上存在著很大的混亂。一些生物學研究告訴我們，人類的意志是一種普遍的力量（荷爾蒙）的一部分，這種普遍的力量不是物質的，而是沿著進化道路的生命的力量。所有的生命都不可抗拒地朝著進化的方向發展，這種推動力叫做荷爾蒙。進化是由規律支配的，不是偶然的或隨機的。這些生活法則告訴我們，人的意志是這種力量的表現，並塑造了人的行為。在兒童時期，一旦孩子進行了某種自我決定的行動，這種力量就會被部分地意識到，然後這種力量在兒童中得到發展，但只是透過經驗。因此，讓我們首先說，意志是必須發展的東西，而且源於自然，它遵守自然法則。

　　認為兒童的自願行為是自然無序的，有時是暴力的，這也表明了對這一問題的困惑。人們之所以普遍承認這一點，是因為人們在兒童身上看到這類行為，並認為它們表達了他的意志。事實並非如此，這些行為不屬於宇宙力量或荷爾蒙的領域。讓我們考慮一下成人的行為，假設我們誤以為一個人的抽搐是自願的表現，或是在憤怒的狂亂中由他的意志指導的行為，那顯然是荒謬的。我們不這樣認為，我們認為有意志的人，主要是那些做一些有目的和困難的事情的人。如果我們認為自願行為主要是成人或兒童的無序運動，那麼我們當然覺得必須抑制意志，或

第二十七章　服從的三個等級

者像老一輩人說的「打破意志」；如果我們認為有必要打破這個意志，那麼，我們當然必須用我們的意志來代替孩子的意志，讓他「服從」我們。

真正的事實是，人（孩子）的意志不會導致混亂或暴力；這是一種背離和痛苦的象徵。意志在其自然領域是一種力量，它迫使我們採取行動，讓我們認為是有利於我們的生活。大自然給孩子的任務是成長，所以孩子的意志是推動成長和發展的力量。

意志促使個人走向意識發展的道路。我們的孩子自發地選擇他們自己的工作，重複這種選擇的練習，發展他們的行為意識。起初是刺激孩子行動的荷爾蒙衝動，現在變成了意志的努力。起初，他的行動是本能的，現在他的行動是有意識和自願的：這是精神的覺醒。

兒童自己已經理解了這種差異，並以一種這將永遠是我們經歷的寶貴記憶的方式表達出來。有一次，一位上流社會的女士來參觀學校，帶著老派的心態，對一名兒童說：「那麼，這是一個你想做什麼就做什麼的地方，是不是啊？」這名兒童回答說：「不，夫人，我們並不是做我們想做的，我們想做我們要做的。」兒童感受到了做自己喜歡的事，和喜歡自己所做的事之間的區別。

有一件事應該清楚：有意識的意志是一種透過鍛鍊和工作，從而得到發展的能力。我們的目的肯定是培養意志，而不是破壞它。意志幾乎可以在瞬間被打破，意志的發展是一個緩慢的過程，透過與環境相關的連續活動來充分發展自己，摧毀它是很容易的。炸彈或地震可以在幾秒鐘內摧毀一座建築物，但真正困難的是建造一座建築！它需要準確地了解平衡、張力的規律，為了建造一座很好的建築，甚至藝術都是必要的。

建造一座沒有生命的建築都需要這一切，那麼人類靈魂的建設就更需要了！它從內部發生。因此，建構者既不會是母親，也不會是教師。

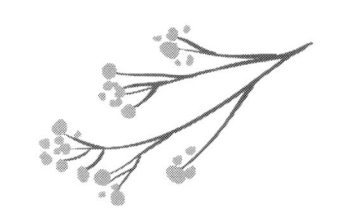

因為他們不是建築師，也不是像《聖經》(Bible)中的上帝那樣說：「要有光，光就被創造出來了。」它們只能幫助兒童自己的創造性工作，這應該是他們的功能和目標，但他們同樣有能力摧毀它，透過鎮壓來打破它，這一點雖然被如此多的偏見所掩蓋，但還是值得澄清的。

普通教育中普遍存在的偏見表明，一切都可以透過單純的教學（即直接解決兒童所聽到的問題），或堅持自己作為一個被模仿的榜樣（這是一種視覺教育）來實現。相反，人格只能透過個人練習，透過活動來發展。兒童通常被認為是一個善於接受的人，而不是一個積極主動的人。這在每個領域都有發生。甚至想像力的發展也是這樣考慮的。講童話故事給他們聽——迷人的王子和可愛的仙女的場景，從而激發他們的想像力。

然而，兒童只接受印象，並沒有真正發揮他的想像力，而想像力是人類智力的最高水準。在意志的情況下，這種錯誤就更嚴重了，因為普通教育不僅否定了意志發展的機會，實際上還阻礙了意志的發展，直接抑制了意志的表達。兒童的每一點反抗企圖都被認為是一種反抗形式，教育者真正做的就是試圖摧毀兒童的意志。以身作則的教育原則，並不會引導教師繪製一個王子和仙女的夢幻世界，還是在這裡教師會把自己當作榜樣。所以想像力和意志都沒有發揮作用，他們的活動只限於跟隨著講故事和表演的教師。

我們必須擺脫這些幻想，勇敢地面對現實。

在傳統教育中，教師推理的方式本身似乎足夠合乎邏輯。它是這樣執行的：「為了教育，我必須是好的和完美的（這意味著我必須把自己偽裝成送禮物給孩子們的聖誕老人）。我知道該做什麼不該做什麼。因此，只要兒童模仿我，服從我，這就足夠了。」服從是教導的祕密基礎。

第二十七章　服從的三個等級

我不記得哪位著名的教育家曾說過的這句格言：「兒童的所有美德，都可以在一個方面展現出來——服從。」確實有這樣的表述。

那麼，教師的任務就變得簡單而又艱鉅了！他說：「在我面前有一個空的存在——或者一個充滿了邪惡的存在——我將把他改造成幾乎和我一樣的形象。」

可憐的孩子！原本在他自己內部承載著造物主的工作，比教師、父親或母親更偉大，而他卻被迫要成為與他們相似的人。在其他階段，教師們用棍棒來達到這個目的，甚至在最近，在一個其他方面都很文明的國家，教師們宣稱：「如果我們必須放棄棍棒，我們也必須放棄教育。」紀律是透過威脅和恐懼來執行的，由此得出結論：不聽話的孩子是壞的，聽話的孩子是好的。

在這個民主與自由理論盛行的時代，當我們思考這種態度時，我們傾向於把舊式教師判斷為暴君。然而，這是不正確的，那種教師不是暴君，暴君要聰明得多，暴君有一定的意志力、獨創性和一定的想像力。舊式的教師只會抱有幻想和偏見，擁護不合理的規則。暴君和舊式教師的區別在於：暴君用暴力手段達到他成功的目的，教師用暴力手段達到他失敗的目的。認為必須摧毀個人的意志才能使他服從，也就是說，可以接受並執行別人的意志決定，這是一個根本的錯誤。如果我們把這個推理應用到智力教育中，我們應該說，為了讓孩子在自己的頭腦中接受我們的文化，就必須摧毀孩子的智力。

要讓那些已經發展了自己的意志，但透過自己的自由選擇決定追隨我們的人服從，實際上是非常不同的。這種服從是一種尊崇的行為，一種對教師優越的承認，這可以使他感到自豪和滿足於自己。

意志和服從是連繫在一起的，因為意志是基礎，而服從象徵著發展

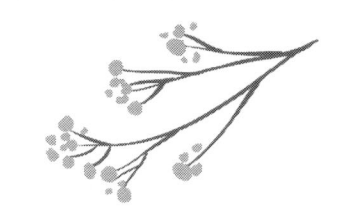

過程的第二個階段。因此，服從比一般教育中意識到的意義更高。它可以被看作個人意志的昇華。

同樣，服從必須以一種方式來解釋，這種方式將它置於生命現象之中，然後可以被認為是自然的特徵之一。

事實上，在我們的兒童身上，我們見證了服從的發展，這是一種進化，這是自然而然的，作為一個驚喜，它代表了一個漫長的完美過程的終點。

如果人的靈魂中沒有這種特質，如果人不能達到能夠服從的進化的程度，社會就不可能存在。如果我們對世間的事情只作膚淺的一瞥，我們就很容易發現人們服從的程度。這種服從正是導致整個人類群體跌入毀滅深淵的原因。這是一個不受控制的服從，一個將整個國家引向災難的服從。世界上沒有不服從的，永遠沒有！服從作為人類靈魂發展的自然結果是非常明顯的，但是令人悲哀的是，對服從的控制是缺乏的。

我們透過觀察兒童在事先準備好的，幫助他們自然成長的環境中之表現，清楚地表明，服從的成長是最具特徵的要素之一，這一觀察為這一問題提供了很大的啟發。

在我們的經驗中，我們已經清楚地看到，孩子的服從與性格的其他特質，是以同樣的方式發展的；它遵循衝動為先，然後發展到一個意識水準，在那裡遵循幾個不同等級進一步發展。

讓我們先具體說明我們所謂的服從到底是什麼意思。畢竟，這就是它一直以來的含義：一個教師命令兒童做什麼，兒童意識到它並服從命令。

兒童服從的自然發展可以分為三個階段。

首先，兒童只是偶爾服從，而不總是服從。這一事實可歸因於異想

第二十七章　服從的三個等級

天開的行為，應加以分析。

服從並不僅僅與通常所說的「意願」有關，它取決於形成的事實。為了能夠執行命令的行動，一定的能力和一定的成熟度是必要的。因此，服從應該根據發展和生命條件來判斷。不可能命令「用鼻子走路」，因為這在生理上是不可能的，也不可能命令一個不會寫字的人「寫信」。因此，有必要首先建立與所達到的發展相關的服從的物質可能性。這就是為什麼一個 0 到 3 歲的幼兒不是一個聽話的兒童，因為他還沒有建構自己。他被他的人格機制的無意識的要求所吸引，並且還沒有達到他可以建立它們，從而為自己的目的服務，之後有意識地支配它們的地步，這代表著發展的進步。事實上，成人和兒童生活在一起的習俗和方式，讓成人並不期望一個 2 歲的孩子服從。在這個階段，如果成人責備這樣一個未發育的孩子，他只能或多或少地採用暴力方式制止兒童的行為。

然而，服從並不僅僅包含抑制，它包含了行為的表現與他人的意志相一致，而不是與兒童自己的意志相一致。雖然大一點的兒童的生活，並沒有像我們提到的 0 到 3 歲的孩子那樣，在他自己的祕密生活中進行最初的準備，但即使在這個較晚的階段，我們也發現了類似的事實。此外，大一點的兒童必須發展出某些能力，以便他能夠服從，也就是說，他可以按照別人的意志行事，而這些能力不是一夜之間就能發展出來的，它們是經過幾個階段的內部發展的結果。只要這一形成期持續下去，兒童有時會成功地執行與剛剛所獲得的對應的行為，但只有當所掌握的已經成為一項永久掌握的能力時，意志才能支配它。當兒童在荷爾蒙衝動的驅使下，吃力地完成那些原始的機械運動功能時，也會出現這種情況。一個大約 1 歲的兒童可以邁出他的第一步，但之後他摔倒了，也許他會有一段時間都不再重複這一嘗試。只有當行走的機制完全建立時，兒童才能想什麼時候走就什麼時候走，這一點非常重要。

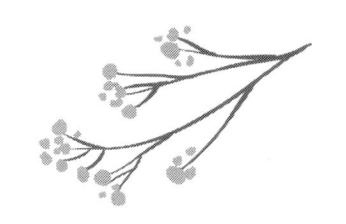

在這之後的階段，兒童的服從與否，首先取決於他的能力發展階段。因此，他可能會服從教師一次，但那之後可能就不服從了。這種無法重複的服從行為被歸因於「不情願」。如果是這樣，教師的堅持和批評，可能會成為正在發生的內在發展的障礙。在對世界各地學校教育產生巨大影響的瑞士著名教育家裴斯泰洛齊（Pestalozzi）的生平研究中，我們發現了一個非常值得注意的地方。裴斯泰洛齊是第一個在對待學生時引入所謂的「父親般的溫柔」的人，他總是樂於表示同情和寬恕。然而，有一種情況他並不會寬恕——一個行為反覆無常、時而服從，時而不服從的兒童。一個曾經執行過一個命令的人，是能夠執行這個命令的，如果在另一個時候他不服從這個命令，裴斯泰洛齊就不會接受任何藉口，那是他唯一一次表現出嚴厲而不是寬恕。如果這種情況發生在裴斯泰洛齊身上，一般的教師又會有多少次不會犯同樣的錯誤呢！

　　另一方面，在發展的某個方面正在建構時，沒有什麼比灰心喪氣更有害的了。當孩子還不能真正掌握自己的行為時，當他們還不能服從自己的意志時，他就更不能與另一個人的意志相一致。這就是為什麼他可能只服從一次，而不能重複這個服從的行為。這甚至不只發生在童年時期。一個演奏樂器的初學者初次演奏得很好，但為什麼不能再彈一次呢？第二天他會被要求再做一次時，他通常不能做得和前一天一樣好。願意這樣做並沒有錯，但我們面臨的是一種尚未完全建立起來的能力。

　　因此，我們所說的服從的第一階段，就是兒童能夠服從的階段，但並不總是能夠做到。這是一個服從和不服從並存的階段。

　　第二階段是兒童總是能服從，即在發展上沒有障礙的階段。他扎實掌握的能力，不僅可以由他自己的意志召喚和指導，也可以由另一個人的意志支配，這種可能性是一個偉大的禮物。我們可以將其比作把一種語言翻譯成另一種語言的能力。兒童可以吸收另一個人的意志並據此行

第二十七章　服從的三個等級

事,這是一般教育努力達到的最高水準。普通的教師並不期待兒童在這之後的階段一直服從。然而,兒童遠遠超出了我們的預期,因為他總是有機會遵循自然法則。

兒童並沒有停留在這裡,而是繼續向服從的第三階段發展。在這裡,服從超越了一種兒童後天所能達到的能力,指向一個優越的人格,指向服務和幫助孩子的教師。這就好像兒童開始意識到這樣一個事實:教師能做的事情比他自己能做的事情要高級,他彷彿在對自己說:「她是一個更偉大的人,能夠透過她的力量滲透進我的智慧,她能使我像她一樣偉大。她影響了我!」這個想法似乎給了兒童一種巨大而深沉的喜悅。能夠從這優越的生活中接受指導,會引起一種新的熱情和快樂。這是一個非常突然的發現。之後,兒童會變得焦慮不安,疲於服從。

一個有十年教學經驗的教師,發現了一件有趣的事。她有一個班的孩子,她管教得很好,可是她不能替他們出主意。一天,她說:「把一切都放好,今晚回家之前。」孩子們沒有等她說完話,一聽到「把一切都放好」,他們就開始仔細地把東西放好,而且很快就放好了。然後,他們聽到了令他們吃驚的消息:「你今晚回家的時候。」他們立刻就服從了,教師覺得她在表達要求時必須非常小心。這次她應該這樣說:「你今晚回家之前,把一切都放好。」她說,每當她不加注意地表達自己時,都會發生類似的事情,她覺得自己負有責任,因為孩子們會立即反應。這對她來說是一種奇怪的經歷,因為秩序似乎是權威的自然屬性。她沒有感到自己背負著沉重的負擔,而是強烈地感到自己的權威地位所帶來的巨大責任。她很容易就能使他們安靜下來,只要在黑板上寫上「安靜」這個詞就行了,甚至在黑板上,從她開始寫出字母「s」的那一刻起,到她拼完這個單字以前,所有的孩子都安靜了。

沉默的教育

　　我自己的經驗也證明了這種「沉默式教育」，表現的是一種服從的態度，在這裡是一種集體服從的現象。這一群兒童絕妙而又出乎意料地達成一致，證明他們幾乎和我產生了共鳴。

　　有一次，我抱著一個 4 個月大的嬰兒進入了這個有 45 個孩子的班級，他們已經在認真地上課。這是一個古老的義大利習俗，即把嬰兒的腿綁在一起，然後用布把它們緊緊地裹起來，這樣，嬰兒的腿和腳就保持靜止和固定。我把嬰兒抱給孩子們看，說：「我帶一位客人給你們，看他是多麼平靜！我敢說，你們是不可能保持這麼安靜的。」我是開玩笑的，以為他們會笑，可是大家都變得嚴肅起來，把腿和腳並在一起，一動也不動。我想他們沒有聽懂我的笑話，於是我說：「要是你們能感覺到他呼吸有多麼輕柔就好了。你們不能呼吸得那麼輕，因為你們的胸腔比較大。」現在，我想，他們會笑的，但是並沒有，他們仍然雙腳併攏，同時控制呼吸，確保不發出一點噪音，他們很認真地看著我。

　　然後我說：「我要悄悄地走出去，但是這嬰兒比我還安靜，他不會動也不會發出任何聲音。」我把嬰兒帶到他母親那裡，又回來了。孩子們一動也不動地站在那裡，臉上的表情好像在說：「看，你弄出了一點聲音，而我們卻像嬰兒一樣安靜。」所有的孩子都是這樣，如果大家都有同樣的意願，就會被敦促去做同樣的事情，結果就是在這個由 45 個孩子組成的班級裡，沒有人動，也不出聲。

　　人們可能會想：「這是多麼神奇的規則！」他們會考慮孩子們是怎麼做到的？他們甚至試圖逗孩子們笑！結果依然是一陣令人震驚的沉默，同樣，我說：「好安靜啊！」孩子似乎理解並感受到了這裡的寂靜，他們

第二十七章　服從的三個等級

保持著安靜，控制著呼吸。我開始聽到以前從未聽到過的聲音，鐘錶的滴答聲，外面水龍頭的滴漏聲，蒼蠅的嗡嗡聲……成人一般都不知道這種沉默——即使在教堂裡，他們也會站起來，跪下來，四處走動，把硬幣放進募捐箱等等，所以他們對沉默的理解是很膚淺的，這種安靜給孩子們帶來了極大的快樂。

從這種沉默的練習中，可以衡量出這些兒童意志的力量。隨著這種意志力的練習，這種力量變得越來越強大，沉默的時間延長了。因此，除此之外，我們還竊竊私語地說出每個孩子的名字，每個孩子聽到自己的名字時，他就靜靜地走了過來，其他孩子則一動不動地待在那裡，每個孩子都小心翼翼地慢慢走來，以免發出聲音，可想而知最後一個被叫到的孩子要等多久！因此，在相當程度上，他們培養了自己的意志力。當我們說我們必須教孩子們去抑制這個或那個的時候，我們必須記住，孩子們的抑制能力比我們強得多，畢竟意志和抑制是一致的。抑制衝動和控制自己的行為，都是這種練習的重要結果之一。因此，它成為我們方法的一部分：一方面是選擇和自由活動的意志，另一方面是抑制。這樣，孩子們就成長為具有偉大意志的人。在這種環境下，他們可以做自己想做的事，或克制自己的行動，他們組成了一個很好的團隊。

要想保持絕對的沉默，我們必須一致同意；如果一個人不同意，沉默就會被打破；因此，我們就會產生一種意識，即我們必須共同行動從而產生相應的結果，這樣一種有意識的社會關係就產生了。

我把嬰兒抱進房間，無意中引起了最初的沉默，但我不能總是指望這一點，那麼我怎樣才能再次引起這種興趣呢？我發現最好的辦法就是簡單地說：「你們想要安靜嗎？」孩子們立刻愉悅地執行了，這使我驚奇地發現，我能命令孩子們保持安靜，他們也都聽我的話了。成人下達一

個命令，大家都服從了。兒童已經掌握了服從，因為所有的因素都具備了。我只是說了幾句，他們就照辦了。因此，在培養意志的過程中，出現了看不見的、意想不到的服從。

服從是意志發展的最後階段，意志的發展使服從成為可能。對我們的孩子來說，這導致了一個階段，那就是教師命令什麼，孩子們就立刻服從。然後教師覺得他應該小心，不要利用孩子們的這種服從，他會意識到什麼才是一個領導者應該具備的真正特質。領導者應該對自己釋出的命令負有重大責任。因此，領導者不是一個有很強權威感的人，而是一個有很強責任感的人。

第二十七章　服從的三個等級

第二十八章　蒙特梭利教師

　　從我們前面所闡述的一切可以理解，蒙特梭利教師必須與普通學校的教師有很大的不同，必須注意不要太膚淺地考慮這一點，因為有些蒙特梭利教師太從字面理解了。他們說：「兒童必須主動，教師不能干預。」所以他們拋棄了兒童，什麼也不做。

　　在開發手段的呈現中，教師有著非常積極的任務。此外，他們呈現的方式和他們的細節，表明他們是一個非常積極的教師。因此，教師扮演的角色是複雜的，並不是說蒙特梭利的教師是不活躍的，普通學校的教師是活躍的，而是我們的教師所做的一切活動都是一種準備、一種指導，隨後教師的「不活躍」是成功的象徵。教師外在的不活躍代表一項成功完成的任務，我們可以說這是一種理想目標，那些把自己的班級帶到這個舞臺上的教師，他們有福了，他們可以說：「不管我在不在，這個班級都在發揮作用。」每個兒童都透過自己的活動獲得了獨立，現在這個團體也獲得了獨立。這是成功的象徵，但要達到這一點，有一條路要走──教師也要發展。

　　有一件事我們必須清楚地看到，那就是蒙特梭利教師和普通教師在不同的水準上。一個人不能把一個普通的教師變成一個蒙特梭利教師，而必須重新創造。首先，我們可以說教師的第一步是自我準備，即準備她的想像力，因為在普通學校，教師的了解是根據兒童當前所呈現的行為，她知道她必須照顧他們、帶著他們成長，而蒙特梭利教師，從物質角度來說，看到的是一個不在那裡的兒童，這是主要的區別。我們的教師處於一個更高的水準，並不是在物質層面上。到我們學校來的教師，

第二十八章　蒙特梭利教師

必須堅信兒童可以透過工作來呈現他們自己。教師對兒童可能處於什麼樣的水準並不關心。不同類型的兒童，都是偏離正道的，但並不影響她，她看到的是一個生活在精神領域的不同的兒童。教師堅信，在她面前的兒童，一旦找到吸引他們的工作，就會表現出真正的自我。她在尋找什麼？她的期望是什麼？是等其中的一名或兩名兒童集中注意力。

在教師自身精神進化的道路上，有三個階段。

第一階段。教師成為環境的守護者和管理者。因此，她沒有被這些偏離正道的孩子所糾纏，而是把注意力放在了環境上，因為只有這樣才能找到治療方法。環境的吸引力會使孩子們的意志兩極分化。在學校裡，教師首先要關心的應該是整理和愛護環境及教具，使之永遠美麗、光亮、完好無損，不會有任何遺漏，使一切在兒童看來都是新的，完整無缺，隨時可以使用的。這也意味著教師自身必須是有吸引力的。她應該年輕、美麗，頭髮上插著鮮花，香氣四溢，乾淨，快樂，充滿尊嚴，這是理想狀態，每個人都可以隨心所欲地改變，但我們必須記住，當我們將自己呈現在兒童面前時，我們必須意識到他們是偉大的人。

教師的出現是真正理解和尊重兒童的第一步。她應該仔細研究自己的動作，盡可能使它們溫柔優雅。這個年齡的兒童對他的母親有一個偉大的理想，我們不知道他的母親是哪一種類型，但我們經常聽到兒童在看到一位美麗的女士時說：「她真漂亮，就像我的母親！」實際上，母親可能根本沒有那麼漂亮，但對兒童來說，他崇拜的每個人都是「和我的母親一樣漂亮」的人。因此，這種對外表的關心也應該成為兒童所處環境中的秩序的一部分，而環境中最生動的部分是教師。

因此，愛護環境是教師的首要工作，必須先於一切，但這是一個間接的工作。除非它完全被重視，否則在任何其他領域，都不會有任何有

價值的和持續的結果——物理的、心理的或精神的。

第二階段。現在我們來看看兒童，先把環境整理好。我們想吸引這些兒童，讓他們專心工作，而這些兒童仍然亂作一團，漫無目的地遊蕩，我們該怎麼辦呢？有時我會用一個不太受歡迎的表述：教師必須是有魅力的，她必須「引誘」這個階段的孩子。想像一個兒童和一個骯髒的教師，進入一個黑暗骯髒的環境，教師給了他一個我們認為應該可以吸引他的東西！當然，教師首先必須在外表和舉止上有吸引力。在這方面，我們的教師和普通學校的教師可能是一樣的，但這都發生作用在兒童的注意力集中之前。

在注意力集中之前，教師可以多多少少做她喜歡做的事，因為她尚未打擾到任何重要的事情。如有必要，她可以干預兒童的活動。我曾讀到過這樣的故事：一個善人試圖吸引城裡街上那些被拋棄的男孩，因為他們正在學習壞習慣。他做了什麼？他想盡辦法逗男孩們開心，這是教師在這個階段必須做的。運用詩歌、韻律、歌唱、故事、戲劇、小丑；除了棍子，什麼都好。能使兒童著迷的教師會吸引兒童，這就導致了一些忙碌，雖然不是很重要，但確實吸引了孩子。一個活潑的教師更容易吸引人，那麼為什麼不利用這種活潑呢？她可以歡快地說：「今天換家具怎麼樣？」然後和兒童一起工作，教師自己小心地拿著東西，並建議怎麼拿，歡快地做所有這些事。或者說：「把這個漂亮的銅碗擦亮怎麼樣？」或者說：「我們到花園裡去採些花好嗎？」如果教師很吸引人，這個行動就會很吸引人。

這是教師發展的第二個階段。如果有兒童在這個階段堅持要騷擾別人，實際的做法是打斷他的行為。雖然我們經常說，當一個兒童的注意力集中於他的工作中時，在任何情況下，都不可以干預和中斷他的活

第二十八章　蒙特梭利教師

動，也不要阻止他的充分表達，顯然在此時，正確的做法恰恰是相反的：中斷或請他停止令他人不安的活動。這種打斷可以是一種感嘆，也可以是引起他的興趣；把你的注意力集中到他身上，對他來說就像多次電擊一樣，會帶來及時的反應。如果兒童打擾別人，你可以說：「你好嗎，約翰尼？過來，我要找點事給你做！」他可能不想這麼做，因此你說：「所以你不想這麼做？好的，那讓我們去花園吧。」然後和他一起去，或者讓你的幫手帶他去，這樣他的頑皮就被控制住了，其他兒童也不會被打擾。

　　第三階段。現在到了第三個階段，兒童對某件事感興趣，通常是一些實際生活的練習，因為只有當兒童能夠恰當地展示它時，我們才能給予其他的東西，而當兒童不集中注意力時，我們也不能給予他。當兒童對某一事物產生興趣時，教師千萬不能打斷，因為這個活動遵循自然規律，是有循環的，只要一碰，它就會像肥皂泡一樣消失，同時它的美也消失了。

　　教師現在必須非常小心，不干涉就是不干涉，不管是什麼形式。此時，教師們經常會犯錯。一個惹人討厭的兒童，終於專心做了一件事，而教師經過，看到他說：「好！」── 夠了，傷害已經造成了。之後的兩三個星期，兒童可能都不會去找事情做了。此外，如果一個兒童遇到了困難，而教師干涉他告訴他如何處理，兒童就會把困難留給教師，自己走開。兒童的興趣不在於完成任務，而在於克服困難。「如果教師想征服它，那就讓她去吧，我沒興趣了。」同樣，如果兒童在搬重物，教師若去幫忙，兒童往往會把東西倒在地上就走了。表揚、幫助，甚至注意到兒童，往往都足以打斷他們的活動，破壞他們的活動。事實上，即使是兒童看到一個觀察他的人也會這樣做。

　　畢竟，如果我們正集中注意力在某件事上，這時有人走過來，從我

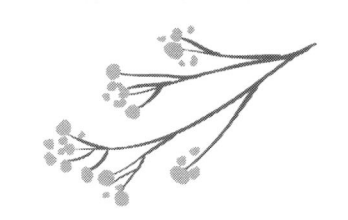

們旁邊或從附近的某個地方觀察我們,我們的注意力就消失了。引導教師成功的最大原則是:一旦注意力出現,就不要注意他了,就好像兒童不存在一樣。我們可以一眼就注意到他在做什麼,而不必注意到他會注意到我們。現在兒童將開始選擇他自己的行為,這可能會導致課堂上出現問題,因為有多個學生可能需要相同的物品。同樣,在解決這些問題時,我們也不得干涉,除非有人要求我們介入,否則兒童自己會解決的。我們的職責只是在兒童用完了舊的活動物品時,給他們提供新的物品。

就像所有其他的能力一樣,教師不干預的能力來自練習。她必須表現得好像她是為兒童服務的;如果她想要一個好榜樣,她可以跟一名好僕人學習。主人所喜歡的,他都準備,卻不告訴他怎麼做。他把主人的梳子理得整整齊齊,但不會告訴主人什麼時候該梳頭;他仔細地準備食物,但他不強制他吃。他很好地、精確地、不引人注目地呈現它,之後消失。因此,我們必須對我們的主人——兒童的精神成長——採取行動。這是我們所服侍的主人,兒童的精神。當他提出一個願望,我們已經準備好滿足它。主人單獨在的時候,僕人也不來打擾。主人叫他的時候,僕人就立刻到他那裡去做被要求做的事,並且回答說:「好的,先生。」如果有人要求他讚美,即使他自己看不到任何美,他也會說「多美啊」。對於那些做了一些專注工作的兒童來說也是如此。我們不應闖入,但如果他向我們展示他的成就,並想得到我們的認可,我們就慷慨地給予。

這就是計畫和技巧:去服務,並且做好服務,也為精神服務。這是新的東西,特別是在教育領域。誠然,我們都願意為兒童服務,但普通的教師知道如何服務或做什麼嗎?看到兒童很髒,她會替他洗乾淨;兒童的衣服很亂,她會替他穿衣服。這是普通教師的想法,即如果一個人

第二十八章　蒙特梭利教師

　　要為兒童服務，他必須為他們做一切事情，幫他們洗衣、穿衣和吃飯。但我們不是這種類型的教師；我們不是身體的僕人。我們知道，如果一名兒童要成長，他必須自己做這些事情。

　　我們教育的基礎是，兒童不應該在這種意義上被服務，兒童必須透過自我滿足來獲得身體上的獨立。獨立的意志透過獨立而自由地選擇實現，獨立的思想透過獨立而不受干擾地工作實現。我們已經意識到發展是一條通向獨立的筆直道路，這必須提供給我們線索。我們必須幫助兒童獨立行動，獨立意志，獨立思考。這是一種精神服務的藝術，一種可以在童年時期完美地表現出來的藝術。只有到那時，我們才能看到，我們剛才談到的兒童身上那些奇妙的特徵的發展。

　　一個社會人的這些特質是很美妙的，而教師的快樂在於能夠看到兒童的精神表現。這是一個巨大的特權，因為它們通常是隱藏的，當它們出現時，教師會根據她的信仰所提供的靈感來迎接它們。兒童應該是：永不疲倦的工人，冷靜的兒童，尋求最大努力的兒童，試圖幫助弱小的兒童，知道如何尊重他人的兒童，向我們展示他的特點以便讓我們知道他是真正的兒童。

　　於是教師逐漸開始說：「我了解我的孩子們。」這樣說意味著她說：「我已經看到了這些事實的真相。我看到了這孩子應有的樣子，一個比我想像得還要優秀的孩子。」這就是有童年的知識。普通的教師可能會說：「我了解我的孩子。這是約翰尼，他的父親是一個木匠，他的母親是一位很好的家庭主婦。」、「我到這個小女孩的家裡去過，我和她的家人一起吃過飯。」等等。我花了很多時間和心思，所以我知道他們。但是對於我們的教師來說，他們知道的不是這些膚淺的事實，而是童年的祕密。他們已經洞穿了這個祕密，擁有遠超普通知識的知識，就像他們的愛和

關心遠超普通教師的愛和關心一樣。

蒙特梭利的教師有一種深深的愛,因為她深愛那些關於兒童祕密的知識。也許當兒童展現他的精神時,人們第一次明白了什麼是真正的愛。「他們非常感人,他們深深地觸動了我,他們改變了我,就像任何名副其實的愛一樣。我是如此的感動,我忍不住要談論它。我愛過什麼?這些是人類精神的表現。正是這些啟示、這種精神改變了我。這可能是愛的最高形式,因為我可能不記得孩子的名字,但人類精神的表現深深地感動了我,我愛上了它。」

普通教師說他們愛他們的學生時,會這樣說:「當他們經過我身邊時,我撫摸他們的頭髮或親吻他們。當他們生病時,我會問候他們。」但這只是個人的愛,僅此而已。所以愛有兩個不同的層次。一種是物質的,以前教育的全部觀念都建立在物質上。兒童是物質的存在;如果你想到與兒童有關的精神事物,你會想到你可以教導他們禱告或儀式。但是我們的層次是精神上的,我們的愛不是物質的。兒童把我們帶到了這裡;所以當教師說她了解她的孩子時,她指的是孩子們已經透露出的一些優越的東西。當她說「我為我的孩子們服務」時,她的意思應該是:「我為人類的精神服務,它必須解放自己。我知道他們,也就是我了解人的精神。」

這種水準上的差異不是教師造成的,而是兒童造成的,教師發現自己被提升到她所不知道的水準,是兒童促使教師的成長;現在她在那裡,她很快樂。她之前的幸福也許是來自盡可能少地做事,而盡可能多地拿高薪——還有什麼其他的滿足呢?也許是她對兒童的權威,以及兒童認為她是他們追隨和服從的理想,她可能滿足於一種權力感和虛榮心。也許她也想在她的事業上更進一步,成為一名女校長或督導。但這並不是

第二十八章　蒙特梭利教師

真正的快樂。這些教師可能從來沒有感受過，從兒童的精神表現中獲得的幸福；然而，一旦擁有了這個，這些教師就會準備好離開那些不幸福。有多少高中的校長和教師已經辭去他們的職務和放棄他們的薪水，到兒童那裡去尋找這種快樂？我知道巴黎有兩位醫學博士，為了親眼目睹這些現象放棄了他們自己的專業，他們發現他們所做的實際上是從低等到高級。

蒙特梭利教師取得的最大的成功是什麼？能夠說：「現在孩子們工作起來好像我不存在一樣。」她不是所有，而孩子們成了一切。普通的教師可能會說：「是我把孩子帶到了這個水準，都是我教過的，我開發了他們的智力，我曾經……我做了……」但是他們做了什麼？什麼都沒有。他們還沒有發展；他們強迫自己，甚至壓制和阻撓。這就是學校的罪惡，特別是在發展的前六年。我們只能說：「我幫助這生命實現了它的創造。」這才是真正的滿足。這位教6歲以下兒童的蒙特梭利教師知道，她幫助了人類發展的關鍵時期。她可能不知道兒童的任何物質事實，但實際上她一定會知道一些，因為孩子們會自由地和她交談。

她不需要關心這些兒童以後會發生什麼，不管他們是上中學或是大學，還是更早輟學；她很滿意地知道，在這個形成期，他們已經完成了他們必須完成的任務。她說：「我為這些孩子的精神服務，使他們獲得了發展，我陪伴他們度過了他們所有經歷的。」她不在乎普通督導說什麼，那無關緊要，那是古老時代的荒謬殘餘。不得不等待檢查員報告的教師是一個處境悲慘的人，即使她每天祈禱五次，那也是脫離了精神生活的現實。精神生活是永恆的生命，從一個清晨到另一個清晨，那就是生活在精神層面上，而不僅僅是禱告。

普通教師說：「這些教師看起來多謙虛啊，甚至對自己的權威都不感

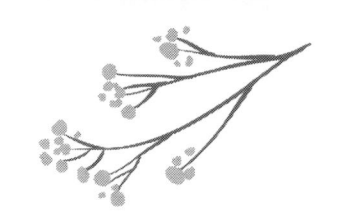

興趣。」還有人說：「假如這些教師放棄了一切常規的東西，你們的方法怎麼可能成功？」但是他們並沒有放棄；他們只是進入了價值觀不同的另一種生活；那裡有以前的生活所不知道的生活的真正價值。所有的原則都不一樣，以公正的原則舉例，在以前的學校裡，公正是很重要的。過去常有人這麼說，「教師擁有權力、尊嚴和公正」。這種公正是一視同仁──「我不介意孩子是富是窮；如果懲罰是必要的，所有人都會受到懲罰」。

如果一名兒童犯了錯，他的工作就得零分，在某些情況下，即使他是聾子，也都必須一視同仁。人類社會通常就是基於這種絕對「公正」，公正通常與審判、監禁、判決有關。法院被稱為公正的宮殿，說「我是一個誠實的人」，意味著我與公正毫無關係（即警察和法院）。在學校裡，教師也很小心，不只愛撫某一個兒童，因為如果這樣，她必須愛撫所有兒童──她必須是公正的。這是一種將所有人降到最低層次的公正；從精神上說，我們砍下高個的頭，讓他們和其他人一樣高。

在更高層次的教育工作中，公正是真正的精神，它尋求的是讓每一個兒童都能達到其個人能力的最大限度。公正是給予任何一個人一切幫助，使他在精神上達到完備的境界，而那些世世代代為精神服務的人，必須給予這些能量幫助。這可能是未來社會的組織形式。現在所謂的公正是荒謬的，這是一種自由，一個人沒有機會，而其他人擁有所有機會卻不加以利用。這些精神財富沒有必要失去，與之相比，經濟財富失去了價值。不管我是富有還是貧窮，如果我能充分表達，經濟問題就會自行調整，當人類能夠充分實現精神自我時會更有成效；經濟事物將失去它們的專屬價值。人不是用他們的腳或身體在生產，而是用他們的精神和智慧，所有無法解決的問題都會得到解決。

第二十八章　蒙特梭利教師

　　兒童可以在沒有幫助的情況下，發展出一個有序的社會，而我們成人需要警察、警棍、士兵、機槍。兒童心平氣和地解決自己的問題。他們向我們表明，自由和紀律是同一枚硬幣的兩面，因為科學的自由帶來紀律。硬幣通常有兩面，一面漂亮的，刻著人臉或圖案，另一面更平一些，刻有文字。平的一面是自由，雕刻精美的一面是紀律。當我們發現一個班級裡的兒童不守紀律時，這就要求教師對錯誤進行控制，因為她一看到就坦然地說「我在某個地方對這個班級犯了一個錯誤」，於是她就糾正了這個錯誤。

　　普通教師認為這是一種恥辱，然而它不是。這是一種新的教育技術，為兒童服務，就是為生命服務。透過幫助自然，我們進入了超自然的下一個層次。因為自然法則是不斷上升的。是兒童把這個美麗的建築建造到另一個層次。自然法則就是秩序，所以當秩序自發出現時，我們知道我們已經達到了宇宙的秩序。兒童的使命之一，就是將成人的人性帶入一個更高的層次。雖然這一點很重要，但我不能在這裡詳述，而這是事實。兒童把我們帶到精神層面，解決物質層面的問題。

第二十九章　兒童：愛的泉源

在我們的課程中，我們經常看到一群典型的蒙特梭利工人。有嬰兒、年輕人、老年人、專業人士、非專業人士、有文化的人和文盲，我們當中沒有領導者。我們的課程顯然不同於其他文化課程，學習我們課程的學生必須有一定的文化修養，但這是唯一的限制，在這裡面我們可以讓大學生和教授、律師和醫生，以及那些可能成為他們病人的人在一起學習。

在歐洲，我們曾經有來自世界各國的人，而在美國，我們曾經有一個無政府主義者！儘管這些是不同的人，學生之間卻從來沒有任何衝突，這是怎麼回事？這是因為我們都被一個共同的理想連繫在一起。比利時是一個小得可以放進印度地圖尖角的國家，然而卻有兩種語言：法語和佛蘭德語，因此人民在政治上有分歧，所有這些人聚集在一個會議上是困難的，但在蒙特梭利課程中它發生了，這太不尋常了，報紙上評論說：「多年來我們一直試圖把這些人聚在一起，但都沒有成功，現在我們在這個研究兒童的課程中實現了。」這就是兒童的力量：所有人都熟悉兒童，無論他們的信仰或興趣如何，所有人都愛兒童，因此兒童的凝聚力產生了。成人形成了一些強烈而凶狠的信念，這些信念把他們分成了不同的群體。當他們開始談論這些信念，討論他們的信仰和興趣時，他們就開始爭鬥了。

但是有一點，他們對兒童的感覺是一樣的；這就是為什麼兒童在社交方面如此重要。很明顯，人可以從這個點開始，以使世界進入和諧。在這一點上，所有人都很敏感。當我們談到兒童的時候，所有的人都被

第二十九章　兒童：愛的泉源

感動了，所有的人都感覺到愛，所有的人都很敏感。整個人類都被這種最深沉的情感所控制，這種情感會點燃人類之間的友好，這是愛的一種形式。

當一個人觸控到孩子，他就觸控到了愛，人不知道如何定義這種愛；所有人都能感覺到，卻無法描述。我們可以說「我感覺到這份愛；它存在，但它的根和它的繁茂我不知道」。就像我們透過感官感知事物一樣，我們也有愛的感覺；我們對此印象深刻。我們感覺它就在那裡，即使在成人的生活中，我們似乎已經忘記了這一點。當一個成人想到另一個成人的時候，就會變得堅硬和強大，但當我們想到孩子的時候，那些堅硬和強大的力量就會軟化或消失，我們就會變得甜蜜和溫柔，因為我們現在面對的是生命的基礎階段。不僅人類如此，所有生物都是如此，它出現在年輕人出現時。成人的生活有兩個方面：防禦和愛，但最基本的是對兒童的愛，因為沒有兒童，成人就不存在。

讓我們更有意識地去理解這種愛吧。先回憶一下先知和詩人說了些什麼，他們已經能夠把這種，我們稱之為愛的偉大能量賦予形式和表達。當然，沒有什麼比詩人的文字更美麗、更令人振奮的了，他們賦予愛以這種形式，使人們可以在某種程度上想像它；這種愛是一切存在的基礎。即使是最凶惡的人，讀到這些詩人的話時也會說：「多美呀！」這意味著，不管他們的生活方式如何，這種愛一直留在他們身上，並在他們身上持續發生作用。如果不是這樣，他們就會把這些東西叫做廢話，令人感到愚蠢、乏味，雖然它似乎沒有進入他們的生活，但受到了它的影響，這意味著他們在不知不覺中渴望愛。

奇怪的是，即使在這樣的時代，在這個戰爭是最具破壞性的、已經蔓延到世界的各個角落的時代，當人們認為談論愛是一件諷刺之事時，

人們確實也在談論它，他們謀劃團結的行為就是愛。這意味著愛是一個基本的力量。所以在現在這個時候，似乎一切都會使人們說：「把這個叫做愛的東西拿走吧；我們的現實已經被證明是被毀滅的了，因為城市、森林、婦女、兒童和動物不是都被毀滅了嗎？」人們目前仍在談論重建和愛；即使人們在破壞，他們也在談論它。

如果我們看和聽我們周圍那些無線、報紙、大眾的討論，我們聽到教皇、杜魯門（Truman）、邱吉爾（Churchill）、教會的領導者，反對教會的人，有文化的人和文盲，富人和窮人，以及所有「主義」和神學的追隨者都在說「愛」。如果是這樣的話，（沒有比今天更有力的證據來證明這種有力量和感人的愛）。

那麼，為什麼人類不研究這種愛的偉大事實呢？為什麼只有在仇恨肆虐的時候才談論它？為什麼我們不能一直研究和分析它，以便利用它的能量呢？不明白為什麼以前沒有人研究過這種能量，以便它可以用來結合我們已知的其他力量呢？人類把大量的精力投入其他自然事實的研究中。在那些領域裡，人類長期艱苦地工作著，發現了許多東西，為什麼不把這一點精力投入研究這種團結人類的力量上？我覺得所有能對愛的貢獻的說明，都應該被接受，並給予極大的重視。我提到過，詩人和先知常常談到它，彷彿它是一種理想。但它是真實的，它一直在那裡，是永恆的。

我們也必須意識到，我們現在感到的關於愛的現實，那不是因為我們在學校裡學過。即使我們學會了關於愛的美好描述，但這些描述的文字很少，它們也會消失，對它們的記憶，也會伴隨之後發生的無數事件而消失。人們如此積極地尋求愛，並不是因為他們年輕時聽說過愛，也不是因為在詩歌中讀到過愛；它表達的東西不是去記憶的，而是作為偉

第二十九章　兒童：愛的泉源

大生命遺產的一部分給予我們的。是生命自身在表達，而不是詩人和先知在表達。除了宗教和詩歌，我們還可以從另一個角度來看待愛。我們必須從生命本身的角度來考慮它；那麼，愛不僅僅是想像或渴望的果實，而是一種現實，它是一種永恆的能量，不會消失。

我想針對這個現實，和之前詩人與先知說過的事情談論幾句。我們稱之為愛的這種能量，是最偉大的宇宙能量。即使我們使用這些術語，我們仍然是在淺薄地談論它，因為它不僅僅是一種能量，而是創造本身。

我們可以對這樣的人說：「你一定知道什麼是愛，因為你對它的感覺如此強烈，它一定是一種令人生畏的東西，請詳細地告訴我們。」但是，當我把這種強烈的感情描述出來時，它是如此簡單。他所使用的例證也許可以在我們現代文明中找到，這種文明可以移動高山，創造比那更偉大的奇蹟，因為我們可以在大陸的某個角落低聲說話，而在大陸的另一個角落聽到我們的聲音。但如果沒有愛，這一切什麼都沒有。我們還建立了偉大的機構，讓窮人有飯吃，有衣穿。但如果我們沒有愛，那就像打鼓，因為鼓是空的才能發出聲音。那麼，什麼是愛呢？

「愛是恆久忍耐，又有恩慈。愛是不嫉妒，不悖逆，不自高自大。沒有野心，不自私自利，不動怒，不心存惡念。講義氣，喜歡真理。凡事包容，凡事相信，凡事盼望，凡事忍耐。」

這是一長串事實的列舉，一長串特徵的描述，但所有這些特徵都讓我們想起兒童的特質。它們似乎是在描述有吸收力的心靈的力量。有吸收力的心靈接受一切，它不評判，從不排斥，也不做出反應。它吸引了一切，並展現在人身上。兒童實施建構，是為了使自己適應與他人的生活，成為與他們平等的人。兒童忍受著一切：如果他來到世界上一個寒

冷的地方,他就會在那裡建構自己,在那裡生活,成年之後也只會在那樣的環境中獲得快樂。如果他來到世界上一個炎熱的地方,他也會在那裡建構自己,這樣他就不能在另一種氣候環境中生活並獲得快樂。無論迎接他的是沙漠,還是海洋邊上的平原,還是高山的斜坡上,他享受這一切,也只有在那裡他才能獲得最多的幸福。

具有吸收力的心靈相信一切,對一切抱有希望。它接受貧窮,就像它接受財富;它接受一切信仰,就像它接受周圍環境的偏見和習俗:它把一切都展現在自身之中。

這就是兒童!

如果不是這樣,人類將無法在世界上任何不同的地方穩定,也無法在不重新開始的情況下實現文明的持續進步。

具有吸收力的心靈形成了人類創造的神奇社會的基礎,在我們看來,這是一個嬌小的孩子,他用愛的美德解決了人類命運的神祕困難。

因此,如果我們對兒童的研究比以往更好一點,我們就會發現愛的各方面,並加以分析。它不是由詩人或先知分析的,而是由兒童所展示的 —— 透過現實。因此,寶藏不僅可以在研究詩歌的人身邊找到,而且可以在每個人的內心找到。這個奇蹟是送給所有人的;這種巨大力量的代表到處可見。

人類製造了一片紛爭的沙漠而上帝卻繼續降雨。所以很容易理解所有成人的創造,雖然他們創造了偉大的成就,但沒有愛就不會有任何結果,什麼也不會有。但是,如果我們把兒童身上的這種愛帶在身邊,如果它的價值和潛力得到實現和發展,我們偉大的成就將是更巨大的。成人和兒童必須走到一起;成人要謙虛,向兒童學習,才能偉大。奇怪的是,在人類創造的所有奇蹟中,只有一個奇蹟他沒有考慮到,那就是自

第二十九章　兒童：愛的泉源

然從一開始就創造的奇蹟：兒童。

把兒童作為愛的力量的教導，是要求用心靈去理解愛。並不是人類把愛教給了兒童。人類連描述它的能力都沒有，怎麼能教它呢？這是一種自然的力量，存在於兒童身上。這意味著自然賦予人的生命中有這種力量，因此它比其他任何東西都重要，必須放在所有人類創造的事物之前。這把我們帶到了另一個領域，愛不是作為一個人的幻想，而是作為一種自然創造的力量，讓我們分析一下愛的形式和方面。

我們稱之為愛的東西，是我們在意識中所擁有的。它是我們有意識地感覺到的宇宙能量的一部分。但是有人可能會說宇宙能量與人類無關。讓我們分析一下：它是一種吸引力，而吸引力是一種普遍的力。讓我們考慮一下宇宙。是什麼讓星星保持在它們所在的位置，並讓它們沿著自己的固定軌道移動？是吸引力。為什麼身體會摔到地面？是吸引力。是什麼在物質的原子之間發揮作用，使它們構成整體？是吸引力。如果這種吸引力不存在，世界就會一片混亂，什麼都將不復存在。沒有吸引力，就沒有天空，也沒有星星。如果沒有地球引力，當我們跳起來的時候，我們會保持在空中，其他一切都是如此！沒有吸引力，把某些元素聚集在一起的化學作用力就不能表現出來。

如果考慮到有意識的愛，我們可以進一步分析。所有的動物在特定的時刻都有繁殖的本能，這是愛的一種形式。這種形式的愛是自然的要求，因為沒有這種吸引力，一切都無法繼續。因此，這種宇宙能量的小原子就暫時借給它們，以便這種物種可以繼續存在。它們只感覺到一會兒，之後就消失了。這表明，在這種借貸之愛中，它是多麼有限；僅僅足夠，不會再多，根據需求給予很小的量。

當幼崽出生時，父母會對牠們產生一種特殊的愛，這種愛促使牠們

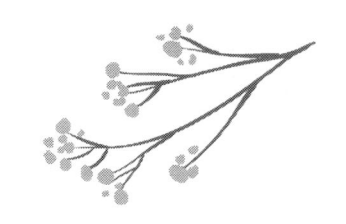

去保護幼崽,而所有的幼崽都被養在母親的身邊。但是一旦幼崽長大,愛在下一刻就突然消失了。它不是我們所想的那種情感,而是一種非常謹慎和有限給予的能量,是穿透黑暗意識的一縷微光,一旦工作完成,它就消失了。所以,從這個角度理解愛時,那麼它向我們傳達了什麼信息呢?這種所謂的愛不僅僅是一種情感,它在人身上比在動物身上存在的時間更久,這是事實,但它並不是一種真正的情感(它的鼓勵或沮喪除外)。從宇宙的角度來說,它是一種借給每一個生命的能量,一旦目的達到,它就被收回。

這種力量也在一定範圍內給予人,但它比任何其他力都大,因為它把人帶到社會組織中去。它必須得到珍惜和最大限度地發展。人可以昇華這種力量,使它越來越強大,並達到抽象。人將它帶入抽象的範疇,並珍惜它,這就是人的工作。我們可以把它帶入想像的領域,使它一般化。我們之所以珍惜它,因為這是維繫宇宙的力量。我們有意識地擁有上天賜予我們的這一部分。如果每一個孩子出生時,這種力量都在人類身上得到更新,那麼我們必須珍惜它。有了這種力量,人們可以用自己的雙手和智慧把所有能做的事情都組織起來。

愛是宇宙為實現一個特殊目標的禮物,正如宇宙借給人類的一切東西一樣。如果目標沒有實現,那麼任何東西都無法維持,一切都將崩潰。可以理解,如果沒有愛,一切都是虛無。比在黑暗中發光的電更多的是愛,比能讓聲音穿越遙遠距離的電磁波更多的是愛,比人類發現和利用的任何能量都要強的是愛——在所有事情中,愛是最重要的。

人類利用電或電磁波的力量所能做的一切,都依賴於使用它們的人。這種愛的能量是宇宙給予我們的,所以當孩子出生時,我們每個人都擁有它,它會像一把扇子一樣被開啟。即使後來的環境破壞了它,我

第二十九章　兒童：愛的泉源

們也會對它產生渴望。所以我們必須比環境中的任何其他力量更多地研究和使用它，因為它不像其他力量那樣是借給環境的，它是借給人類的。對愛的研究和對愛的利用將帶領我們找到愛的泉源，那就是兒童。這是人類必須走的新道路。

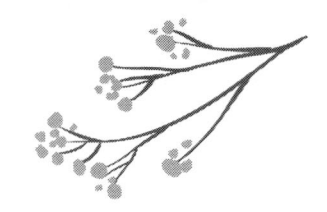

蒙特梭利代表作——有吸收力的心靈：
早期教育的無限潛能、成人的關鍵角色、社會凝聚力……從無意識到有意識的兒童心靈發展

作　　　者：	[義]瑪麗亞・蒙特梭利（Maria Montessori）
譯　　　者：	錢榮
責 任 編 輯：	高惠娟
發 行 人：	黃振庭
出 版 者：	樂律文化事業有限公司
發 行 者：	崧博出版事業有限公司
E - m a i l：	sonbookservice@gmail.com
粉 絲 頁：	https://www.facebook.com/sonbookss/
網　　　址：	https://sonbook.net/
地　　　址：	台北市中正區重慶南路一段61號8樓

8F., No.61, Sec. 1, Chongqing S. Rd., Zhongzheng Dist., Taipei City 100, Taiwan

電　　　話：	(02)2370-3310
傳　　　真：	(02)2388-1990
律師顧問：	廣華律師事務所 張珮琦律師
定　　　價：	375 元
發 行 日 期：	2024 年 09 月第一版

◎本書以 POD 印製

Design Assets from Freepik.com

國家圖書館出版品預行編目資料

蒙特梭利代表作——有吸收力的心靈：早期教育的無限潛能、成人的關鍵角色、社會凝聚力……從無意識到有意識的兒童心靈發展 / [義]瑪麗亞・蒙特梭利（Maria Montessori）著，錢榮 譯. -- 第一版. -- 臺北市：樂律文化事業有限公司, 2024.09
面；　公分
POD 版
譯自：La mente assorbente
ISBN 978-626-7552-34-6(平裝)
1.CST: 學前教育 2.CST: 蒙特梭利教學法 3.CST: 兒童心理學
523.23　113013818

電子書購買

爽讀 APP　　臉書